かならず作れる！　かんたんかわいい

お誕生日&行事のカード

ひかりのくに

もくじ

たっぷり
115点！

お誕生カード…3

行事のカード…33

すべてのカードに
現場直伝の
作り方 POINT
つき！

きれいにかわいく
センスよく作る
コツがわかる！

♥工夫いっぱい♥

お誕生カード
41

だれもが主役になる誕生日。
ひとりひとりの笑顔を思い浮かべ、「おめでとう」の
思いが詰まったカードを贈ってあげたいですね。
技ありのしかけが光る、
楽しい作品をご提案します。

お誕生カード

12か月のカード

12か月の物語カード

1～12月の楽しい光景を切り取った12枚のお誕生カード。基本的には、台紙に合わせて画用紙を切るだけと作り方も簡単です。

型紙は81-84ページ

4月 たんじょうの春

9月 月見るうさぎ

5月 みんなウキウキ!

7月 緑の中で

6月 雨に歌えば

8月 海は広いな

10月 いたずらおばけ

3月 おだいりさまと おひなさま

11月 きのこ 見つけた！

さわちゃん
おたんじょうび
おめでとう
りこちゃん
3さいの
んじょうび
めでとう
まさやくん
おめでとう
ひろくん
おたんじょうび
おめでとう
おたんじょうび
おめでとう！
みわちゃん
おたんじょうび
おめでとう

12月 うれしい プレゼント

2月 鬼は外、福は内

1月 おめでたい 梅にうぐいす

お誕生カード

1枚で
2度楽しい！

森のみんながお祝いするよ

手を上げるくまと周りに飛ぶチョウ。草を倒すと、モールでつながったチョウがちょこんと飛び出すユニークなしかけがポイント。

型紙は85ページ

おたんじょうび
おめでとう
9がつ15にち
うまれ

閉じると…

おたんじょうび
おめでとう
9がつ15にち
うまれ
さわだ あいりちゃん
5さい

作り方

【材料】画用紙・キラキラモール・セロハンテープ

〈表面-1〉

モールは裏にセロハンテープで固定する
モール
はる
はる
はる
はる
立体用パーツ

〈表面-2〉

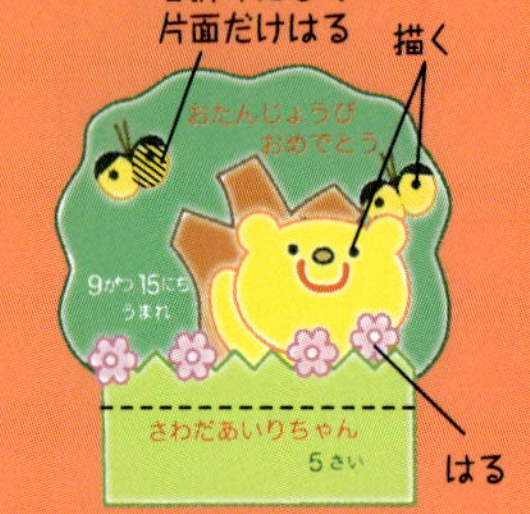
谷折りにして片面だけはる
描く
はる
さわだあいりちゃん
5さい

〈裏面〉

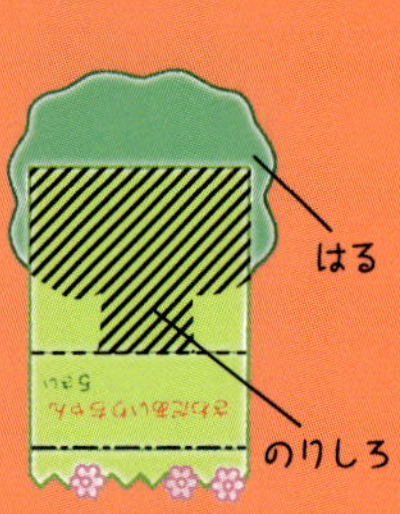
はる
のりしろ

POINT
チョウの羽は片方だけをはると、カードがより立体的になります。

宇宙で祝う誕生日

月をめくると、宇宙の旅をする男の子と宇宙人が飛び出すしかけ。糸でUFOをつるすと動きが出て、カードの楽しさもアップ！

型紙は86ページ

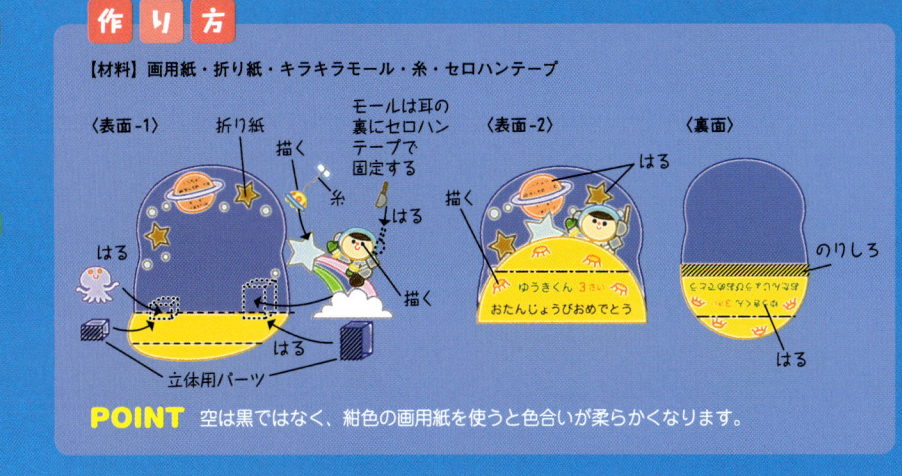

作り方

【材料】画用紙・折り紙・キラキラモール・糸・セロハンテープ

〈表面-1〉
折り紙
描く
モールは耳の裏にセロハンテープで固定する
糸
はる
はる
描く
はる
立体用パーツ
〈表面-2〉
はる
描く
ゆうきくん 3さい
おたんじょうびおめでとう
〈裏面〉
のりしろ
はる

POINT 空は黒ではなく、紺色の画用紙を使うと色合いが柔らかくなります。

閉じると…

しんちょう
98 せんちめ-とる
たいじゅう
12 きろぐらむ
ゆうきくん 3さい
おたんじょうび おめでとう

しんちょう
98 せんちめ-とる
たいじゅう
12 きろぐらむ

お誕生カード

引っ張って、ワクワク

マジシャンからの贈り物

黒ねこが持つカラフルな箱を開くと、中からかわいいアイテムを引き出せます。何が出るのかドキドキ、ワクワク！

型紙は87ページ

ゆうちゃん
おたんじょうび
おめでとう
しょうらいのゆめ
おはなやさん
すきなたべもの
もも
閉じると…

作り方

【材料】画用紙・糸・セロハンテープ

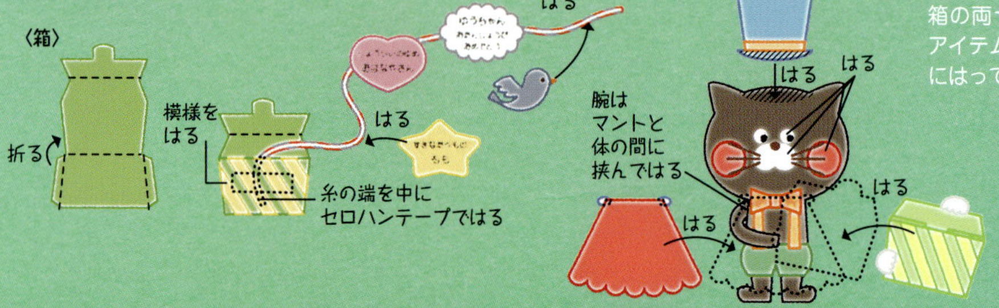
〈箱〉
折る
模様を
はる
糸の端を中に
セロハンテープではる
はる
セロハンテープで
はる
腕は
マントと
体の間に
挟んではる
はる
はる
はる
はる

POINT
箱の両サイドを閉じる前に、アイテムを付けた糸を箱の中にはっておきます。

作り方

【材料】画用紙・たこ糸・セロハンテープ

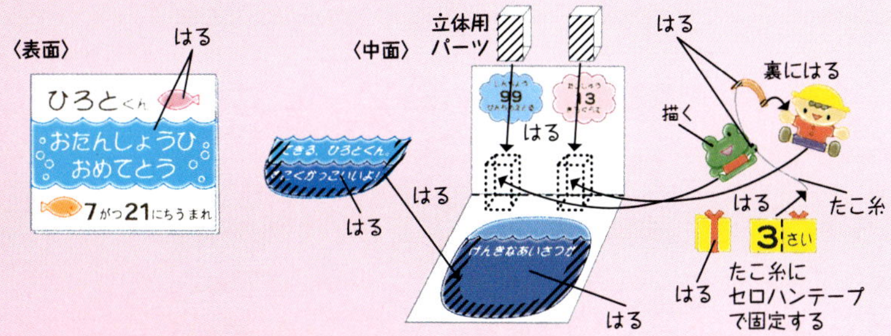
〈表面〉
はる
ひろとくん
おたんじょうび
おめでとう
7がつ21にちうまれ
〈中面〉
立体用
パーツ
はる
はる
はる
はる
裏にはる
描く
はる
たこ糸
はる
3さい
はる
たこ糸に
セロハンテープ
で固定する

POINT

プレゼントを付けるたこ糸は、短すぎるとカードがうまく開かないので注意を！

どんなプレゼントが釣れるかな？

池からプレゼントを釣り上げるユニークなデザイン。箱を開くと年齢が書いてあり、お楽しみがたくさん詰まっています。

型紙は88ページ

しんちょう
99
せんちめえとる
たいじゅう
13
きろぐらむ
3さい
げんきなあいさつが
できる、ひろとくん。
すごくかっこいいよ！

閉じると…

ひろとくん
おたんじょうび
おめでとう
7がつ21にち うまれ

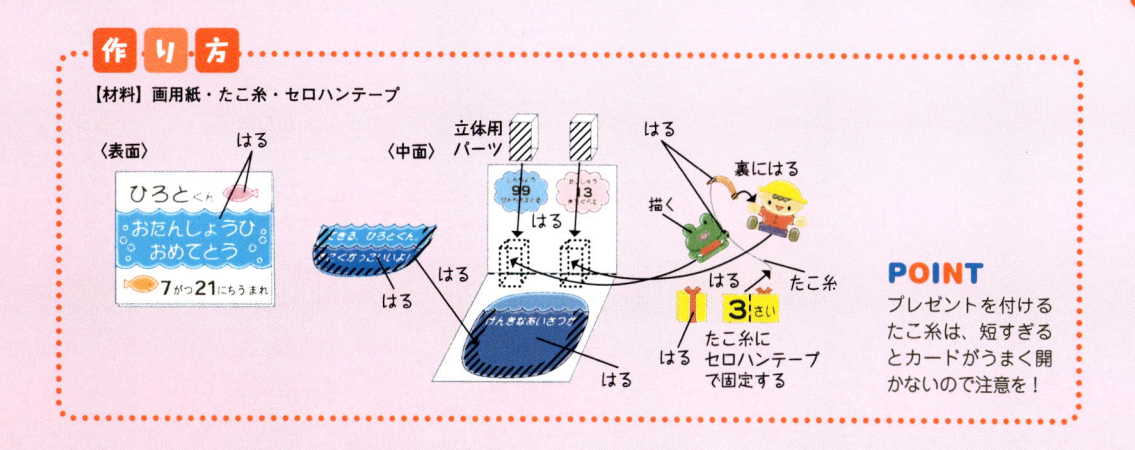

お誕生カード

伸びて縮んでおもしろい

チョウが舞う楽しい誕生日

満開のお花の中をかわいいチョウが飛ぶあいらしいデザイン。チョウは、紙で作ったバネ付きで、ぴょんぴょんと動きます！

型紙は 89 ページ

閉じると…

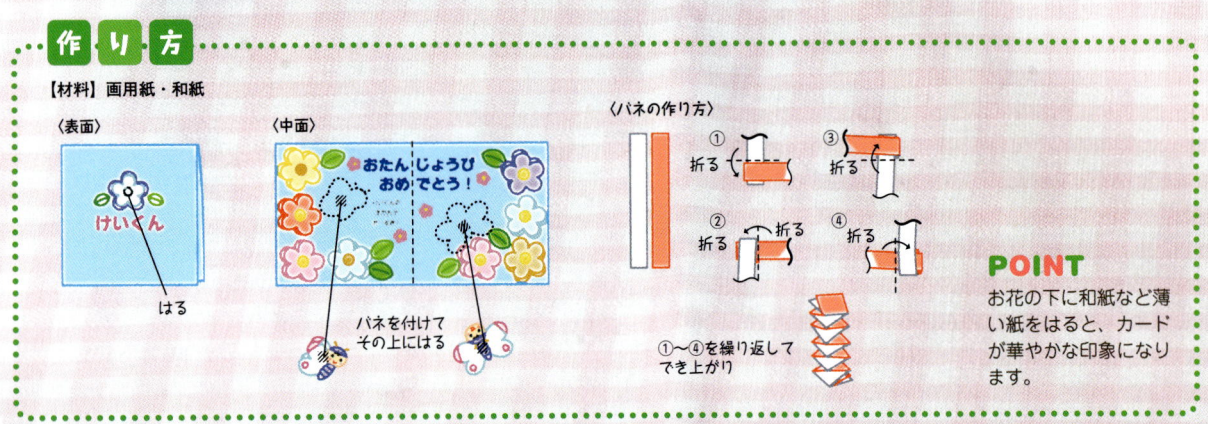

けいくん

おたんじょうび
おめでとう！
けいくんの
えがおが
だいすき！

作り方

【材料】画用紙・和紙

〈表面〉

けいくん
はる

〈中面〉

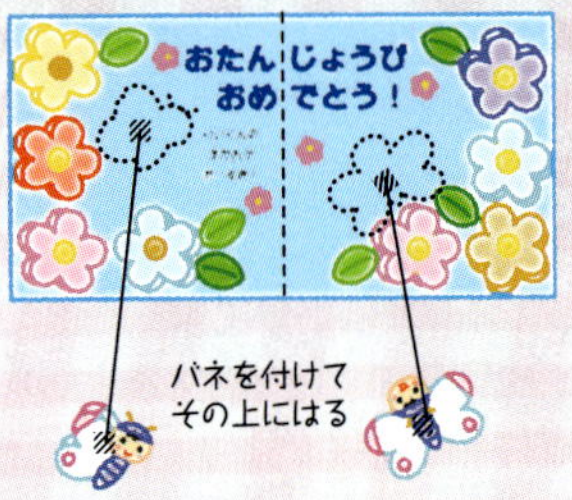
おたんじょうび
おめでとう！
バネを付けて
その上にはる

〈バネの作り方〉

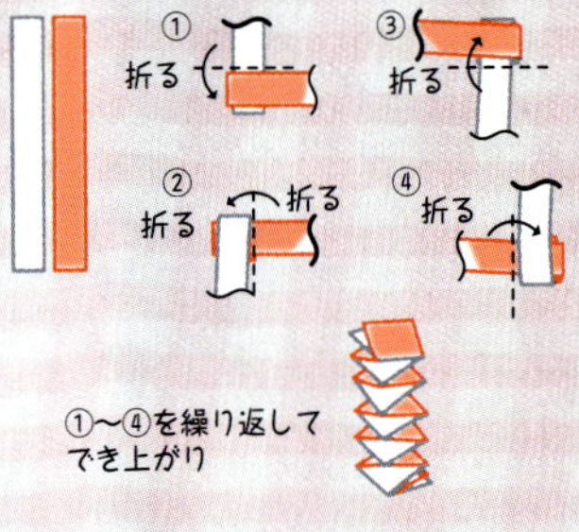
①
折る
②
折る
折る
③
折る
④
折る
①〜④を繰り返して
でき上がり

POINT

お花の下に和紙など薄い紙をはると、カードが華やかな印象になります。

作り方

【材料】画用紙・スパンコール・糸・セロハンテープ

〈表面〉

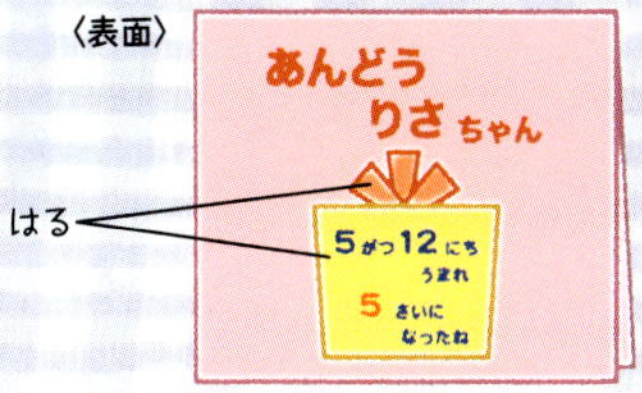
あんどう
りさ ちゃん
はる
5がつ12にち
うまれ
5さいに
なったね

〈中面〉

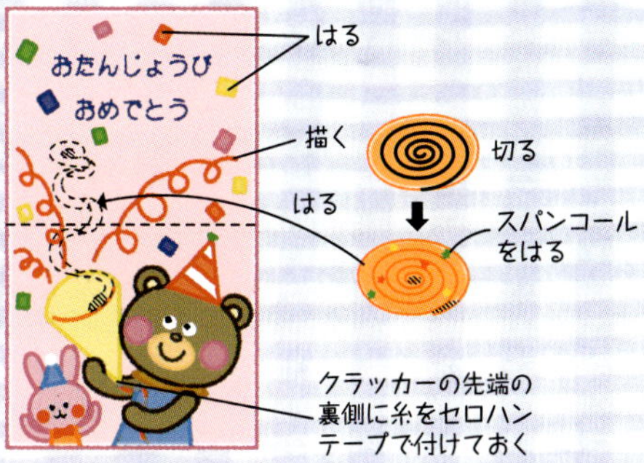
おたんじょうび
おめでとう
はる
描く
切る
はる
スパンコール
をはる
クラッカーの先端の
裏側に糸をセロハン
テープで付けておく

POINT

クラッカーの飛び出す部分はカードを折って位置を決めてから、いちばん最後に付けましょう。

大きなクラッカーでおめでとう

カードを開くと、くまの大きなクラッカーの中身がクルクルと伸びます。クラッカーの中身に飾りを付けると華やか。

型紙は 89 ページ

おたんじょうび
おめでとう

閉じると…

あんどう
りさ ちゃん
5がつ12にち
うまれ
5さいに
なったね

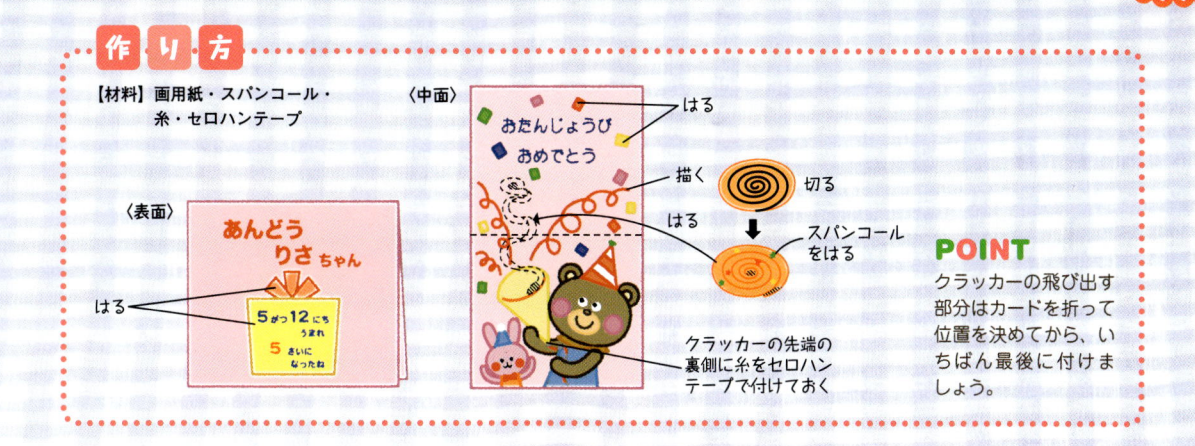

窓を開けてハッピー

星形の窓の下の笑顔

表紙からのぞく星は、中を開くと丸いお月さまに。星の下に写真をはるとお誕生カードらしさがプラスされます。 型紙は90ページ

星を閉じると…

おめでとう

おたんじょう
めでとう
8がつ13にち うま
しんちょう 95 せんちめー
たいじゅう 12 きろぐらむ

閉じると…

ゆうや くん
3さい

作り方

【材料】画用紙・写真

POINT 写真を隠す星は、写真より少し大きめに切ると失敗がありません。

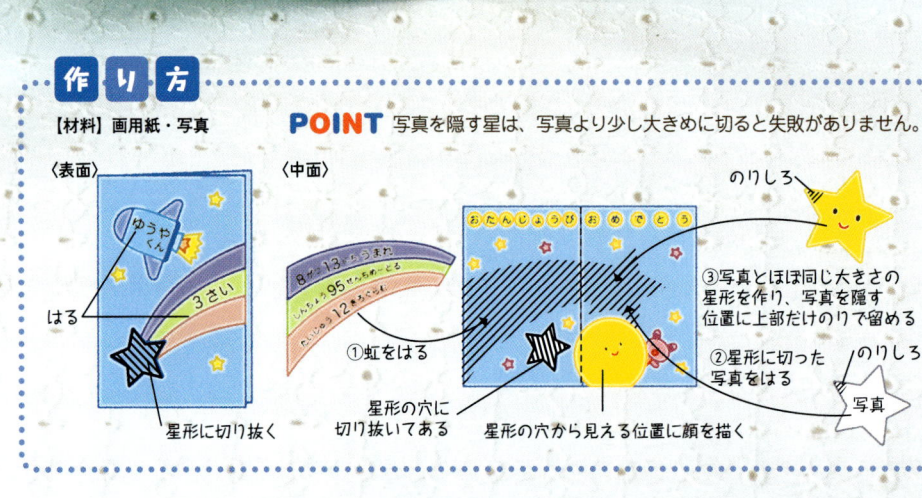

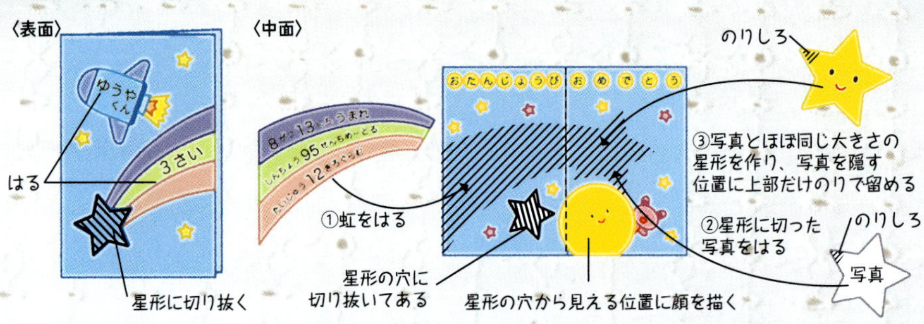
〈表面〉
ゆうや くん
3さい
はる
星形に切り抜く
〈中面〉
8がつ13にちうまれ
しんちょう95せんちめーとる
たいじゅう12きろぐらむ
おたんじょうび おめでとう
①虹をはる
星形の穴に切り抜いてある
星形の穴から見える位置に顔を描く
のりしろ
③写真とほぼ同じ大きさの星形を作り、写真を隠す位置に上部だけのりで留める
②星形に切った写真をはる
のりしろ
写真

閉じると…

うさぎさん どこへいくの？

幸せを運ぶ うさぎさん

プレゼントを持ったうさぎが、カードを開くと両手を上げて子どもをお祝い！ 楽しさあふれるカードです。

型紙は 90 ページ

りなちゃん
7がつ23にちうまれ
おたんじょうび おめでとう
5さい

作り方

【材料】画用紙・折り紙・写真

〈表面〉

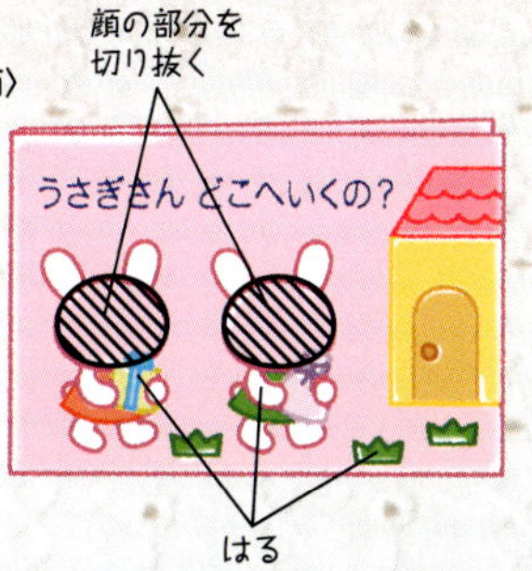
顔の部分を
切り抜く
うさぎさん どこへいくの？
はる

〈中面〉

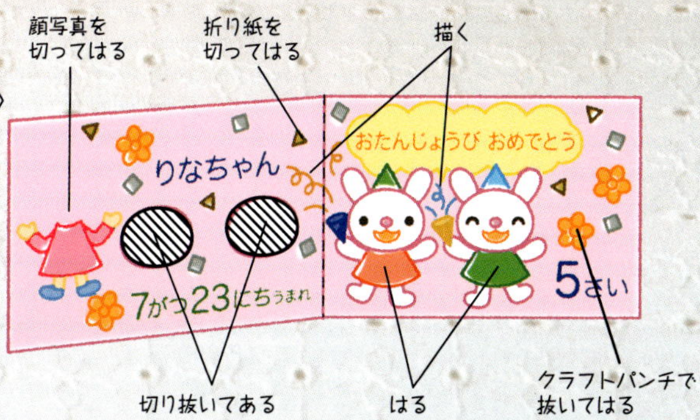
顔写真を
切ってはる
折り紙を
切ってはる
描く
りなちゃん
おたんじょうび おめでとう
7がつ23にちうまれ
5さい
切り抜いてある
はる
クラフトパンチで
抜いてはる

POINT

顔がしっかりと穴から出るように、顔の位置に注意しましょう。

お誕生カード

開いて おめでとう

恐竜の赤ちゃんも 生まれたよ

たまごのからをめくると恐竜の赤ちゃんが誕生！
たまごの色は白にせずに、淡い黄色などを使うと、ポップな印象に。

型紙は 91 ページ

めいちゃん
おたんじょうび おめでとう
ことりさんのように
うたう めいちゃん。
おうたが とても
じょうずに なったね。

閉じると…

きのした めいちゃん
12 がつ
11 にち
3 さい

作り方

【材料】画用紙

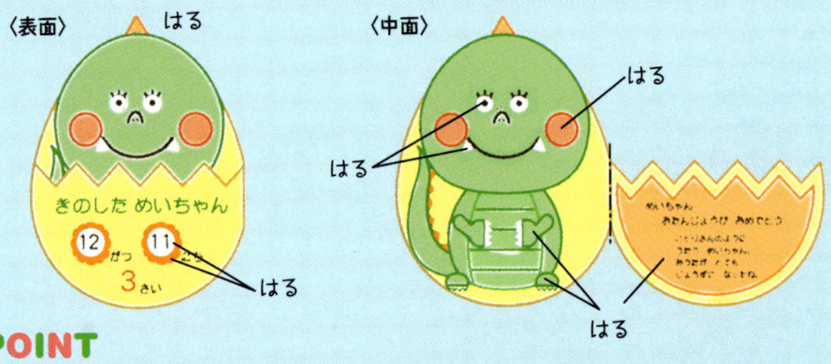
〈表面〉
はる
きのした めいちゃん
12 がつ
11
3 さい
はる
〈中面〉
はる
はる
はる

POINT
ほっぺたなどの丸い円がうまく切れない場合は、シールで代用すると簡単です。

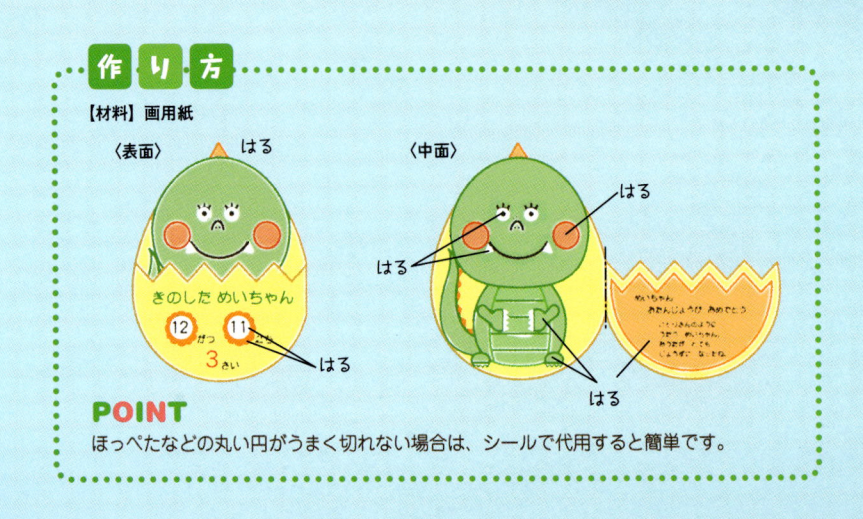

作り方

【材料】画用紙・リボン・セロハンテープ

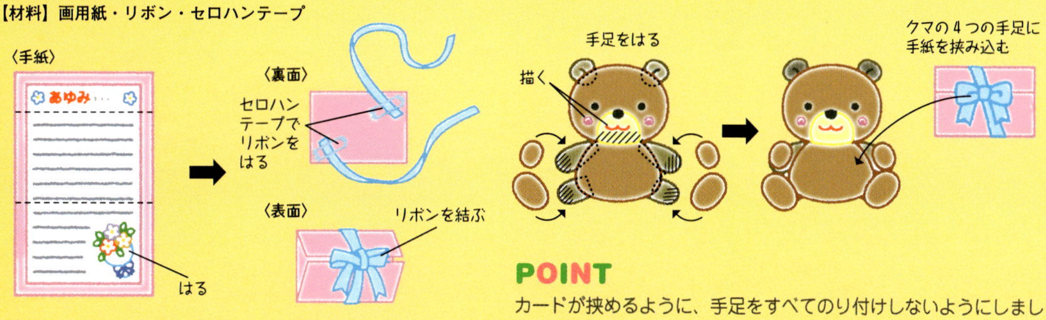
〈手紙〉
あゆみ…
はる
〈裏面〉
セロハンテープでリボンをはる
〈表面〉
リボンを結ぶ
手足をはる
描く
クマの４つの手足に手紙を挟み込む

POINT

カードが挟めるように、手足をすべてのり付けしないようにしましょう。

大きなくまさんからの大きなお祝い

くまさんの持つプレゼントの箱は、開くと大きなメッセージカードに。取り外しができるところもポイントのひとつです！

型紙は 91 ページ

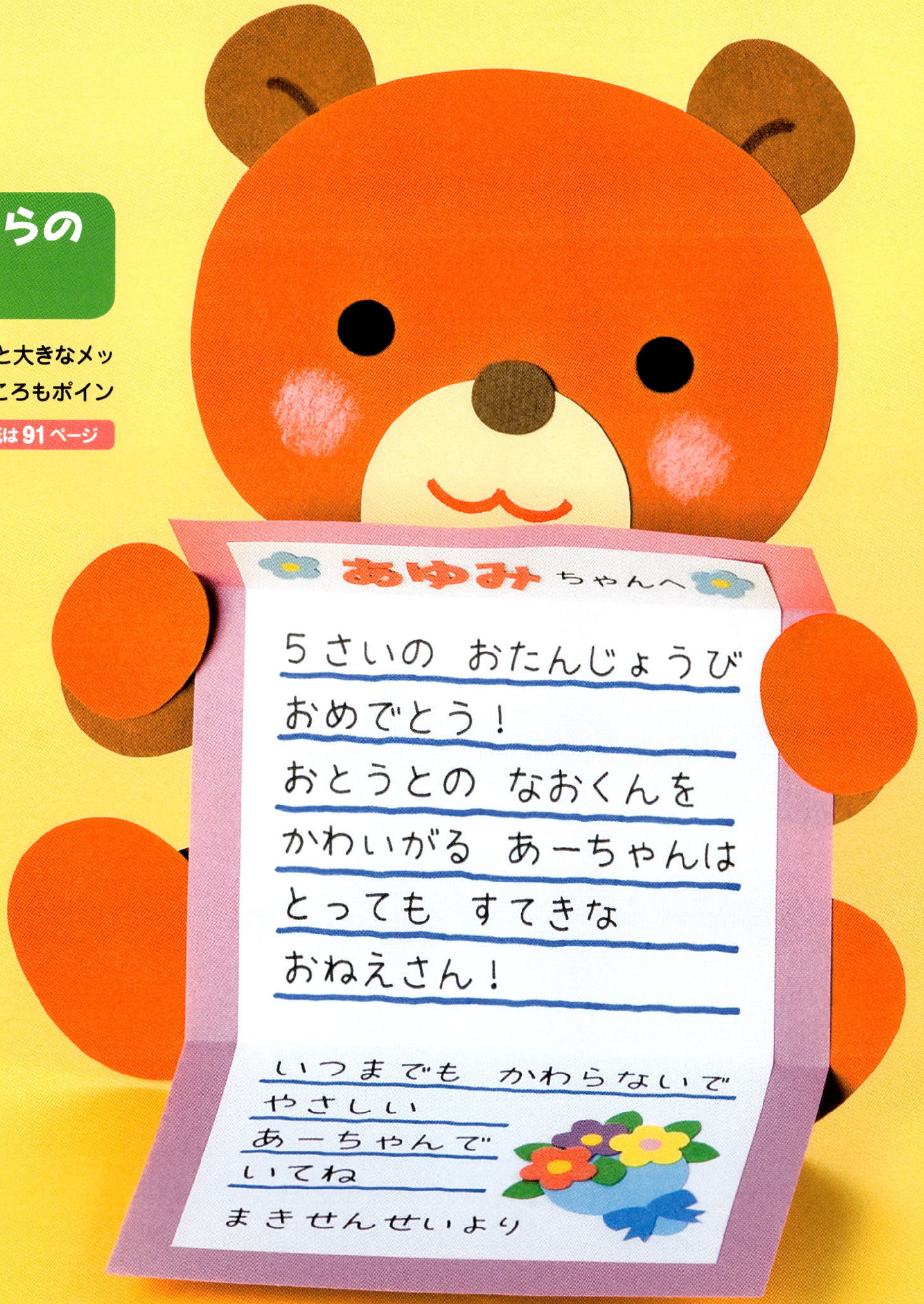
あゆみ ちゃんへ
5さいの おたんじょうび
おめでとう！
おとうとの なおくんを
かわいがる あーちゃんは
とっても すてきな
おねえさん！
いつまでも かわらないで
やさしい
あーちゃんで
いてね
まきせんせいより

閉じると…

お誕生カード

飛び出して、びっくり

おたんじょうびおめでとう
しょうたくんが
だいすきです
閉じると…
11がつ18にち
しょうたくん
3さい

おめでとうが詰まったまっかなハート

大きなハートを１枚開くと、かわいいエンジェルが飛び出します！　大きく名前を入れた大胆なカードは、パッと目をひきます。

型紙は92ページ

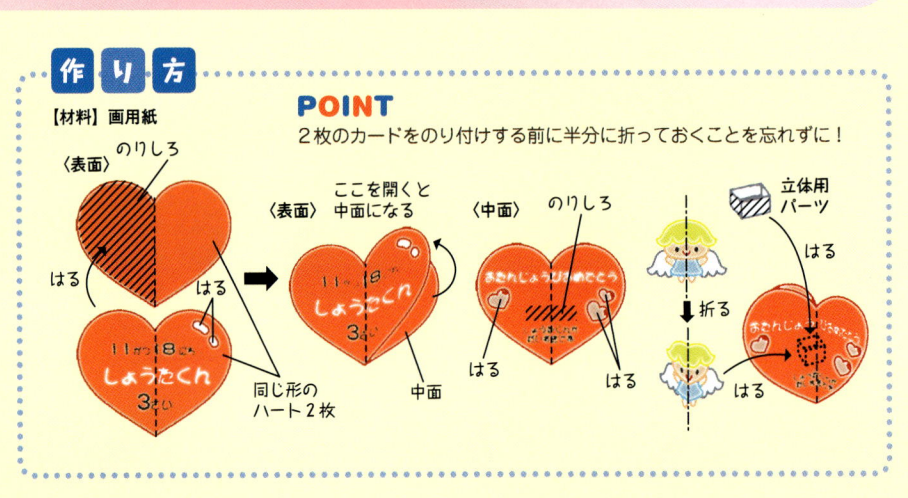

作り方

【材料】画用紙

POINT

２枚のカードをのり付けする前に半分に折っておくことを忘れずに！

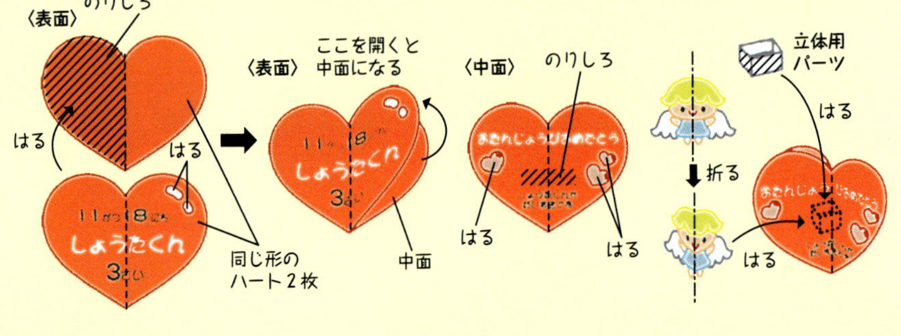
〈表面〉
のりしろ
はる
はる
11がつ18にち
しょうたくん
3さい
同じ形の
ハート２枚
〈表面〉
ここを開くと
中面になる
中面
〈中面〉
のりしろ
はる
はる
折る
立体用
パーツ
はる
はる

閉じると…
こうたろうくん！
4さい
おたんじょうびおめでとう
おたんじょうび
おめでとう！
すきなたべもの
ハンバーグ
しょうらいのゆめ
しょうぼうしさん
かぜのように
えんていをはしる
こうたろうくんは
すごく
かっこいいよ！

なかよし親子からのお祝いメッセージ

にわとりとひよこがぱくぱくと口を開ける姿に、思わず笑顔があふれます。表面の部分に柄付きの紙を使うとおしゃれ。

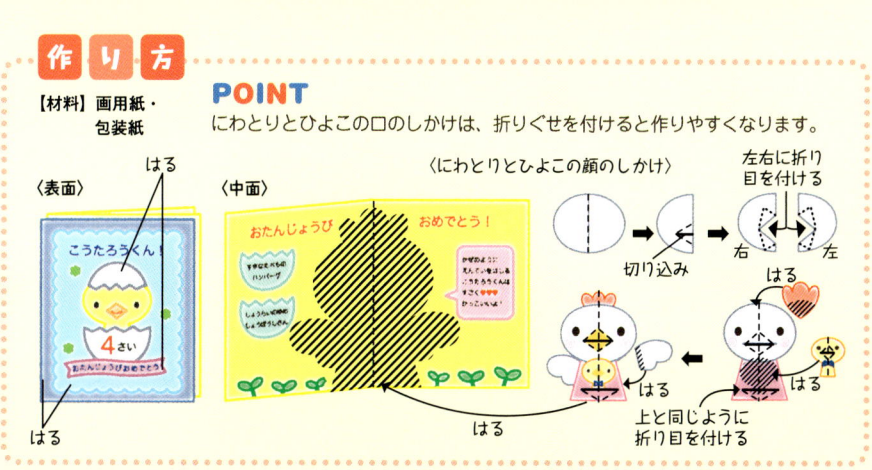

型紙は92ページ

作り方

【材料】画用紙・包装紙

POINT

にわとりとひよこの口のしかけは、折りぐせを付けると作りやすくなります。

〈表面〉

はる
こうたろうくん！
4さい
おたんじょうびおめでとう！
はる

〈中面〉

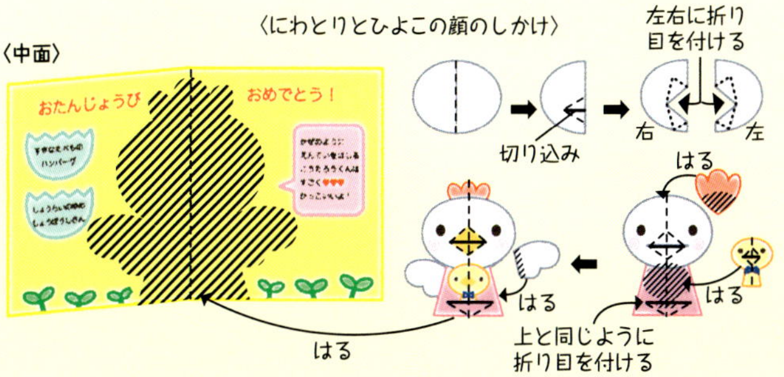
おたんじょうび
おめでとう！
はる
〈にわとりとひよこの顔のしかけ〉
切り込み
左右に折り目を付ける
右
左
はる
はる
はる
上と同じように折り目を付ける

かわいいきみを抱き締めたい！

子どもを抱き締めるように、おさるさんが両手を大きく広げます。表紙と合わせて、中にもお花を飾るとかわいさアップ。

型紙は93ページ

作り方

【材料】画用紙

〈表面〉

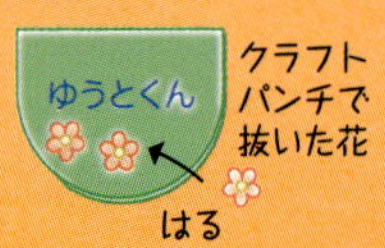
ゆうとくん
クラフトパンチで抜いた花
はる

〈中面〉

①
はる
②
山折り
③
山折り
④
谷折り
両手とも折りぐせを付ける
⑤
はる
はる
のりしろ
はる

POINT
表紙は文字を書いてから飾りをはるとバランスよく装飾できます。

おたんじょうび おめでとう
5がつ
12にち
ゆうとくんの
かいた おさるさんのえ
じょうずで びっくりしたよ！
また、どうぶつえんに
いこうね。
4さい
しんちょう
98cm
たいじゅう
16.5kg

閉じると…

ゆうとくん

ビッグケーキでおめでとう

ピンクと赤のデコレーションがポイント。立体的に起き上がるしかけに、子どもたちが喜ぶことまちがいなし！

型紙は94ページ

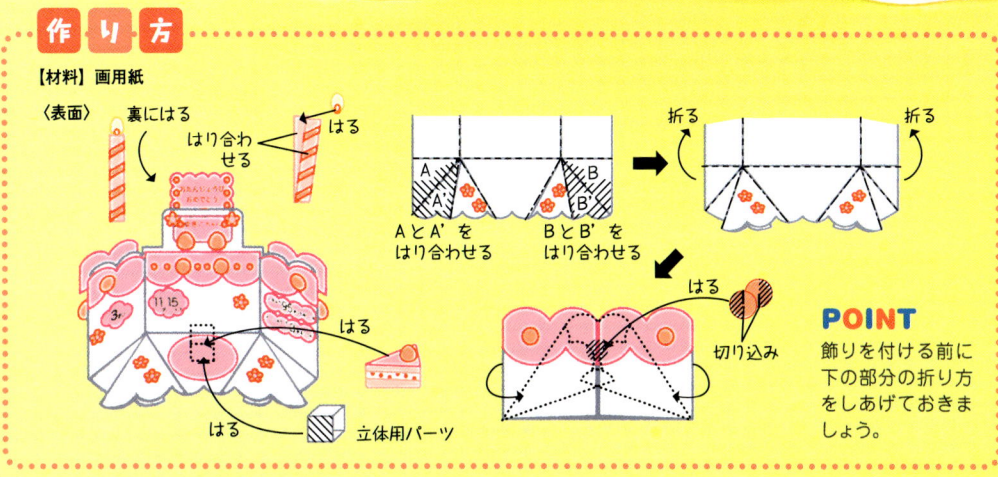

おたんじょうび
おめでとう
ゆきこちゃん
11がつ15にち
3さい
しんちょう95せんちめーとる
たいじゅう13きろぐらむ

作り方

【材料】画用紙

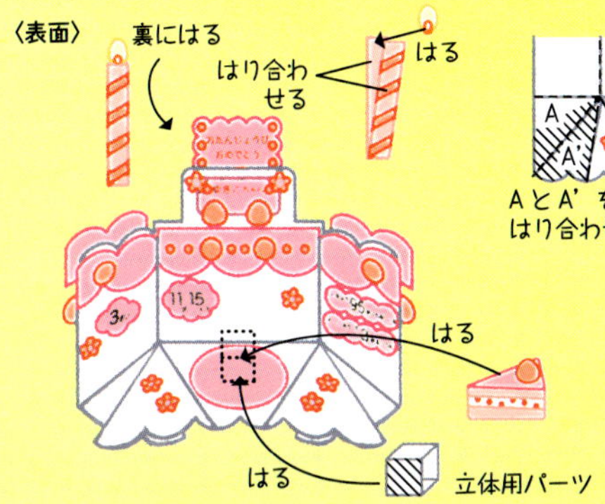
〈表面〉
裏にはる
はり合わせる
はる
はる
はる
立体用パーツ

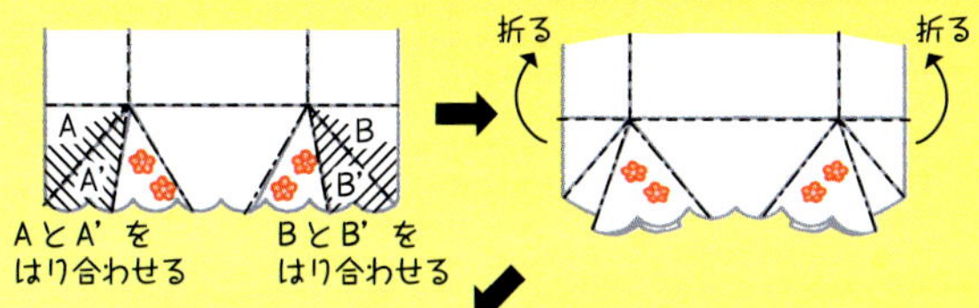
A
A'
B
B'
AとA'をはり合わせる
BとB'をはり合わせる
折る
折る

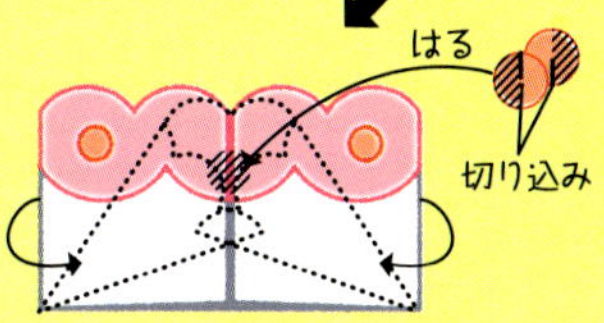
はる
切り込み

POINT
飾りを付ける前に下の部分の折り方をしあげておきましょう。

閉じると…

おたんじょうび
おめでとう
ゆきこちゃん

お誕生カード

立って ゆらゆら

閉じると…

ももちゃんへ
おたんじょうび おめでとう!

ささき ももちゃん
10がつ 25にち うまれ 5さい
たいじゅう 18.7kg
しんちょう 109cm
すきなあそび… おままごと
おめでとう

喜びの虹の下

カードにかかる虹とゆらゆら揺れる天使の組み合わせがロマンチック。虹はクレヨンだけでなく、色えんぴつやペンを使っても。

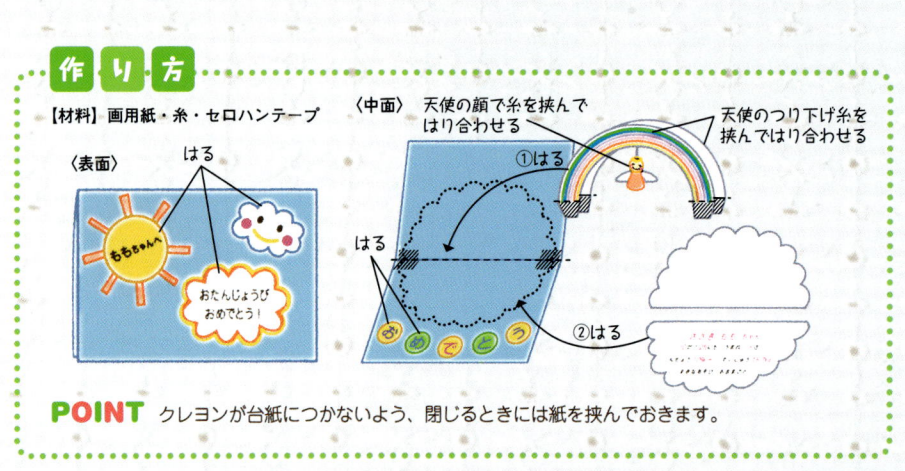

型紙は95ページ

作り方

【材料】画用紙・糸・セロハンテープ

〈表面〉

はる
ももちゃんへ
おたんじょうび
おめでとう!

〈中面〉

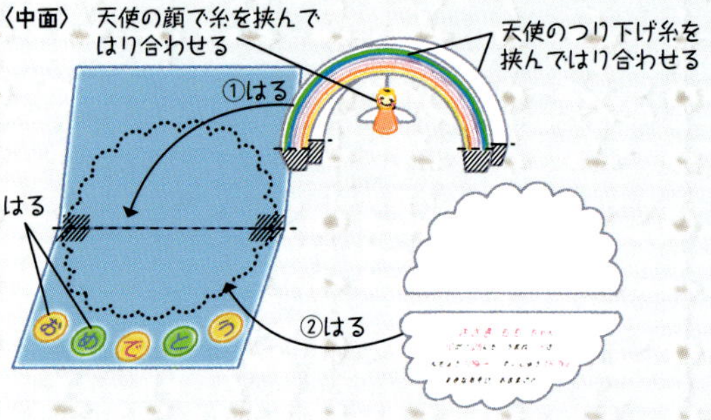
天使の顔で糸を挟んで
はり合わせる
天使のつり下げ糸を
挟んではり合わせる
①はる
はる
おめでとう
②はる

POINT クレヨンが台紙につかないよう、閉じるときには紙を挟んでおきます。

幸せの風に揺れるブランコ

カードを開くと、ブランコに乗った女の子がゆらゆらと揺れます。ブランコの鎖に手芸糸を使うことで動きが大きくなります。

型紙は95ページ

閉じると…

ななちゃん へ
やました ななちゃん
おたんじょうび
おめでとう
ななちゃんのわらいごえが
きこえると
みんな げんきになるよ
いつまでも かわいい えがおでいてね

作り方

【材料】画用紙・手芸糸・セロハンテープ

〈表面〉

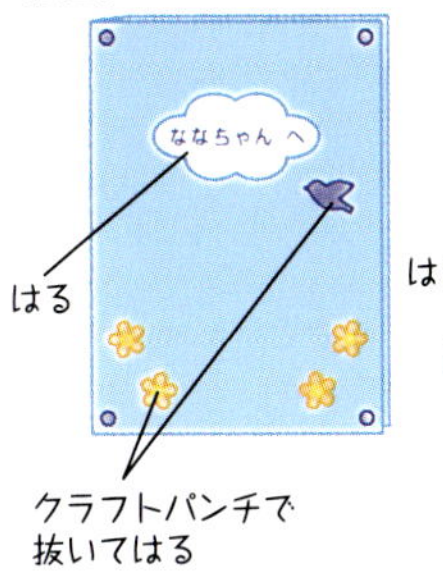
ななちゃん へ
はる
クラフトパンチで
抜いてはる

〈中面〉

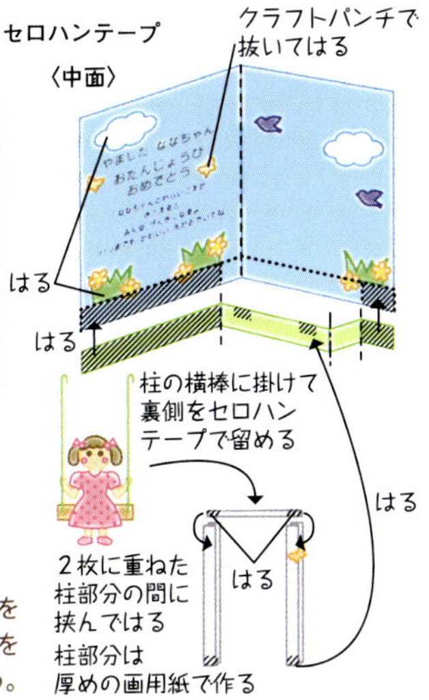
クラフトパンチで
抜いてはる
はる
はる
柱の横棒に掛けて
裏側をセロハン
テープで留める
はる
はる
2枚に重ねた
柱部分の間に
挟んではる
柱部分は
厚めの画用紙で作る

POINT

黄緑色の地面と台紙をはった後に、ブランコを付けるようにしましょう。

閉じると…

ゆうとくん へ
つちや ゆうと くん
8がつ 8にち うまれ
5さい
おたんじょうび おめでとう
これからも げんきいっぱいで
おともだちと
たくさん あそぼうね

ハッピーモンキー

木の枝につかまったおさるさんが立ち上がり、前後に揺れるかわいいカード。お花などはクラフトパンチを使うと便利。

型紙は96ページ

作り方

【材料】画用紙

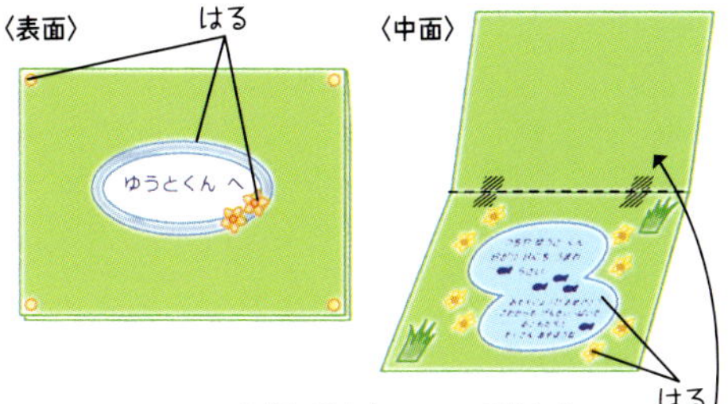
〈表面〉
はる
ゆうとくん へ
〈中面〉
はる

2枚に重ねた
木部分の間に
挟んではる
のりしろ
はる
はる

POINT

細かい魚や花は、ピンセットを使うときれいにはることができます。

お誕生カード

引いて押して、楽しい

恐竜の大胆なお祝い

かわいい恐竜が火を吹くカードは男の子向け！表紙にもたまごをあしらい、中面とテイストをそろえるとおしゃれです。 型紙は 96 ページ

まさと
くん
8
がつ
28
にち
6さい

閉じると…

おたんじょうび
おめでとう
あしがはやくて
ちからもちの
まさとくんは
みんなの
ヒーローだよ！

炎をしまうと…

作り方

【材料】画用紙

〈表面〉

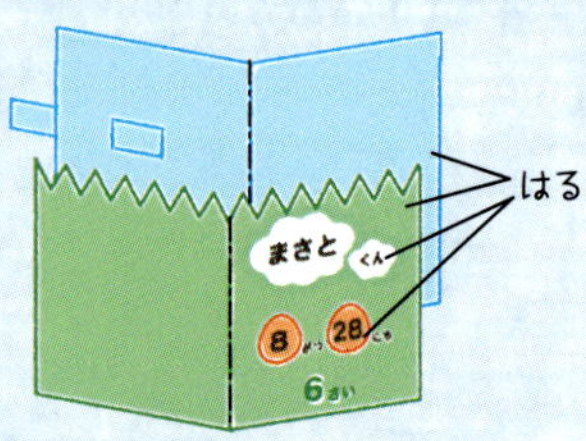
はる
まさと
くん
8
28
6さい

〈中面〉

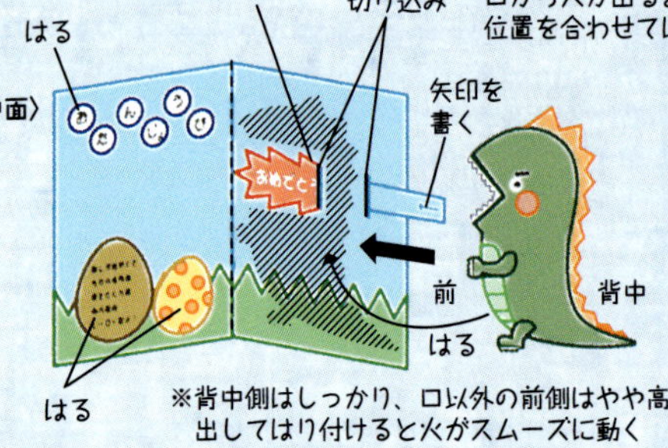
はる
差し込む
切り込み
口から火が出るように
位置を合わせてはる
矢印を
書く
前
背中
はる
はる

※背中側はしっかり、口以外の前側はやや高さを出してはり付けると火がスムーズに動く

POINT

火を動かすためのしかけの紙は、厚めの画用紙を使うと動きがスムーズ。

作り方

【材料】画用紙

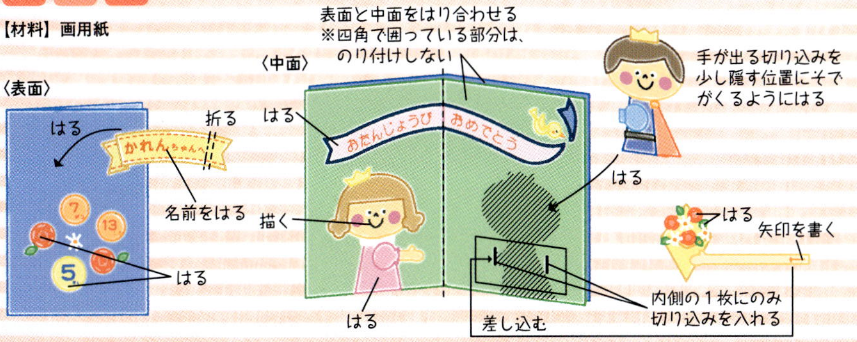

〈表面〉
はる
かれんちゃんへ
折る
名前をはる
はる
〈中面〉
表面と中面をはり合わせる
※四角で囲っている部分は、
のり付けしない
はる
おたんじょうび おめでとう
描く
はる
手が出る切り込みを
少し隠す位置にそで
がくるようにはる
はる
はる
矢印を書く
内側の１枚にのみ
切り込みを入れる
差し込む

POINT 花束のバラの花びらは、色えんぴつのラインで表現するとかわいくしあがります。

手をしまうと…

おたんじょうび おめでとう

閉じると…

かれんちゃんへ
7
13
5

花束をあげるよ！

かわいい王子さまが手に持った花束を差し出すユニークなしかけ。引いたり、押したり、子どもが楽しめるカードです。

型紙は 97 ページ

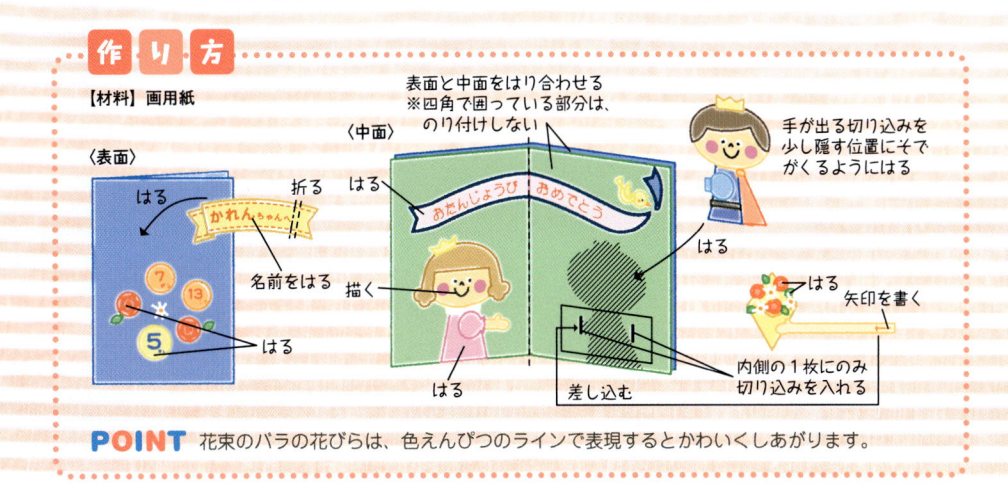

お誕生カード

めくって変身！

パーティーはおしゃれして

3つに別れた表紙をめくると、ピンクのドレスに大変身！　女の子が喜びそうな夢のあるしかけがポイントです。

型紙は98ページ

めぐちゃん
おたんじょうび
おめでとう
8がつ 29にち うまれ
4さい
すきなたべもの
いちごの
ケーキ
すきないろ
きいろ

閉じると…

作り方

【材料】画用紙

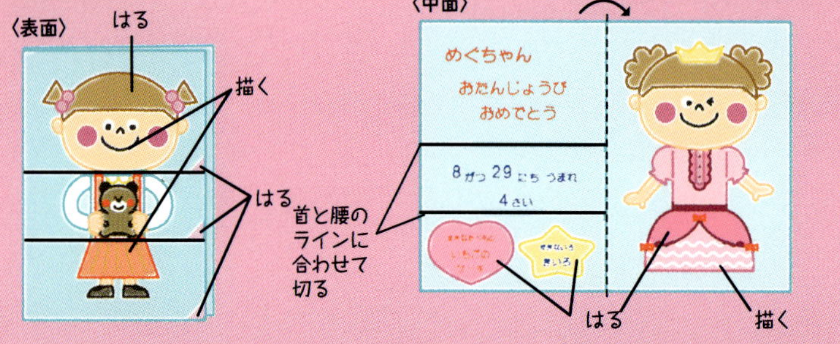
〈表面〉
はる
描く
はる
首と腰のラインに合わせて切る
〈中面〉
折る
めぐちゃん
おたんじょうび
おめでとう
8がつ 29にち うまれ
4さい
はる
描く

POINT
内側の女の子の状態に合わせて切り込みを入れ、最後に表紙をはります。

作り方

【材料】画用紙・布・レース・写真

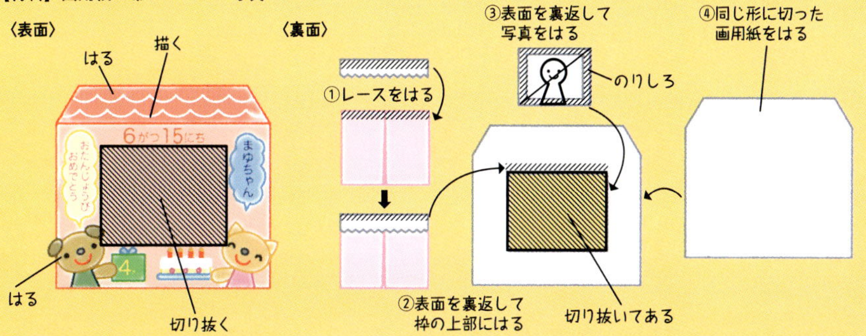
〈表面〉
はる
描く
6がつ15にち
おたんじょうび おめでとう
まゆちゃん
4
はる
切り抜く
〈裏面〉
①レースをはる
②表面を裏返して枠の上部にはる
③表面を裏返して写真をはる
のりしろ
④同じ形に切った画用紙をはる
切り抜いてある

POINT 屋根のラインや吹き出しの文字もはる前に書いておきましょう。

閉じると…

6がつ15にち
おたんじょうび おめでとう
まゆちゃん
4さい

6がつ15にち
おたんじょうび おめでとう
まゆちゃん
4さい

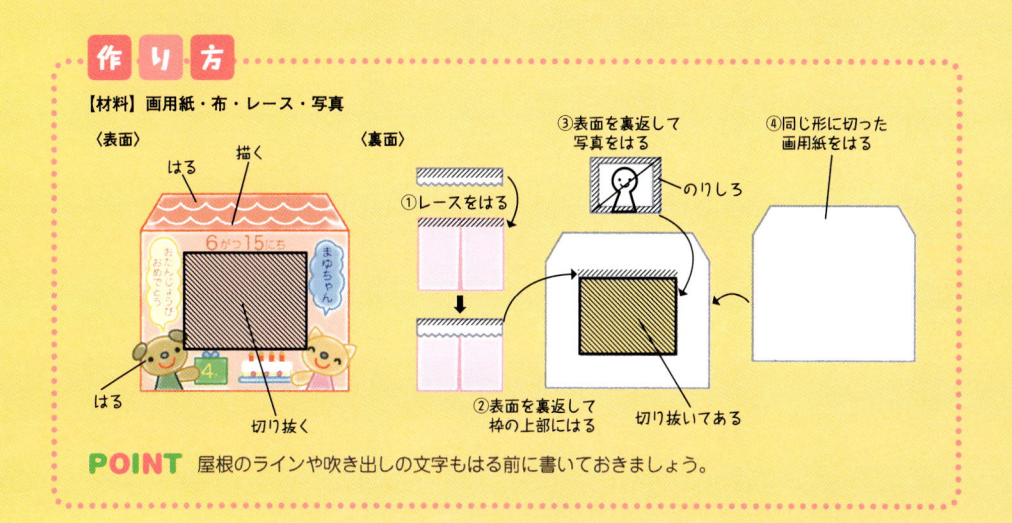

宝物はカーテンの下に

布のカーテンをめくると写真が登場！　写真立てとしても使えるので、持ち帰ってから部屋に飾ってもらってもいいですね。

型紙は98ページ

お誕生カード

回して、楽しい！

大好物いっぱいのお誕生日

下の円を回転させると、丸い穴から代わるがわる大好物が出てきます。子どもに好物を聞いて作ってみてはいかがでしょうか。

型紙は 99 ページ

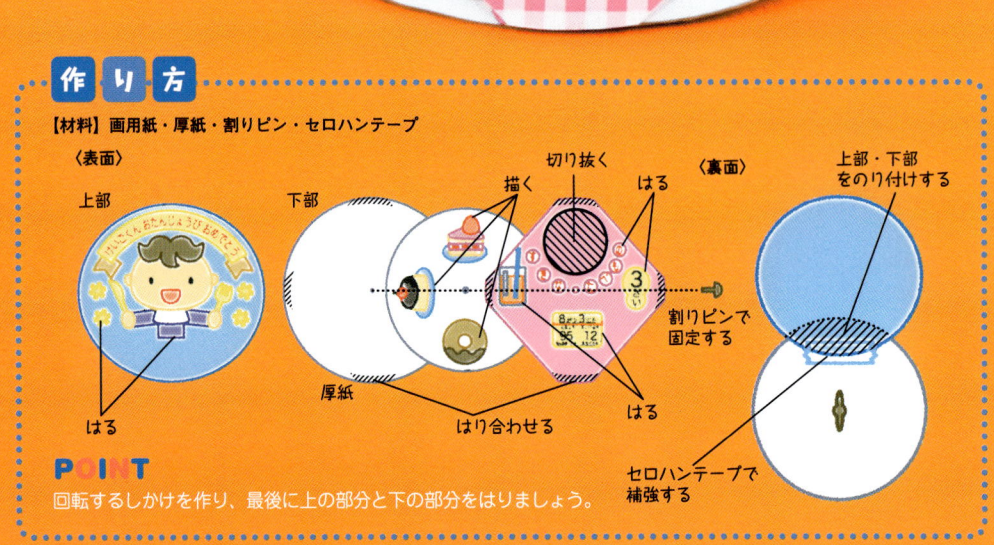

けいごくん おたんじょうび おめでとう
すきなたべもの
3さい
8がつ 3にち
しんちょう 95 せんちめーとる
たいじゅう 12 きろぐらむ

すきなたべもの

回すと…

すきなたべもの

すきなたべもの

作り方

【材料】画用紙・厚紙・割りピン・セロハンテープ

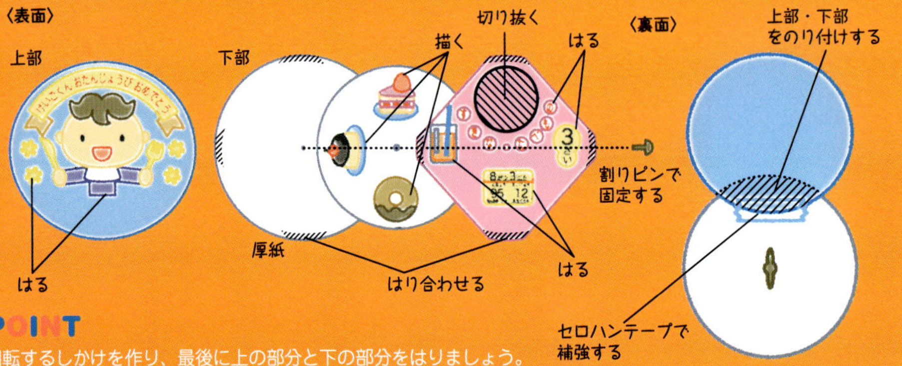

〈表面〉
上部
はる
下部
描く
切り抜く
はる
厚紙
はり合わせる
はる
割りピンで固定する
〈裏面〉
上部・下部をのり付けする
セロハンテープで補強する

POINT

回転するしかけを作り、最後に上の部分と下の部分をはりましょう。

作り方

【材料】画用紙・割りピン

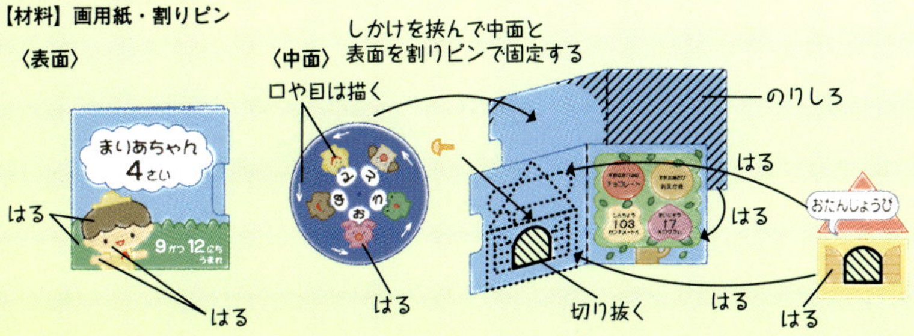
〈表面〉
まりあちゃん 4さい
9がつ12にち うまれ
はる
はる
〈中面〉
しかけを挟んで中面と
表面を割りピンで固定する
口や目は描く
はる
のりしろ
はる
はる
おたんじょうび
切り抜く
はる
はる

POINT
動物たちは拡大コピーした型紙に色を塗って作成すると簡単です。

おたんじょうび
お
すきなたべもの
チョコレート
すきなあそび
おえかき
しんちょう
103
センチメートル
たいじゅう
17
キログラム

回すと…

め
で
と
う

閉じると…

まりあちゃん
4さい
9がつ 12にち
うまれ

窓から伝える おめでとう

円を回転させると動物が登場し「おめでとう」のメッセージが完成します。いろいろな動物の表情に子どももきっと喜びます！

型紙は100ページ

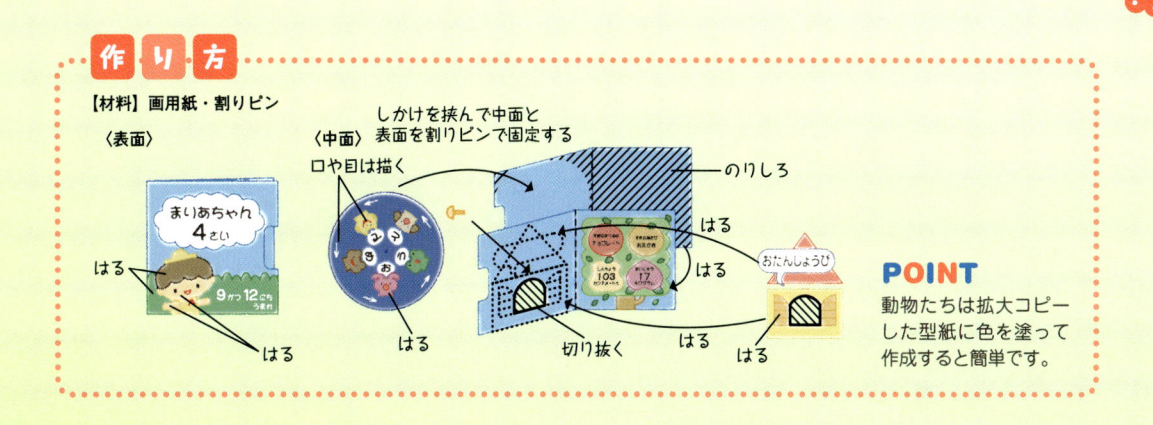

お誕生カード

立体がワンポイント！

おうまさんの箱の中身は？

表紙の耳の正体は、かわいいおうまさん。おうまさんの顔とプレゼントの箱が立体になるしかけに心踊ります！

型紙は101ページ

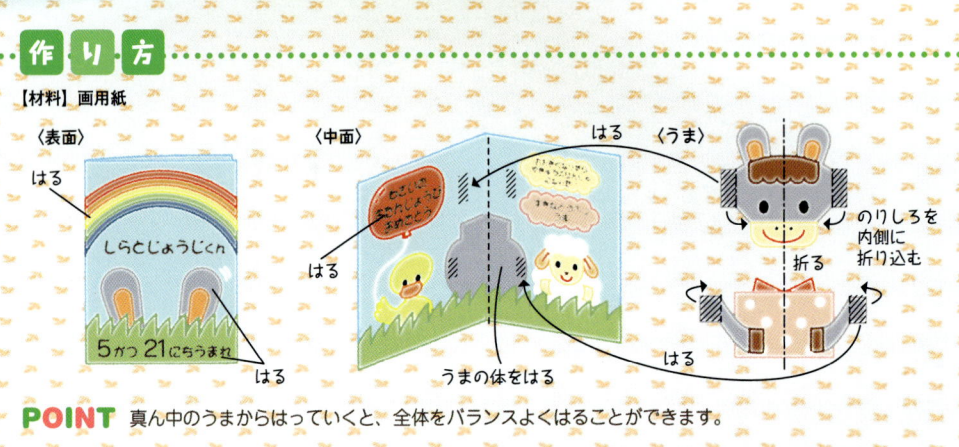

6さいの
おたんじょうび
おめでとう
おおきくなったら
やきゅうのせんしゅ
になりたい
すきなどうぶつ
うま

閉じると…

しらとじょうじくん
5がつ 21にちうまれ

作り方

【材料】画用紙

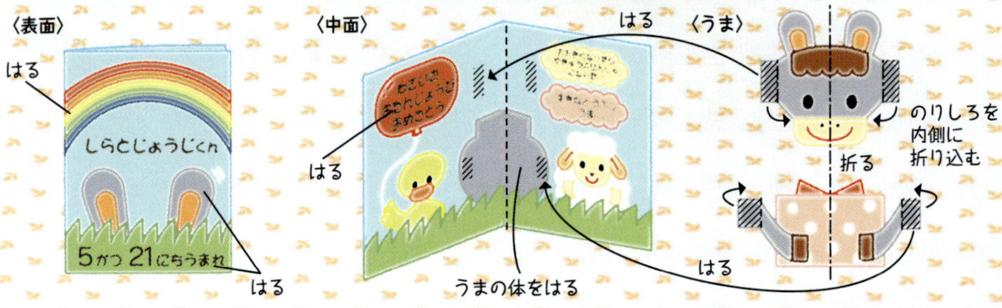
〈表面〉
はる
しらとじょうじくん
5がつ 21にちうまれ
はる
〈中面〉
はる
はる
うまの体をはる
〈うま〉
のりしろを
内側に
折り込む
折る
はる

POINT 真ん中のうまからはっていくと、全体をバランスよくはることができます。

おたんじょうび
おめでとう！

大きな大きなチューリップ

表紙にもチューリップをちりばめたあいらしいデザイン。開くとボリューム感たっぷりのチューリップに目を奪われます！

型紙は 101 ページ

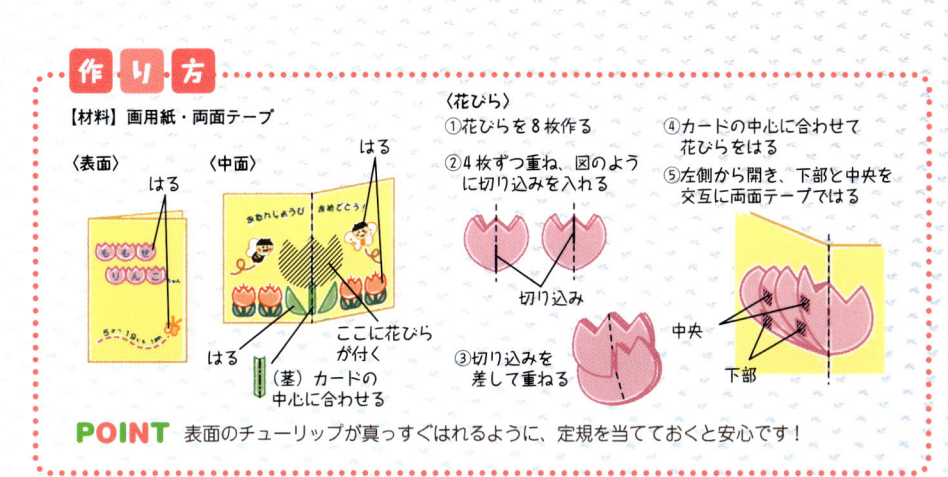

閉じると…

ももせ
りんこ
ちゃん
5がつ 19にち うまれ

作り方

【材料】画用紙・両面テープ

〈表面〉

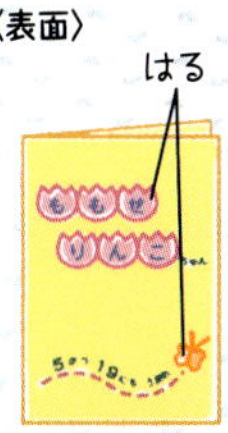
はる

〈中面〉

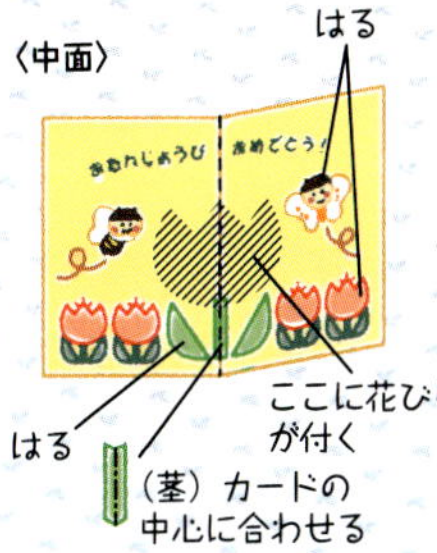
はる
はる
ここに花びらが付く
（茎）カードの中心に合わせる

〈花びら〉

①花びらを８枚作る

②４枚ずつ重ね、図のように切り込みを入れる

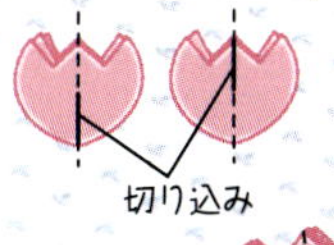
切り込み

③切り込みを差して重ねる

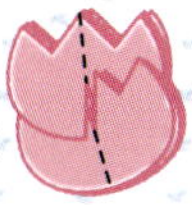

④カードの中心に合わせて花びらをはる

⑤左側から開き、下部と中央を交互に両面テープではる

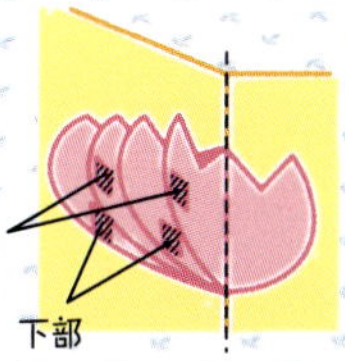
中央
下部

POINT 表面のチューリップが真っすぐはれるように、定規を当てておくと安心です！

お誕生カード

伸びてかわいい

夢いっぱいの機関車

写真入りの機関車が引くのは、動物の乗ったかわいい車両。お花などを添えることでより楽しい雰囲気がプラスされます。

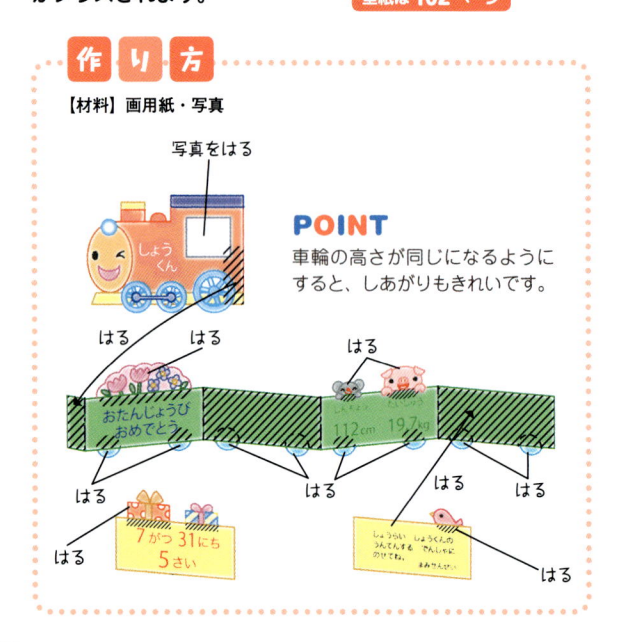

型紙は 102 ページ

作り方

【材料】画用紙・写真

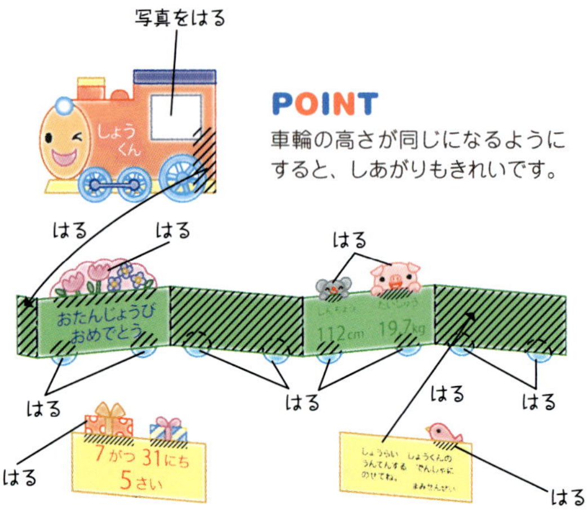

POINT
車輪の高さが同じになるようにすると、しあがりもきれいです。

閉じると…
いろはちゃん
3さい
いろはちゃんの
いいところ
えがお
いろはちゃんと
いっしょだと
たのしいな！

イモムシくんの体のヒミツ

イモムシを伸ばしていくと、メッセージの入りの体が出てきます。体の長さや色を変えて、オリジナリティをプラスしても。

型紙は 102 ページ

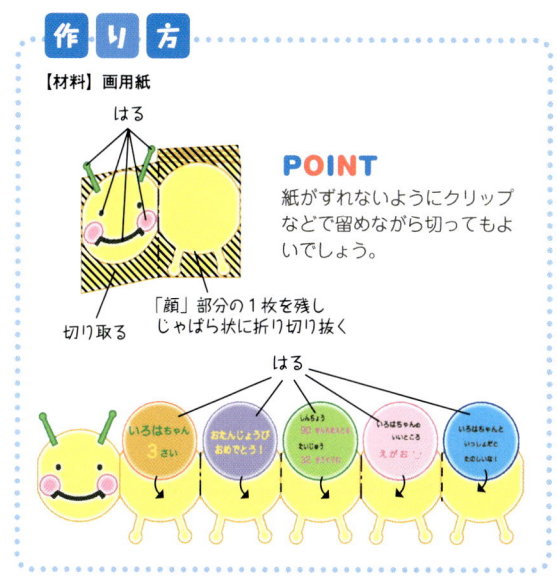

作り方

【材料】画用紙

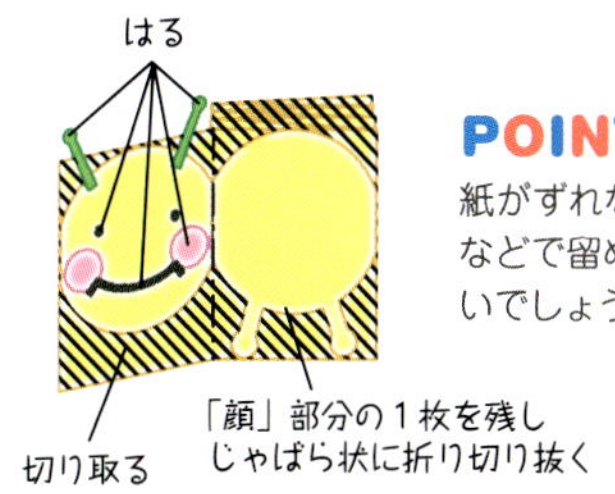
はる
切り取る
「顔」部分の１枚を残し
じゃばら状に折り切り抜く

POINT
紙がずれないようにクリップなどで留めながら切ってもよいでしょう。

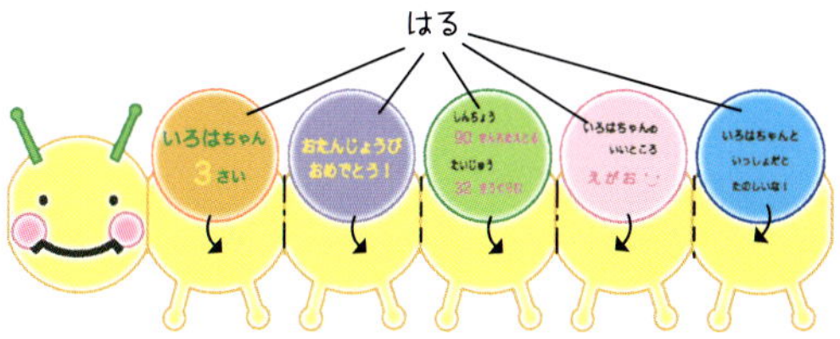
はる
いろはちゃん
3さい
おたんじょうび
おめでとう！
しんちょう
たいじゅう
いろはちゃんの
いいところ
えがお
いろはちゃんと
いっしょだと
たのしいな！

閉じると…
しょう
くん
たんじょうび
めでとう
7がつ 31にち
5さい
しんちょう
112cm
たいじゅう
19.7kg
しょうらい しょうくんの
うんてんする でんしゃに
のせてね。
まみ せんせい

おたんじょうび
おめでとう
おりょうりのおてつだいを
はじめたんだね
こんどはなちゃんの
おりょうりをたべて
みたいな
はなちゃん
4がつ17にち
閉じると…
はなちゃん
4がつ17にち

おいしいシチューで誕生日

ふたを上へ引くと、湯気がもくもくと伸び、おたまが登場。具材や色を変えていろんな食べ物にしても。

型紙は 103 ページ

作り方

【材料】画用紙

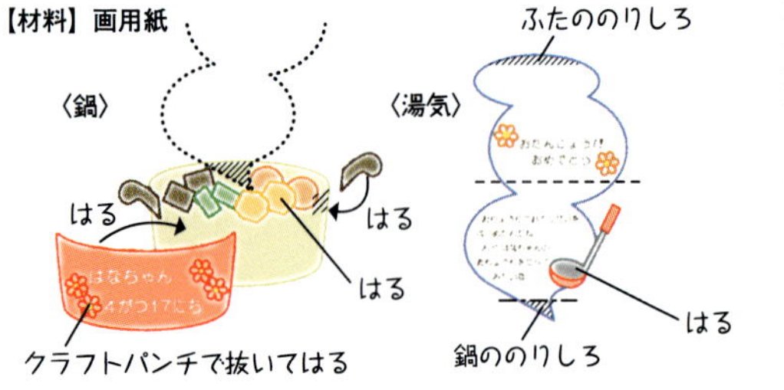
〈鍋〉
はる
はる
はる
クラフトパンチで抜いてはる
〈湯気〉
ふたののりしろ
はる
鍋ののりしろ

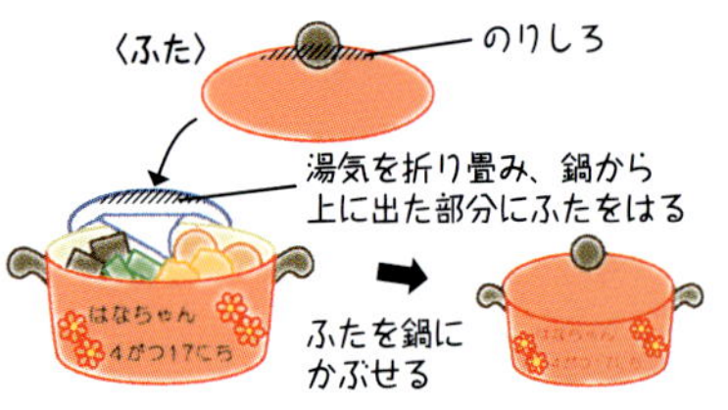
〈ふた〉
のりしろ
湯気を折り畳み、鍋から
上に出た部分にふたをはる
ふたを鍋に
かぶせる

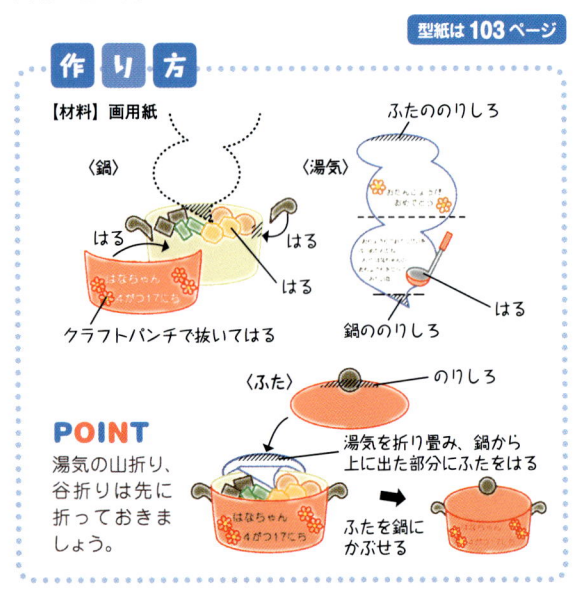

POINT
湯気の山折り、谷折りは先に折っておきましょう。

ぐんぐん伸びるわたしの木

葉の部分が伸びる大きな木。子どもの成長と木の生長を重ねたメッセージ性がポイントです。果実や鳥を飾るとにぎやかに！

型紙は 103 ページ

作り方

【材料】画用紙

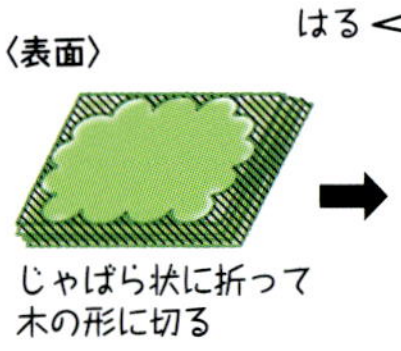
〈表面〉
じゃばら状に折って
木の形に切る

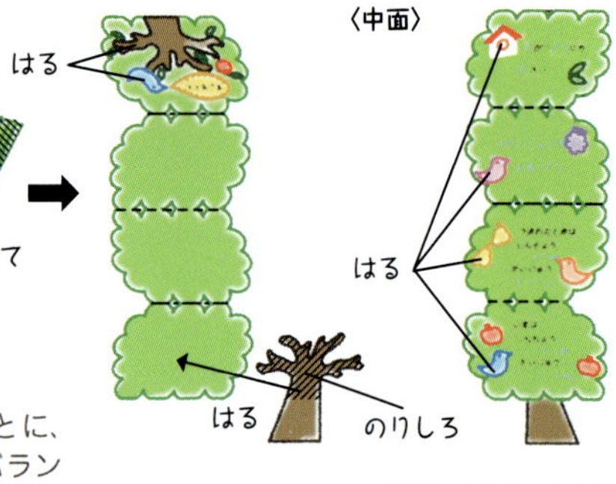
はる
はる
のりしろ
〈中面〉
はる

POINT
文字を書いたあとに、飾りのパーツをバランスよく付けていきます。

えいたくん
閉じると…
4がつ 25にち
6さい
おたんじょうび
おめでとう
うまれたときは
しんちょう
45cm
たいじゅう
3305g
いまは
しんちょう
116.5cm
たいじゅう
20.9kg

★きっと作りたくなる★
行事のカード 74

園では、季節ごとに楽しい行事が盛りだくさん！
ひと手間かけた、お知らせやプログラムを渡して、
すてきな思い出のひとつにしてもらえるとうれしいですね。

入園式

入園はひよことといっしょに

横向きのひよこが開くと正面に。カードを留めるリボンにメッセージを付ければ、ひよことといっしょに「おめでとう」が広がります。

型紙は 104 ページ

おめでとう
おめでとう

閉じると…

かおり
ちゃん

作り方

【材料】画用紙・リボン

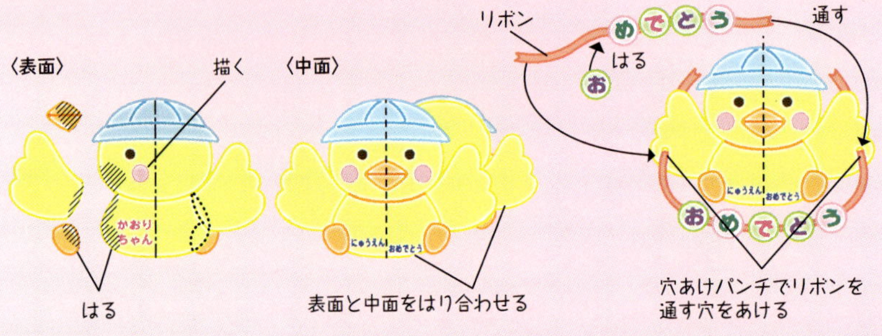

〈表面〉
描く
かおり
ちゃん
はる
〈中面〉
にゅうえん
おめでとう
表面と中面をはり合わせる
リボン
おめでとう
はる
通す
にゅうえん
おめでとう
おめでとう
穴あけパンチでリボンを
通す穴をあける

POINT
リボンはゆとりを持った長さで通しておくとカードが開きやすいです。

作り方

【材料】画用紙・シール・ストロー・セロハンテープ

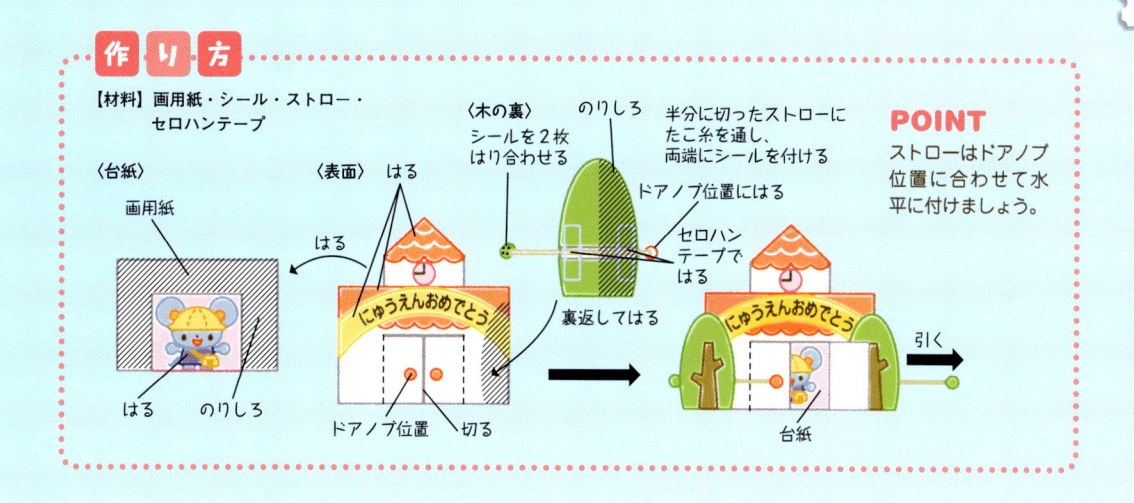

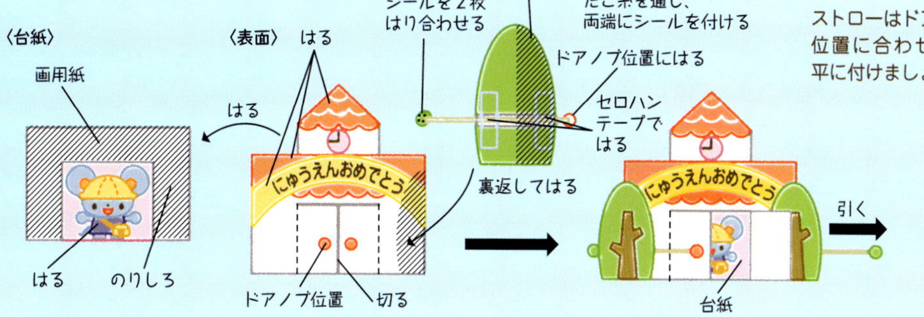
〈木の裏〉
シールを２枚
はり合わせる
のりしろ
半分に切ったストローに
たこ糸を通し、
両端にシールを付ける
〈台紙〉
画用紙
〈表面〉
はる
はる
ドアノブ位置にはる
セロハン
テープで
はる
にゅうえんおめでとう
裏返してはる
はる
のりしろ
ドアノブ位置
切る
引く
台紙

POINT
ストローはドアノブ位置に合わせて水平に付けましょう。

閉じると…

にゅうえんおめでとう

ワクワクが詰まった園舎

赤い三角屋根の園舎の扉が開く、遊び心あるしかけが魅力。シールやストローなどの身近なものを使うと手間なく作れます。

型紙は 104 ページ

にゅうえんおめでとう

ありがとうの花束

花束を包むレースペーパーを開くと、子どもが描いたお母さんの顔。お母さんはサプライズにびっくりすることまちがいなし！

型紙は 105 ページ

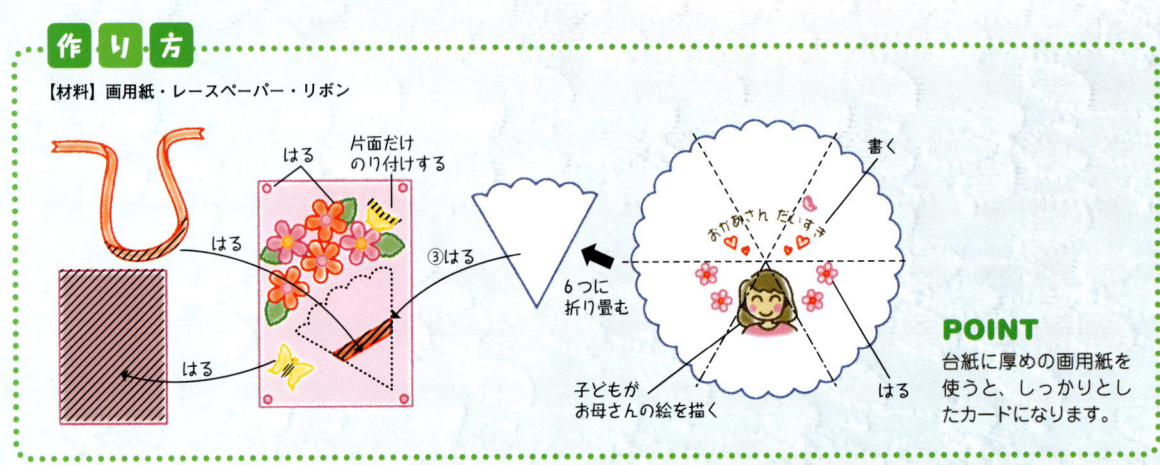

開くと…

おかあさん だいすき

作り方

【材料】画用紙・レースペーパー・リボン

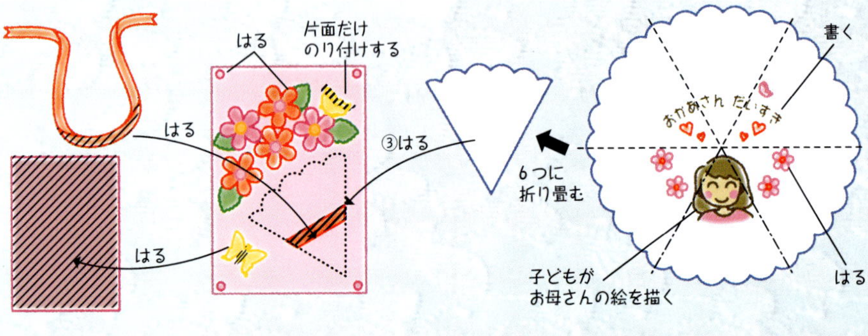
はる
片面だけ
のり付けする
はる
③はる
はる
6つに
折り畳む
書く
おかあさん だいすき
子どもが
お母さんの絵を描く
はる

POINT

台紙に厚めの画用紙を使うと、しっかりとしたカードになります。

作り方

【材料】画用紙・スパンコール・リボン・両面テープ

〈表面〉

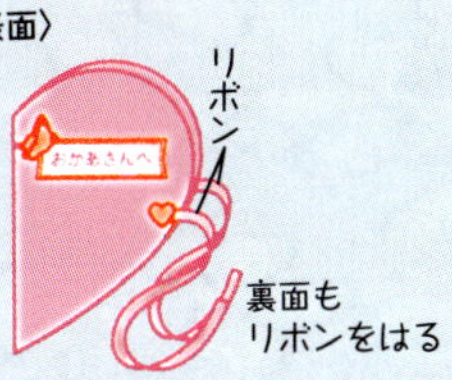
おかあさんへ
リボン
裏面も
リボンをはる

〈中面〉

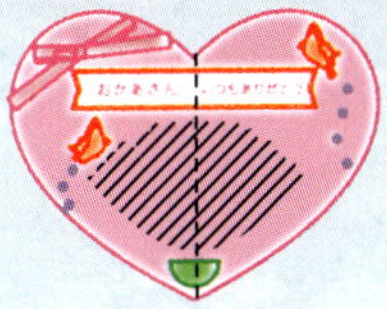

〈花びら〉

①花びらを８枚作る

②４枚ずつ重ね図のように
切り込みを入れる

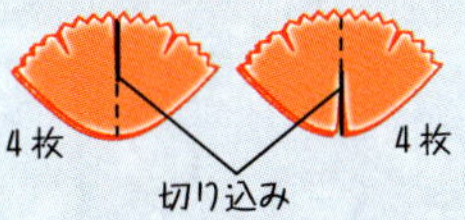
4枚
4枚
切り込み

③切り込みを差して重ねる

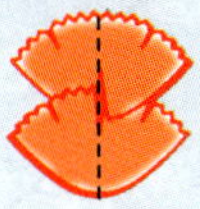

④カードの中心に合わせて花びらをはる

⑤左側から開き、下部と中央を
交互に両面テープではる

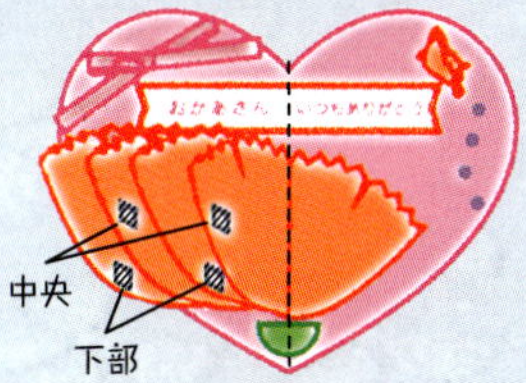
中央
下部

POINT

カーネーションのギザギザは
ピンキングバサミを使っても。

思いが伝わる カーネーション

半分のハートを開くとカーネーションが立体的に飛び出します。クラフトパンチでチョウやハートを抜くと簡単にできます。 型紙は 105 ページ

おかあさん
いつもありがとう

閉じると…

おかあさんへ

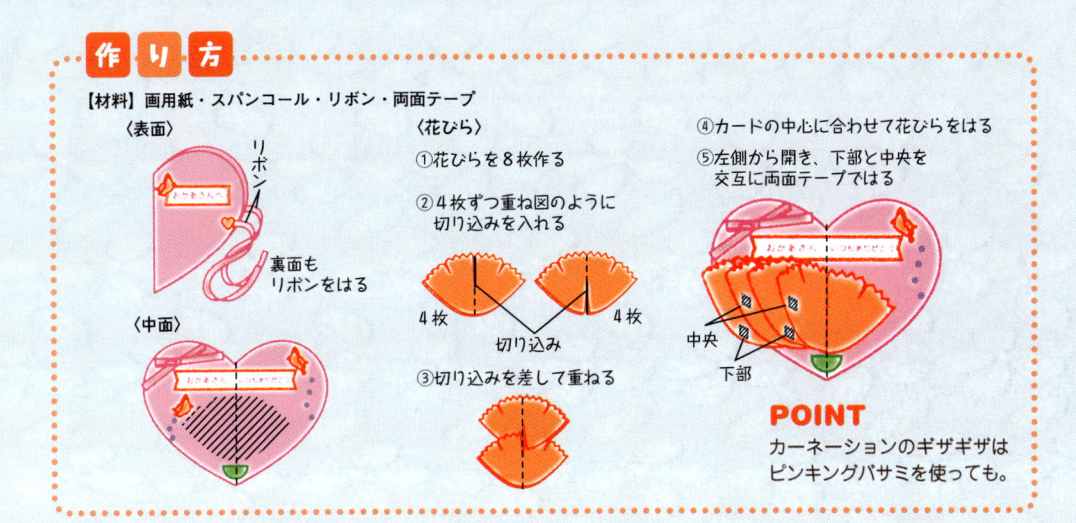

父の日

閉じると…
おとうさんへ
めい より
いつも ありがとう
おとうさん だいすき

かっこいい Yシャツ

長方形のカードと思いきや、開いてみるとYシャツの形に。大きなリボンを付けると、ワンポイントになります。

型紙は 106 ページ

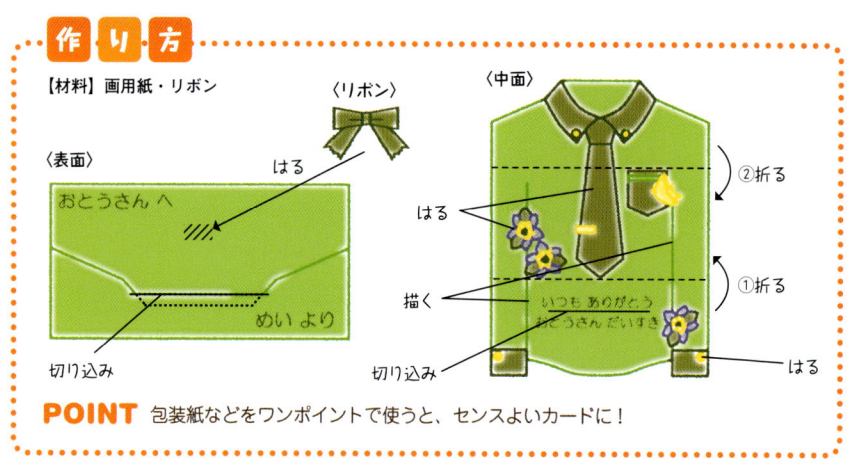

作り方

【材料】画用紙・リボン

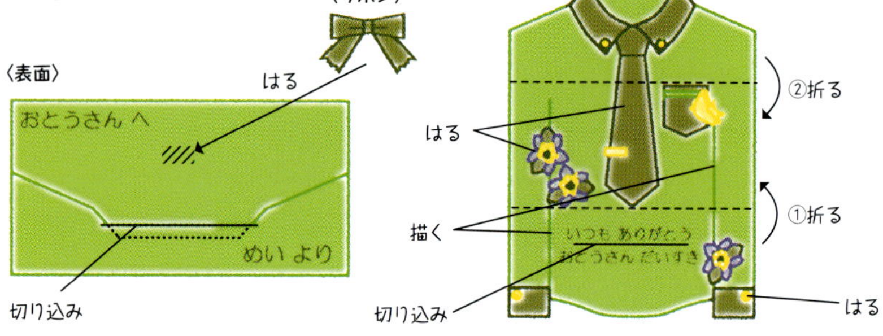
〈リボン〉
〈表面〉
はる
おとうさん へ
めい より
切り込み
〈中面〉
②折る
はる
①折る
描く
いつも ありがとう
おとうさん だいすき
切り込み
はる

POINT 包装紙などをワンポイントで使うと、センスよいカードに！

閉じると…
おとうさん
いつも ありがとう
おしごと
がんばってね!
こうすけより

お父さんは 力持ち

スーツ姿のお父さんの真の姿は力持ち！ 細部まで作り込むと力作カードのでき上がり。紙を厚めにして、カードを立たせても。

型紙は 107 ページ

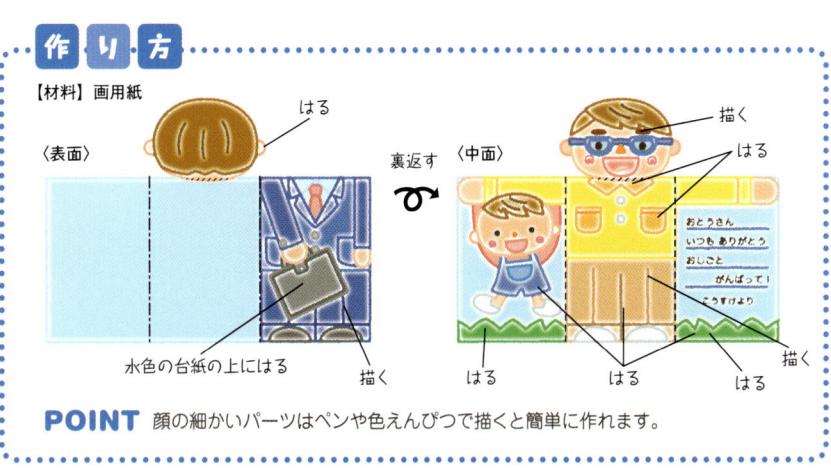

作り方

【材料】画用紙

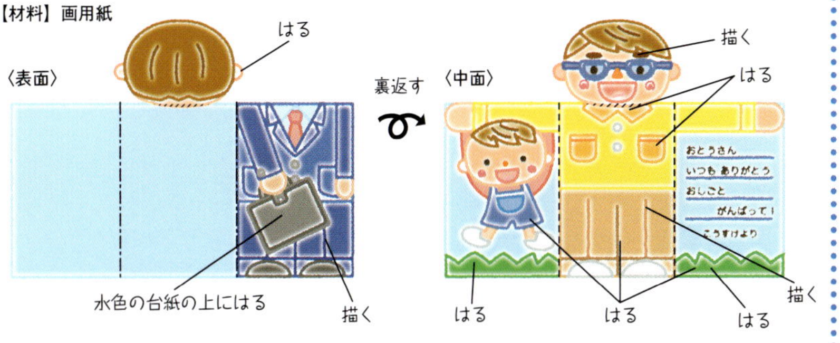
はる
〈表面〉
裏返す
〈中面〉
描く
はる
水色の台紙の上にはる
描く
はる
はる
はる
描く

POINT 顔の細かいパーツはペンや色えんぴつで描くと簡単に作れます。

暑中お見舞い

ワクワク塗り絵

けんとくん げんきですか？
△のついたところをぬってね
なにがでるかな？

△のマークを塗っていくと絵が完成する楽しいはがき。

型紙は 108 ページ

ことしの なつは うみで あそんだ？
はやく ひやけした
たいちくんに あいたいです。
みさと せんせいより

楽しい水遊び

折り紙やトレーシングペーパーをイラストの上にはるだけと簡単！

型紙は 108 ページ

りなちゃん げんきですか？
なつの
やさいを
とりにいこう
ゴール
ぜんぶ とれたかな？

夏野菜めいろ

夏の野菜を取りに行く楽しい迷路。

型紙は 108 ページ

かにさんのパーティー

かにさんの体に紙テープを使っています。少しの工夫でセンスのいいハガキに！

型紙は 108 ページ

しょちゅうおみまい もうしあげます

しょちゅうおみまい
もうしあげます
てんを じゅんばんに つないでみてね

お楽しみ点つなぎ

数字を振った点をつないでいく、遊べる暑中見舞い。

型紙は 108 ページ

アサガオが咲いたよ！

水玉模様のマスキングテープと折り紙をはるだけで、夏らしいハガキになります。

型紙は 108 ページ

ようくんへ
まいにち あついですね。
だいすきな すいか たくさん たべた？
るみせんせい

夏祭り

おばけちょうちんからの伝言

ユニークなおばけちょうちんで夏祭りのご案内を。完成したカードが開かないよう、舌を留め具にできるひと工夫がポイントです。

型紙は 109 ページ

7がつ
ご1じ~
えんて
おみせ
よ。
みんなであそびにきてね！

閉じると…

作り方

【材料】画用紙

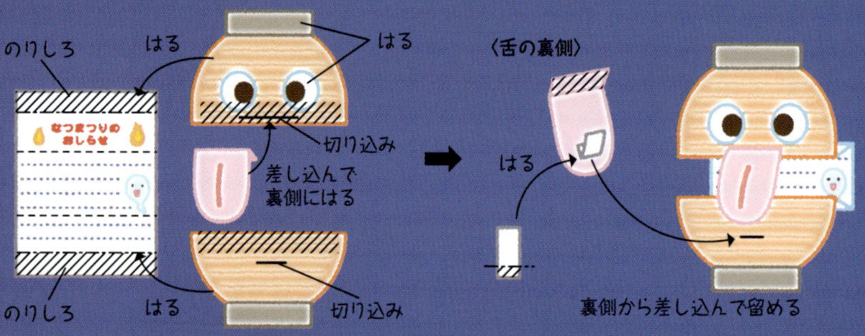
のりしろ
はる
はる
なつまつりの
おしらせ
切り込み
差し込んで
裏側にはる
のりしろ
はる
切り込み
〈舌の裏側〉
はる
裏側から差し込んで留める

POINT

舌の裏側の留め具は切り込みに合わせて位置を決めてからはると、きれいにしあがります。

花火ってきれいだね

スパンコールやビーズを使った花火は見ごたえがたっぷり！　夜空には黒ではなく紺色の紙を使うと優しい印象になります。

型紙は110ページ

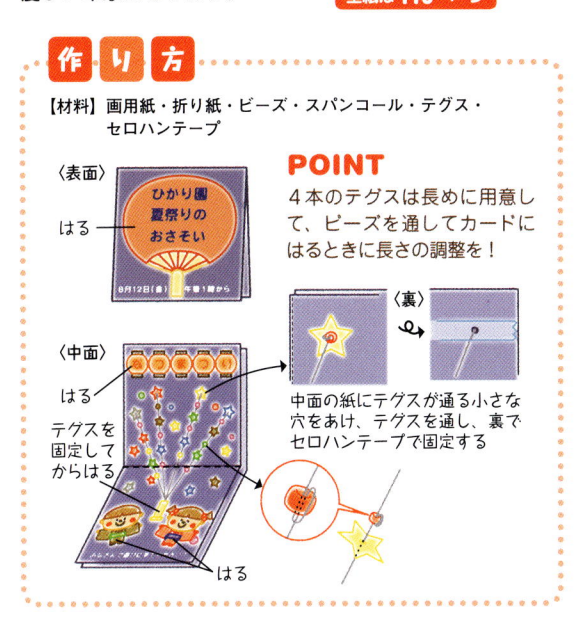

作り方

【材料】画用紙・折り紙・ビーズ・スパンコール・テグス・セロハンテープ

〈表面〉

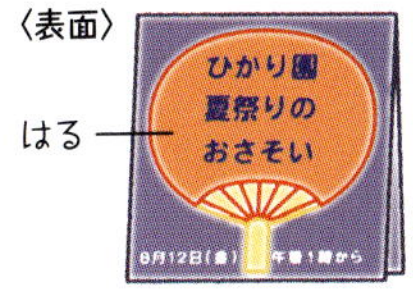

ひかり園
夏祭りの
おさそい
はる

POINT
４本のテグスは長めに用意して、ビーズを通してカードにはるときに長さの調整を！

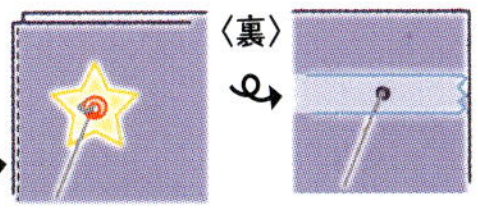

〈裏〉

〈中面〉

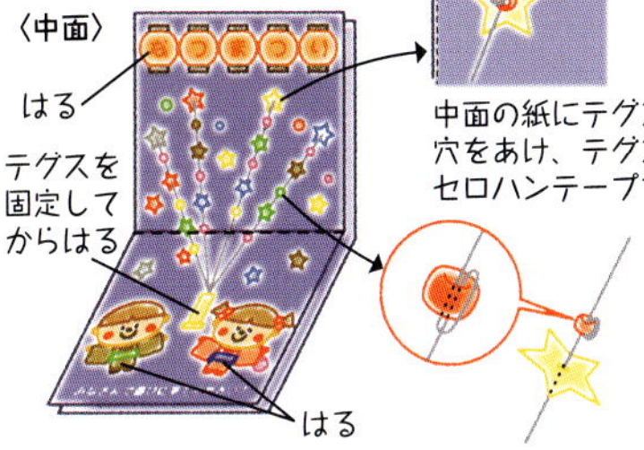

はる
テグスを固定してからはる
はる

中面の紙にテグスが通る小さな穴をあけ、テグスを通し、裏でセロハンテープで固定する

閉じると…

ひかり園
夏祭りの
おさそい
8月12日(金)　午後1時から

なつまつり
みなさんで遊びに来てください

食べ物やゲームのお店もあります。
ご家族でお越し下さい。
閉じると…
夏祭りのお知らせ
日時　7月31日　午後7時
場所　ひかり園 園庭

大きな花火、楽しいな

くるくると渦を巻く、大きな花火をメインにしたカードです。花火の色は鮮やかなものを選ぶとカードがグッと印象的に！

型紙は110ページ

作り方

【材料】画用紙・折り紙

〈表面〉

描く
はる
夏祭りのお知らせ

〈中面〉

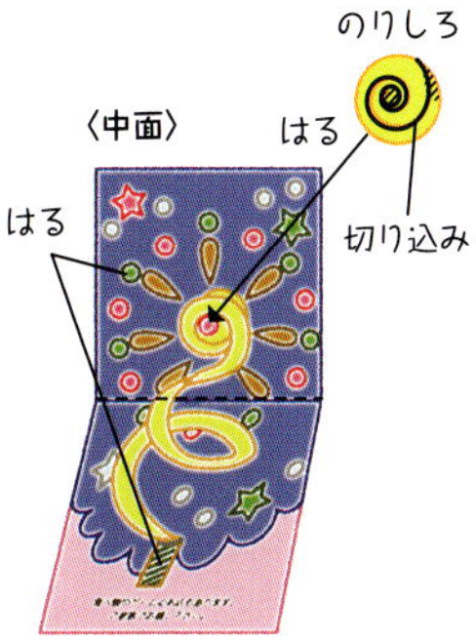

のりしろ
はる
はる
切り込み

POINT
星や丸はクラフトパンチを使うときれいに切り抜けて、でき上がりもきれい！

♪ 行事のカード ♪

敬老の日

おじいちゃんの時間

おじいちゃんが犬とたたずむ、優しい印象のカードです。子どもの手書きのメッセージなどを入れると、雰囲気よくまとまります。

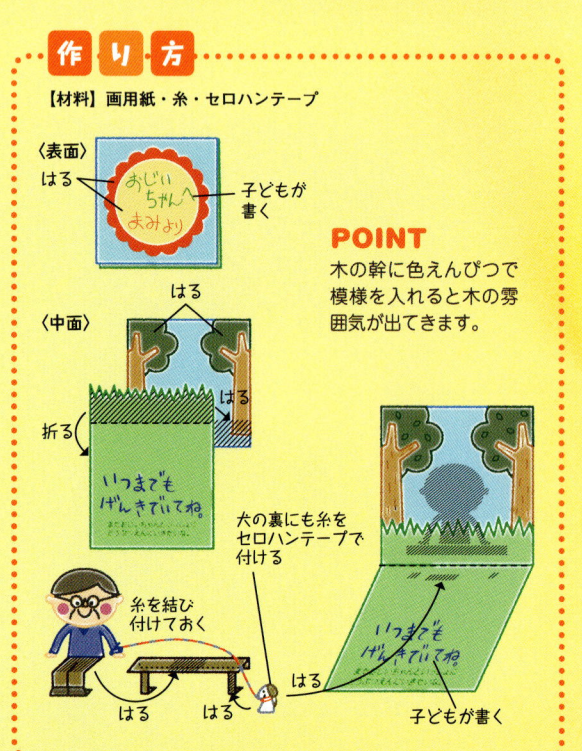

型紙は 111 ページ

いつまでも
げんきでいてね。
またおじいちゃんといっしょに
どうぶつえんにいきたいな。

閉じると…

おじいちゃんへ
まみより

作り方

【材料】画用紙・糸・セロハンテープ

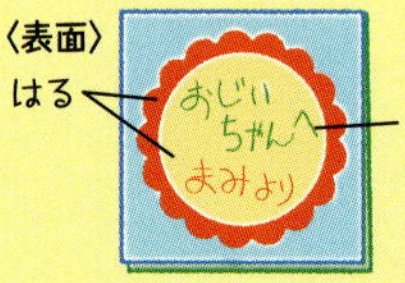
〈表面〉
はる
おじいちゃんへ
まみより
子どもが書く

POINT

木の幹に色えんぴつで模様を入れると木の雰囲気が出てきます。

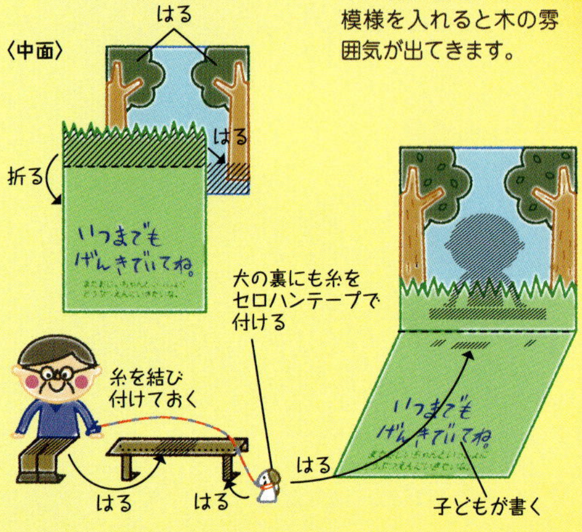
はる
〈中面〉
はる
折る
いつまでも
げんきでいてね。
犬の裏にも糸をセロハンテープで付ける
糸を結び付けておく
はる
はる
はる
いつまでも
げんきでいてね。
子どもが書く

閉じると…

おじいちゃん
おばあちゃん
いつも
ありがとう

成長を伝える ビックリカード

感謝といっしょに成長をお知らせする手形付きのデザイン。手形の下に紙のバネを付けて動きをだすと楽しさが増します。

型紙は112ページ

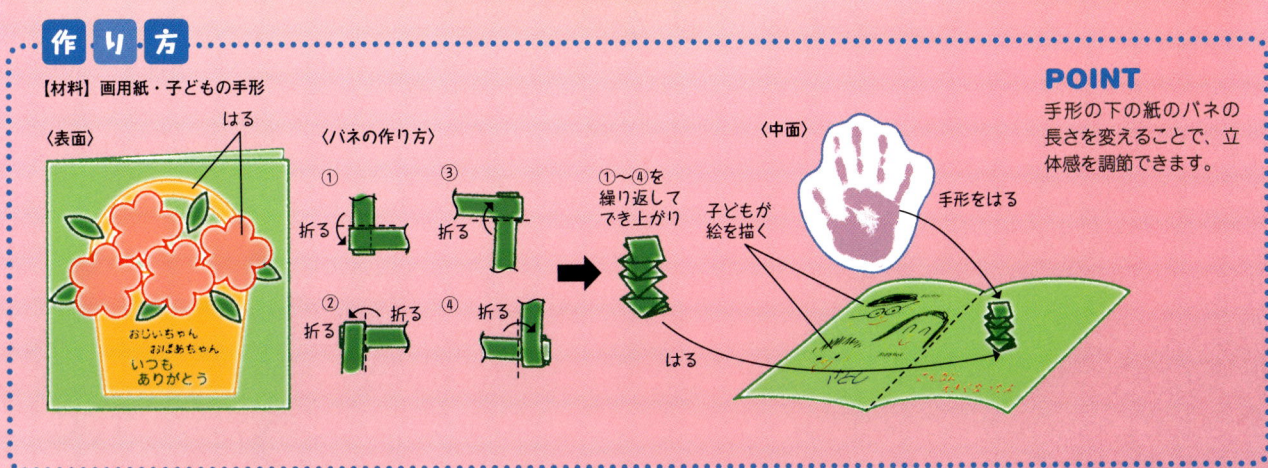

おじいちゃん
おばあちゃん
さとし
こんなに
大きくなったよ！

作り方

【材料】画用紙・子どもの手形

〈表面〉

はる
おじいちゃん
おばあちゃん
いつも
ありがとう

〈バネの作り方〉

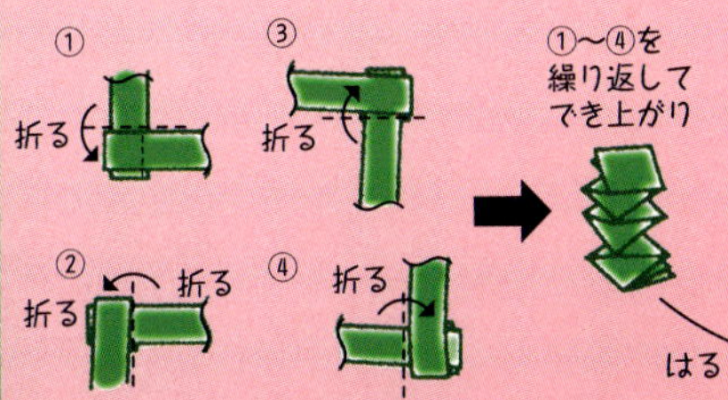
①
折る
②
折る
折る
③
折る
④
折る
①～④を
繰り返して
でき上がり
はる

〈中面〉

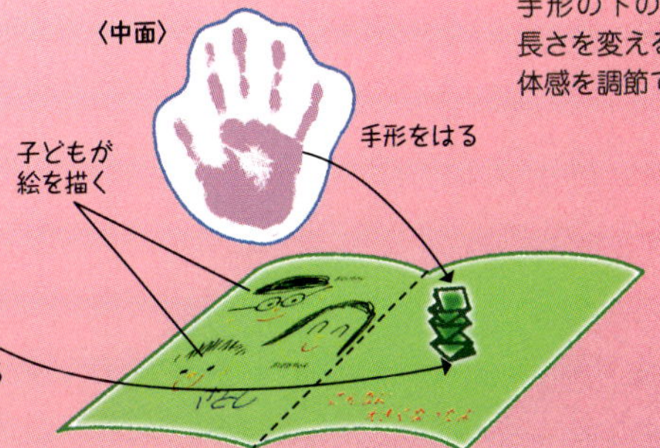
手形をはる
子どもが
絵を描く

POINT

手形の下の紙のバネの長さを変えることで、立体感を調節できます。

運動会

メダルのプログラム

王冠付きのメダル型プログラム。直径を大きくすると長いプログラムをはることも可能に。首に掛けておくことができて便利です。

型紙は112ページ

開くと…

作り方

【材料】画用紙・キラキラモール・折り紙・リボン・両面テープ

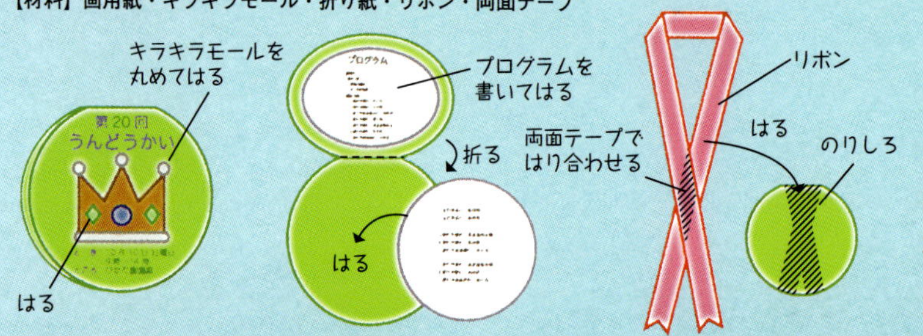

POINT
太めのリボンを使うとカードを安定して取り付けられます。

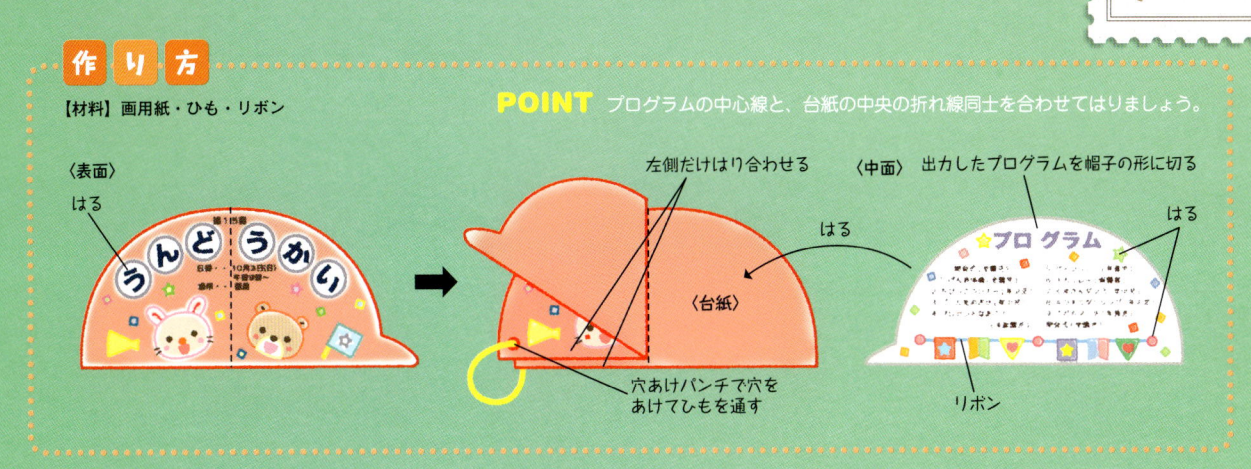

作り方

【材料】画用紙・ひも・リボン

POINT プログラムの中心線と、台紙の中央の折れ線同士を合わせてはりましょう。

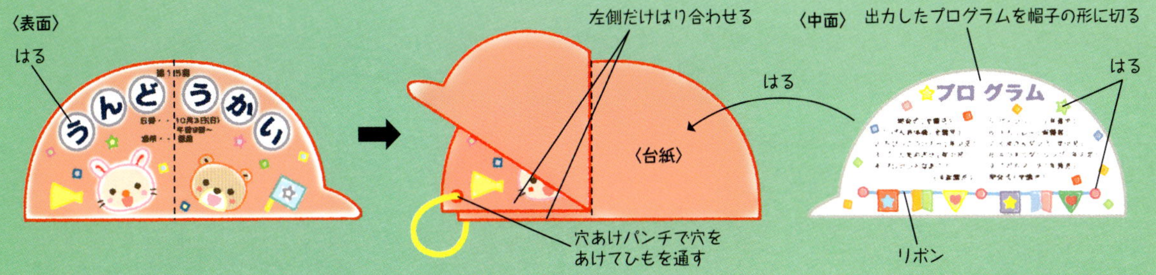
〈表面〉
はる
左側だけはり合わせる
〈台紙〉
穴あけパンチで穴をあけてひもを通す
はる
〈中面〉 出力したプログラムを帽子の形に切る
プログラム
はる
リボン

第15回
うんどうかい
日時・・ 10月3日(日)
午前9時～
場所・・ 園庭

開くと…

プログラム
開会式（全園児）
1.げんき体操（全園児）
2.ちびっこランナー（年少児）
3.ゴールをめざせ（年中児）
4.大人リレー（保護者）
5.プレゼントなあに？（未就園児）
6.バトンリレー（年長児）
7.くまさんダンス（年少児）
8.キラキラダンシング（年中児）
9.こどもマーチ（年長児）
閉会式（全園児）

赤勝て、白勝て！ プログラム

赤白の帽子を取り入れたおもしろいデザイン。細かい飾りは、型紙のコピーに色を塗り、はり付けてもかわいくしあがります。

型紙は113ページ

うさぎとかめの徒競走

ゴールテープを切る、うさぎとかめを付けたあいらしいプログラム。
ヘアゴムを留め具にしたことで使いがってもバツグンです。

型紙は 113 ページ

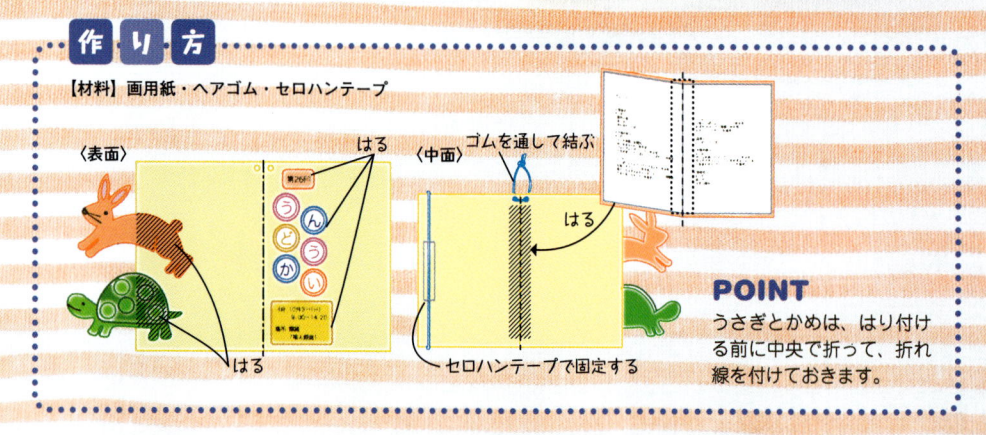

開くと…

第26回
うんどうかい
日時：10月3日（日）
9：00〜14：20
場所：園庭
（雨天順延）

作り方

【材料】画用紙・ヘアゴム・セロハンテープ

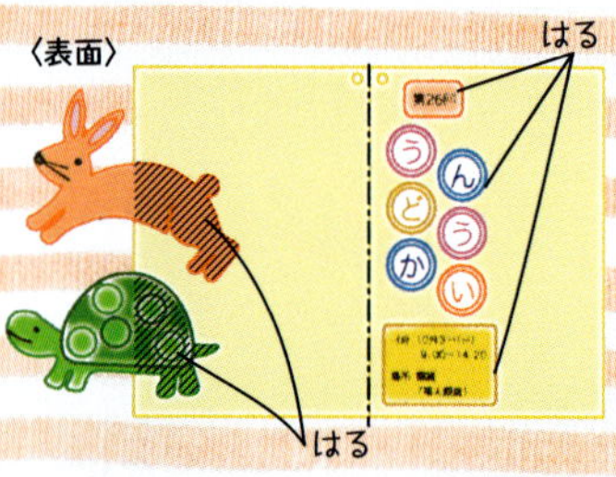
〈表面〉
はる
はる

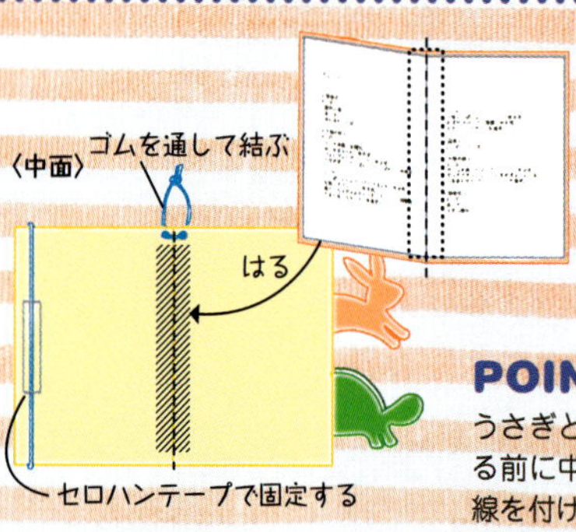
〈中面〉
ゴムを通して結ぶ
はる
セロハンテープで固定する

POINT

うさぎとかめは、はり付ける前に中央で折って、折れ線を付けておきます。

作り方

【材料】画用紙・厚紙

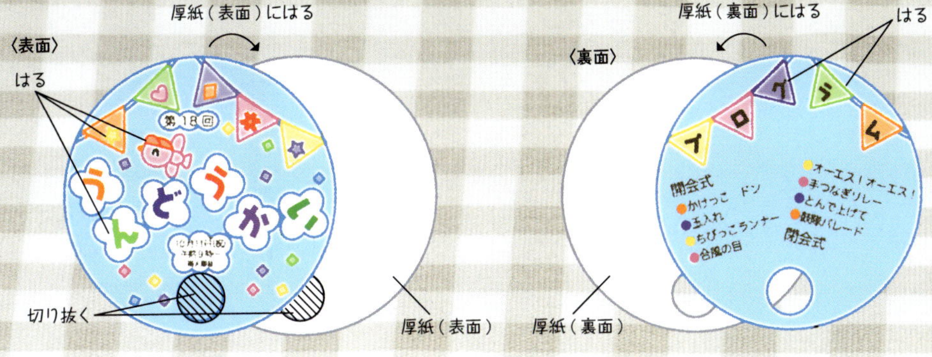

POINT
スプレーのりなどで全面にのりを付けて、しっかり厚紙とはり合わせるときれいです。

裏返すと…

プログラムは涼しいうちわで

円にひとつ穴をあけただけの簡単なうちわ。これにプログラムをのせれば、みんなが喜ぶうちわ型のプログラムの完成です。

型紙は 114 ページ

♪ 行事のカード ♪

発表会

主役はわたし！

カードを開くとおひめさまが起き上がるしかけです。舞台のあいているところに連絡事項を入れるときれいにまとまります。

型紙は114ページ

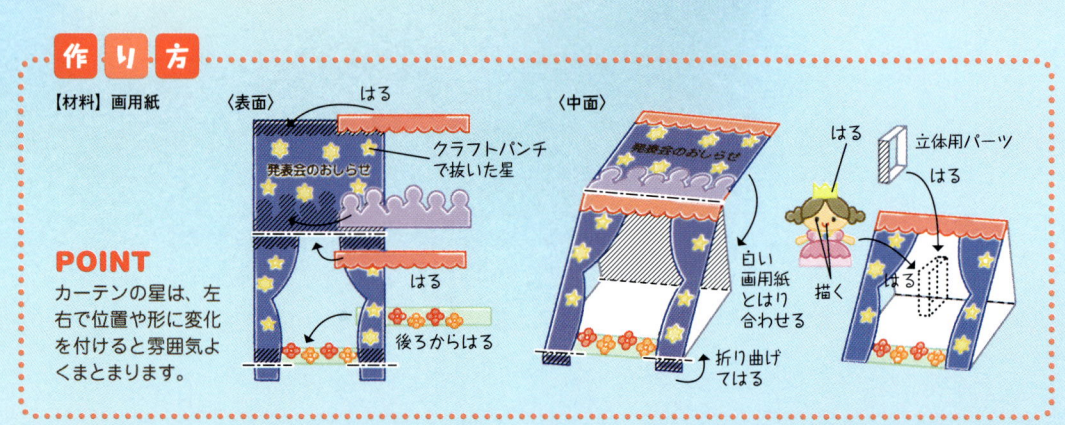

日時：11月13日（日）
午前9時から

閉じると…

発表会のおしらせ

作り方

【材料】画用紙

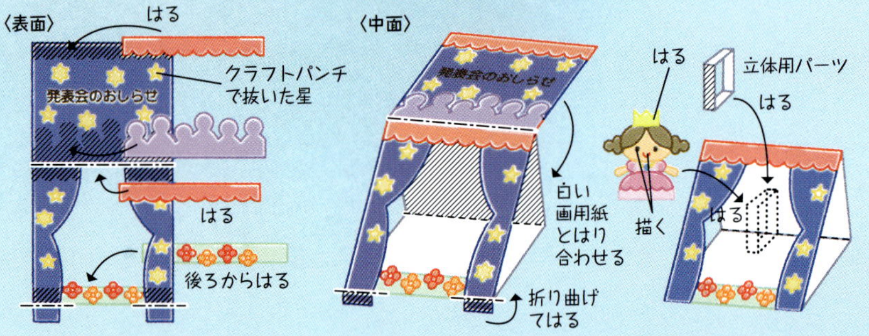
〈表面〉
はる
クラフトパンチで抜いた星
発表会のおしらせ
はる
後ろからはる
〈中面〉
発表会のおしらせ
白い画用紙とはり合わせる
折り曲げてはる
はる
立体用パーツ
はる
描く
はる

POINT

カーテンの星は、左右で位置や形に変化を付けると雰囲気よくまとまります。

なかよしピエロのプログラム

3人の子どものピエロが連なるキュートなデザイン。最後の子どもの背中にひとことメッセージを添えるとすてきです。

型紙は115ページ

閉じると…

発表会
●11月3日 (祝)
●ことりホール にて

5. いっすんぼうし こあら組（年中）
6. ピノキオ ぞう組（年長）
7. したきりすずめ らいおん組（年長）
8. ないたあかおに くま組（年長）
1. もりのくまさん りす組（年少）
2. わんぱくダンス ひよこ組（年少）
3. どうぞのいす うさぎ組（年中）
4. 3びきのこぶた ぱんだ組（年中）
●11月3日 (祝)
発表会
●ことりホール にて

裏返すと…

いっしょうけんめい
練習しました!
たくさんの拍手で
応援して
ください!

作り方

【材料】画用紙・包装紙

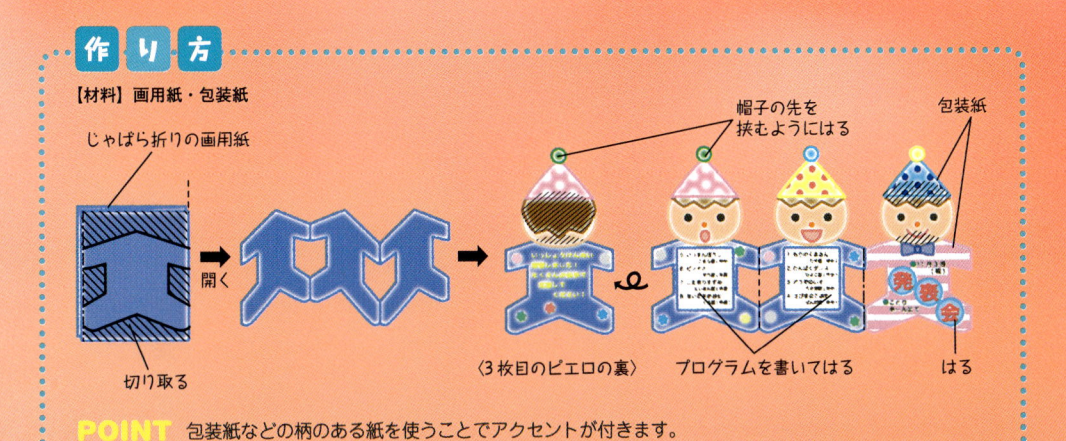

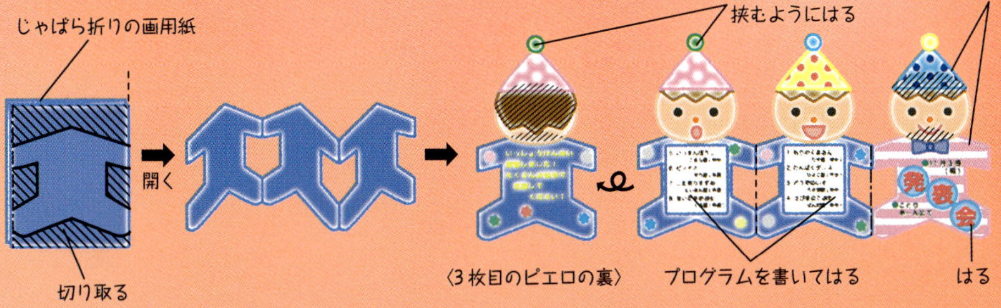

じゃばら折りの画用紙
開く
切り取る
帽子の先を
挟むようにはる
包装紙
〈3枚目のピエロの裏〉
プログラムを書いてはる
はる

POINT 包装紙などの柄のある紙を使うことでアクセントが付きます。

バレリーナのかわいいダンス

スポットライトを浴びて舞うかわいいバレリーナのチュチュが開く、遊び心いっぱいのカード。空きスペースにプログラムを入れても。 型紙は 115 ページ

作り方

【材料】画用紙・リボン

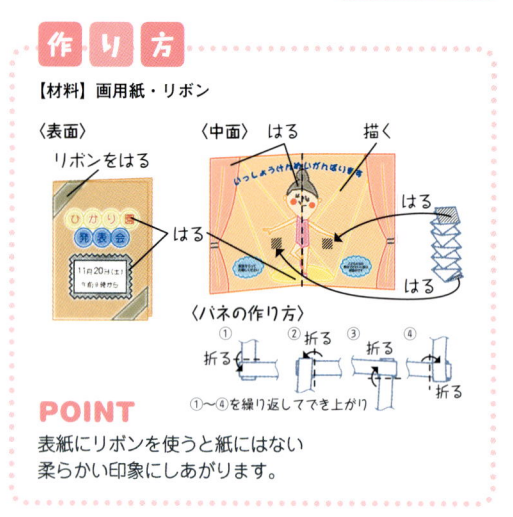

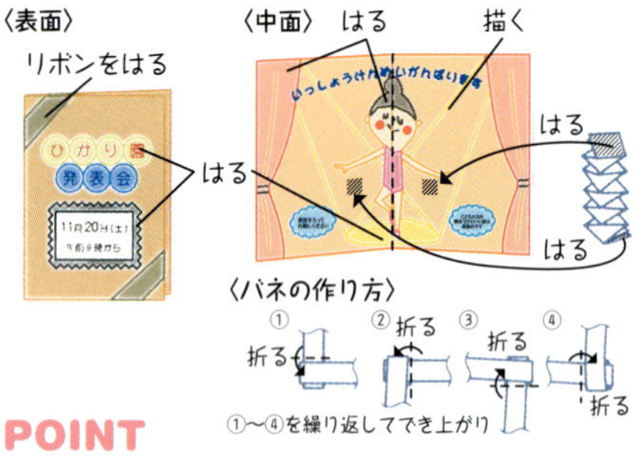
〈表面〉
リボンをはる
はる
〈中面〉
はる
描く
はる
はる
〈バネの作り方〉
① 折る
② 折る
③ 折る
④ 折る
①〜④を繰り返してでき上がり

POINT
表紙にリボンを使うと紙にはない柔らかい印象にしあがります。

閉じると…

ひかり園
発表会
11月20日(土)
午前9時から

いっしょうけんめい がんばります
ご家族そろって
お越し下さい
こどもたちの
懸命でかわいい姿は
感動的です

アコーディオンの軽快な音色

愛きょうのあるおさるさんが特徴的なカード。紙のバネを横にはるだけで立体感と動きが楽しめ、手軽にしかけカードができ上がります。 型紙は 116 ページ

作り方

【材料】画用紙

POINT
太めの紙のバネにすることで、存在感のあるカードになります！

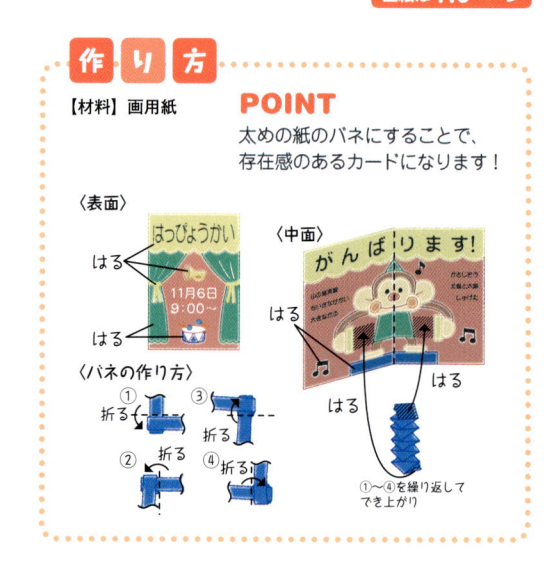

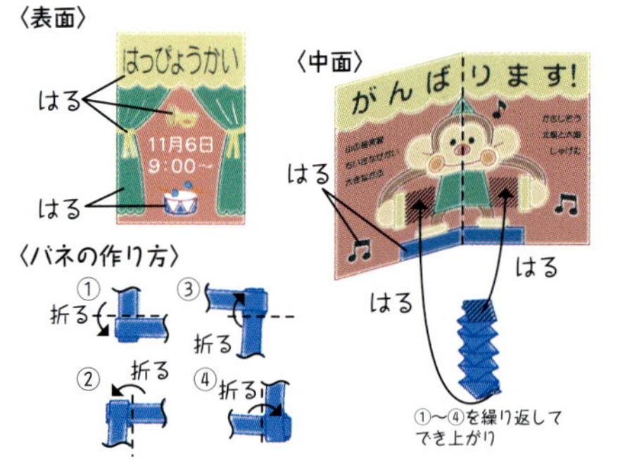
〈表面〉
はる
はる
〈中面〉
はる
はる
はる
〈バネの作り方〉
① 折る
② 折る
③ 折る
④ 折る
①〜④を繰り返して
でき上がり

閉じると…

はっぴょうかい
11月6日
9:00〜

がんばります!
山の音楽家
ちいさなせかい
大きなかぶ
かさじぞう
北風と太陽
じゅげむ

閉じると…

おんがくかい
12月12日(土)10時～
なかよしホールにて

ピアノを奏でる うさぎさん

グランドピアノの形に音楽会らしさを感じます。カードを開くと、音符の飾りが立ち上がり、楽しい雰囲気に。

型紙は 116 ページ

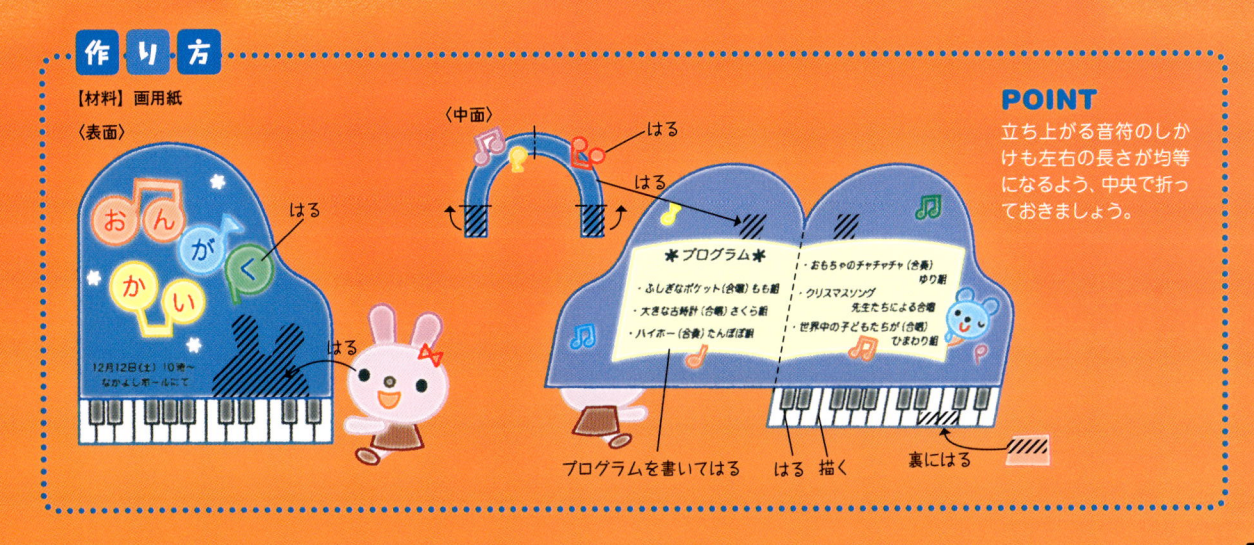

＊ プログラム ＊
・ふしぎなポケット(合唱)もも組
・大きな古時計(合唱)さくら組
・ハイホー(合奏)たんぽぽ組
・おもちゃのチャチャチャ(合奏) ゆり組
・クリスマスソング 先生たちによる合唱
・世界中の子どもたちが(合唱) ひまわり組

作り方

【材料】画用紙

〈表面〉

おんがくかい
はる
はる
12月12日(土) 10時～
なかよしホールにて

〈中面〉

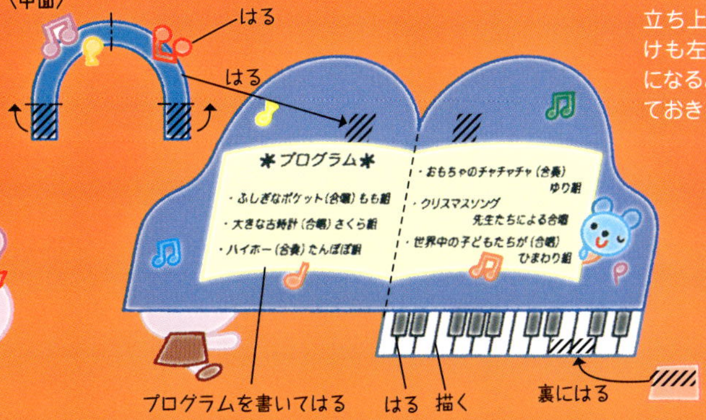
はる
はる
＊プログラム＊
・ふしぎなポケット(合唱)もも組
・大きな古時計(合唱)さくら組
・ハイホー(合奏)たんぽぽ組
・おもちゃのチャチャチャ(合奏) ゆり組
・クリスマスソング 先生たちによる合唱
・世界中の子どもたちが(合唱) ひまわり組
プログラムを書いてはる
はる
描く
裏にはる

POINT

立ち上がる音符のしかけも左右の長さが均等になるよう、中央で折っておきましょう。

作品展

飛び出す絵の具！

大きなチューブからたくさんの絵の具が飛び出すユニークなしかけ。絵の具の部分にも文章を入れるとバランスよくでき上がります。

型紙は 117 ページ

作品展
11月3日(祝)
午前10時から
ひかり園にて
今回は、みんなで物語の
世界を表現しています。
ご家族で遊びにきてください。

閉じると…

作品展のおしらせ

作り方

【材料】画用紙

POINT 飛び出す絵の具のしかけの位置を決めてから、周囲のものをはるとベスト。

〈表面〉

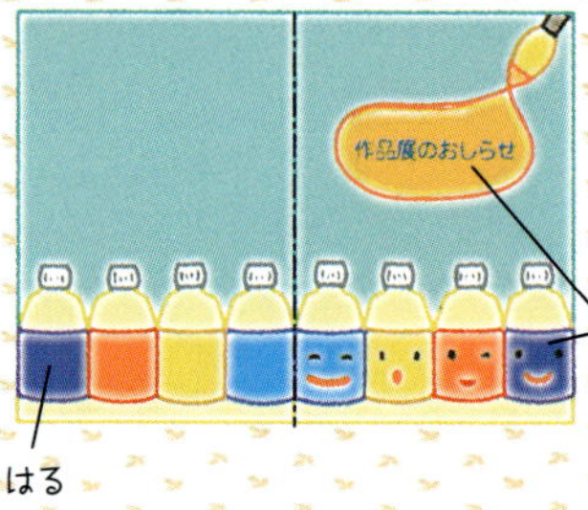
作品展のおしらせ
はる
はる

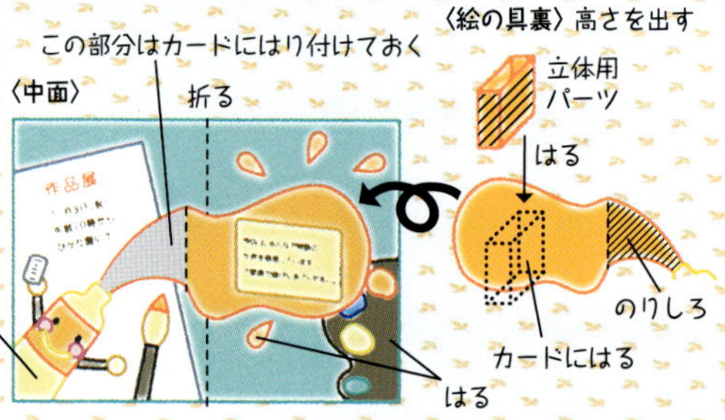
〈中面〉
この部分はカードにはり付けておく
折る
作品展
はる
〈絵の具裏〉高さを出す
立体用
パーツ
はる
のりしろ
カードにはる

作り方

【材料】画用紙・シール

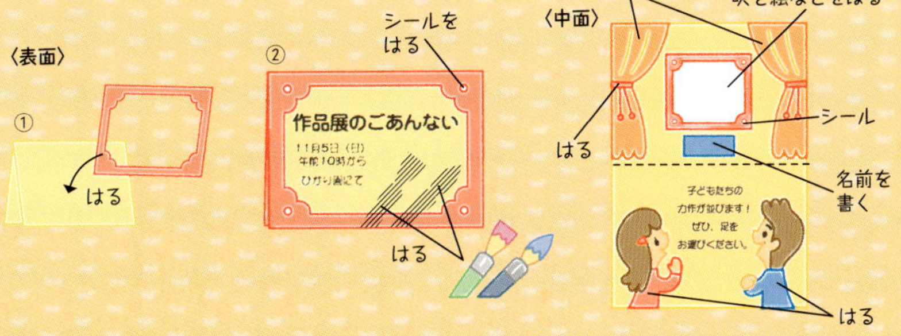
〈表面〉
①
はる
②
シールをはる
作品展のごあんない
11月5日（日）
午前10時から
ひかり園にて
はる
〈中面〉
はる
子どもが描いた吹き絵などをはる
シール
はる
名前を書く
子どもたちの
力作が並びます！
ぜひ、足を
お運びください。
はる

POINT
色えんぴつなどで、カーテンの線を描くと風合いがプラスされます。

美術館へ行こう

開いたカードの中面を美術館に見たてました。子どものかわいい作品をいっしょにはると、手作りのぬくもりがさらに増します。

型紙は 118 ページ

閉じると…

作品展のごあんない
11月5日（日）
午前10時から
ひかり園にて

あすか
子どもたちの
力作が並びます！
ぜひ、足を
お運びください。

♪ 行事のカード ♪

お月見

閉じると…

お月見の会へのおさそい
9月23日
午後
3時から

お
月
見
会
園のキッチンでお月見団子を作ります。
エプロンと三角巾を忘れずに、ご参加ください。

虫カゴから聞こえる秋

開くと虫カゴが立体になる動きのあるデザイン。カゴの中にキュートな虫を入れると、さらに楽しさアップ！

型紙は 119 ページ

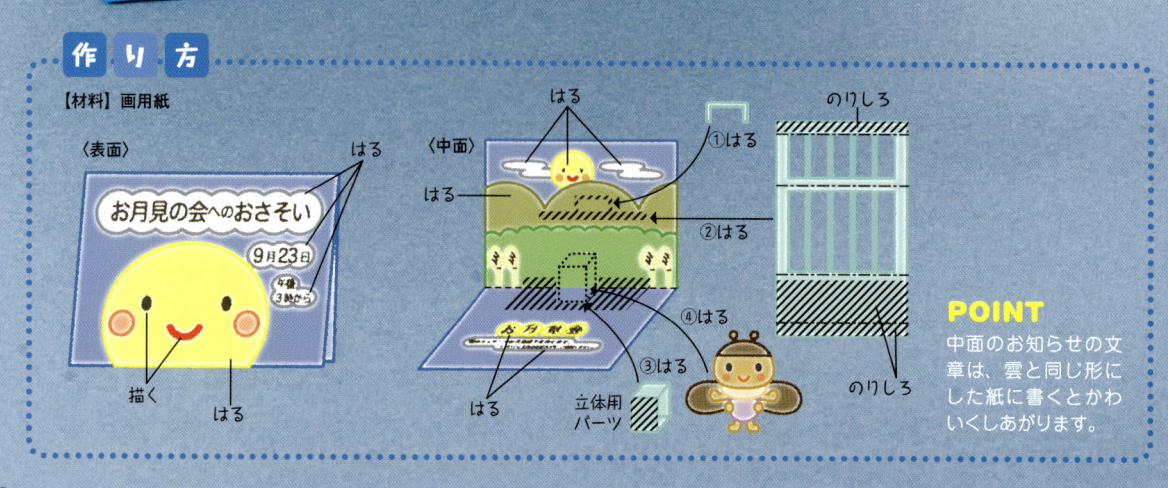

作り方

【材料】画用紙

〈表面〉

はる
お月見の会へのおさそい
9月23日
午後
3時から
描く
はる

〈中面〉

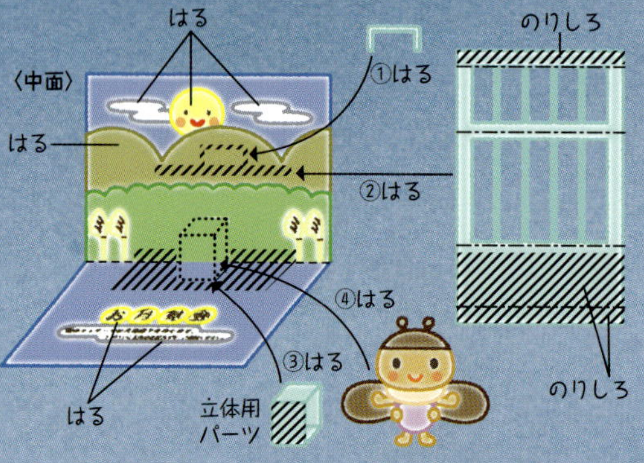

はる
はる
①はる
②はる
のりしろ
④はる
③はる
はる
立体用
パーツ
のりしろ

POINT

中面のお知らせの文章は、雲と同じ形にした紙に書くとかわいくしあがります。

♪ 行事のカード ♪

ハロウィン

カボチャの招待状

カボチャのリボンを引くと、目と舌が動くおもしろカード。おばけのカードとともに、帽子内にメッセージを書くことができます。

型紙は 120 ページ

開くと…

ハロウィンパーティ
のご案内
10月 31日9時～
当日、かわいい
仮装をして、親子で
園にいらして
ください。

おしらせ

開くと…

10がつ 31にち
ハロウィン
パーティが
あるよ！
おかしを くばるから
かそうをして
えんに
きてね！

動きます！

おしらせ

おばけのパーティー

おばけの手と舌が動くしかけ。あまり薄い画用紙ではなく、しっかりとした素材のものを選ぶと動きがスムーズです。

型紙は 121 ページ

作り方

【材料】画用紙

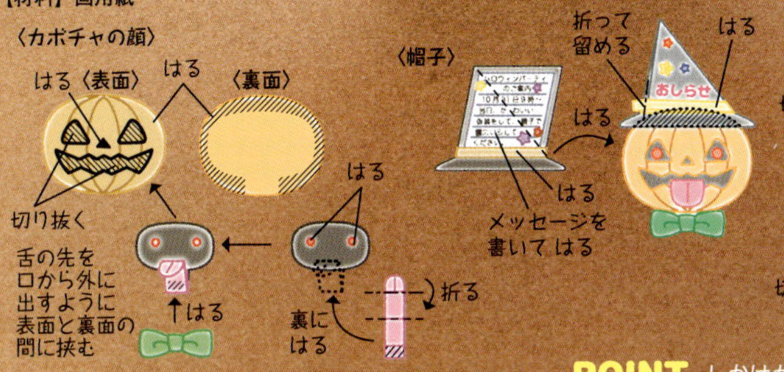
〈カボチャの顔〉
はる
〈表面〉
はる
〈裏面〉
切り抜く
はる
舌の先を口から外に出すように表面と裏面の間に挟む
はる
裏にはる
折る
〈帽子〉
折って留める
はる
はる
はる
メッセージを書いて はる
おしらせ

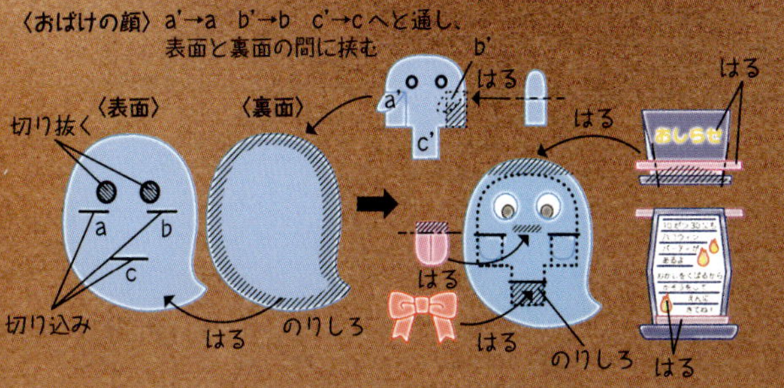
〈おばけの顔〉 a'→a b'→b c'→c へと通し、表面と裏面の間に挟む
〈表面〉
〈裏面〉
切り抜く
a
b
c
切り込み
はる
のりしろ
a'
b'
c'
はる
はる
はる
はる
はる
のりしろ
はる
おしらせ

POINT しかけが動きやすいように、のりしろはあまり太く取らないようにしましょう。

クリスマス

飛び出す クリスマスケーキ

カードを開くと大きなケーキが立ち上がるワクワクするカードです。ロウソクを立てたり、周りにお皿をはったりすることでより華やかに。

型紙は 122 ページ

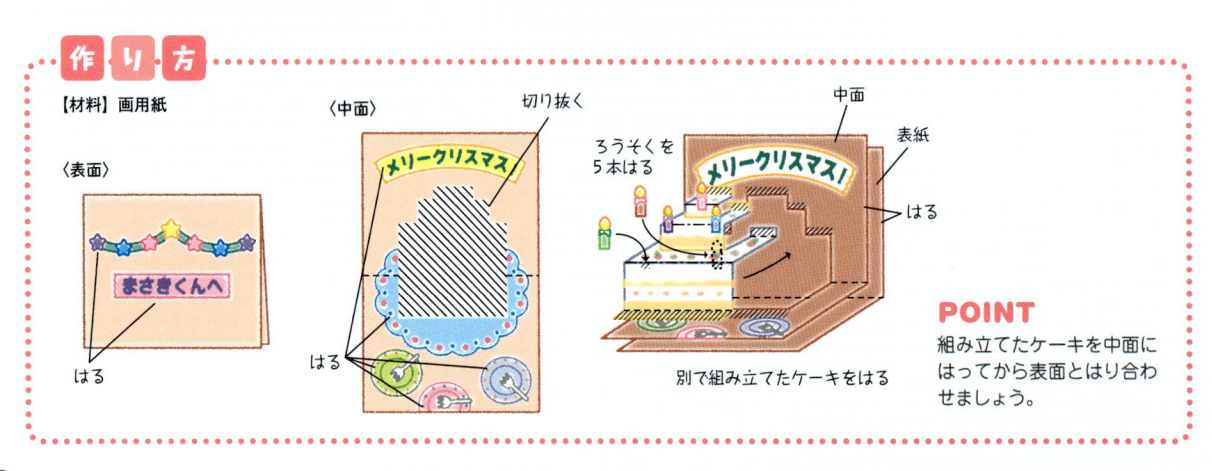

メリークリスマス!

閉じると…

まさきくんへ

作り方

【材料】画用紙

〈表面〉

まさきくんへ
はる

〈中面〉

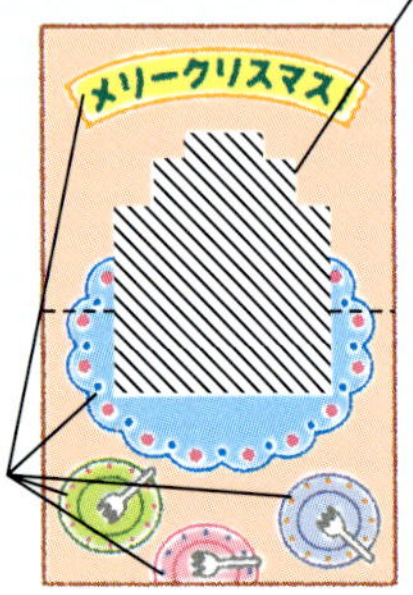
切り抜く
メリークリスマス!
はる

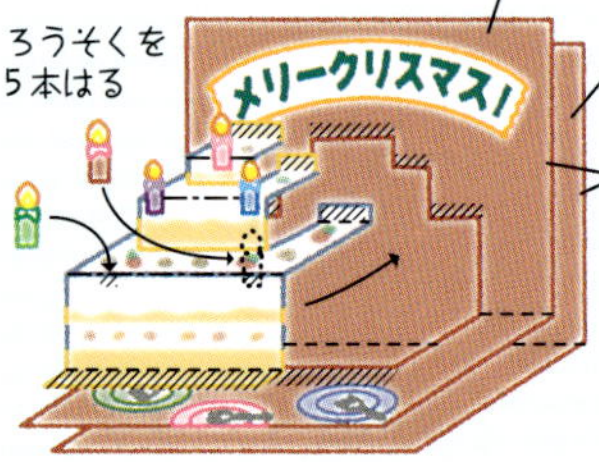
中面
表紙
ろうそくを
5本はる
メリークリスマス!
はる
別で組み立てたケーキをはる

POINT
組み立てたケーキを中面にはってから表面とはり合わせましょう。

めくると…

メリー
クリスマス

メリー
クリスマス

プレゼント ツリー

ツリーに掛けられた飾りをめくると、その下にも別な飾りが！　何が隠れているのかめくっていく楽しみが満載です。

型紙は 123 ページ

作り方

【材料】画用紙・レース・セロハンテープ

〈表面〉
別に白い
画用紙に
描いて
はる
はる
はる
のりしろ
はる
下の絵を隠す
位置に上部だけ
のりで留める
メリー
クリスマス
はる
メリー
クリスマス
上からレースを掛ける
〈裏面〉
裏をセロハンテープで留める

POINT
レースの代わりに綿などを飾ってもいいですね。

箱の中身は何だろう？

大きなリボンの付いた箱の中からクリスマスらしい飾りが登場！　メッセージをひと言添えて送りましょう。

型紙は 124 ページ

閉じると…

靴下からプレゼント

クリスマス色の靴下をモチーフにしたタイプ。リボンを長くして、もう1～2点、飾りをプラスしても。

型紙は 124 ページ

閉じると…

メリー
クリスマス！
まいこ
せんせいより
クリスマス
おめでとう！
とうまくんへ

作り方

【材料】画用紙・包装紙・リボン・セロハンテープ

POINT

アイテムが出し入れしやすいよう、箱と靴下ののりしろは太くしないように注意！

〈表面〉

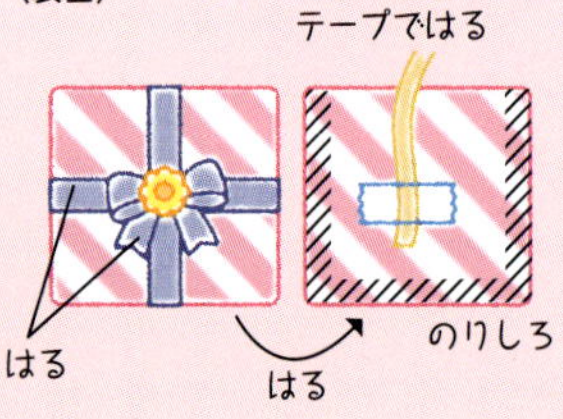
リボンをセロハンテープではる
はる
はる
のりしろ

〈中身〉

はる
リボン
はる
はる

※『靴下からプレゼント』も同様の作り方になります。

サンタさんがやってくる

軽快な足どりで、プレゼントを運ぶサンタさんのカード。袋の大きさを変えると、長いメッセージも入れることができます。

型紙は125ページ

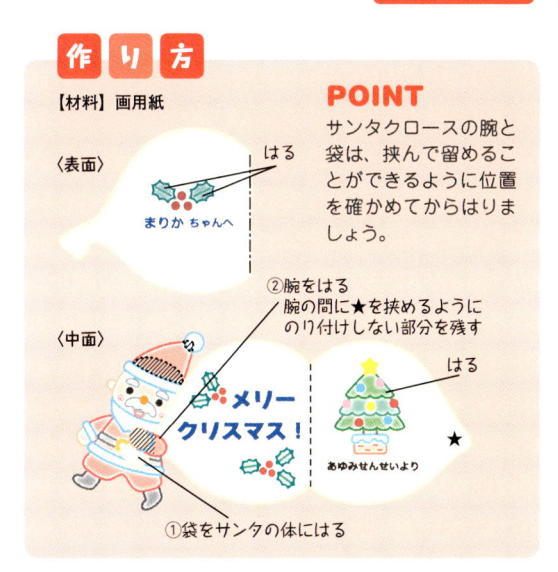

開くと…
メリークリスマス!
あゆみせんせいより
まりか ちゃんへ

作り方

【材料】画用紙

〈表面〉
はる
まりか ちゃんへ
〈中面〉
②腕をはる
腕の間に★を挟めるように
のり付けしない部分を残す
はる
メリークリスマス!
あゆみせんせいより
★
①袋をサンタの体にはる

POINT
サンタクロースの腕と袋は、挟んで留めることができるように位置を確かめてからはりましょう。

メリー
クリスマス

回すと…

リスマス

クルッと回るリース

クルクル回るしかけで、リースの穴から飾りや顔がのぞきます。スパンコールを使うと華やかな雰囲気にしあがります。

型紙は126ページ

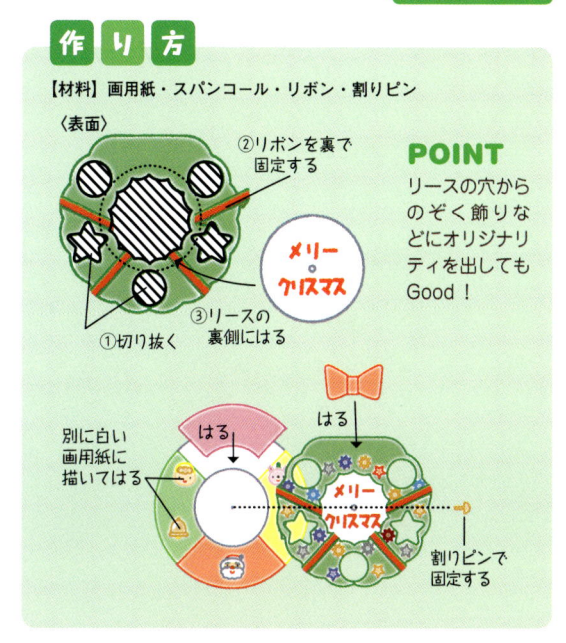

作り方

【材料】画用紙・スパンコール・リボン・割りピン

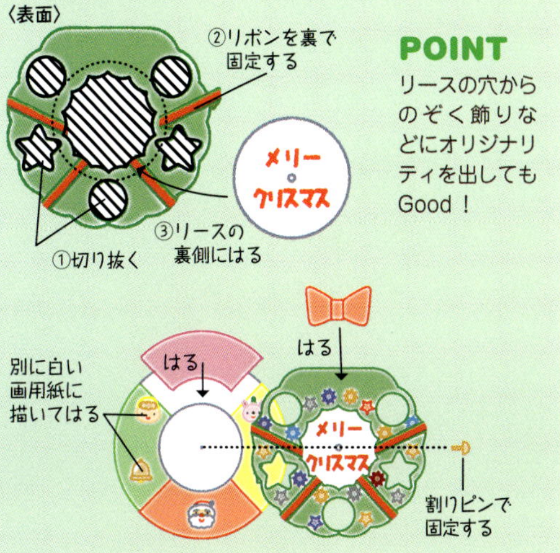
〈表面〉
②リボンを裏で固定する
メリー
クリスマス
③リースの裏側にはる
①切り抜く
別に白い画用紙に描いてはる
はる
はる
メリー
クリスマス
割りピンで固定する

POINT
リースの穴からのぞく飾りなどにオリジナリティを出してもGood！

年賀状

カラフルなうさぎさん

かわいい包装紙をうさぎさんの耳にしたカラフルな年賀状です。

型紙は 127 ページ

あけましておめでとう
ことしもよろしくね。
あゆこ
せんせいより

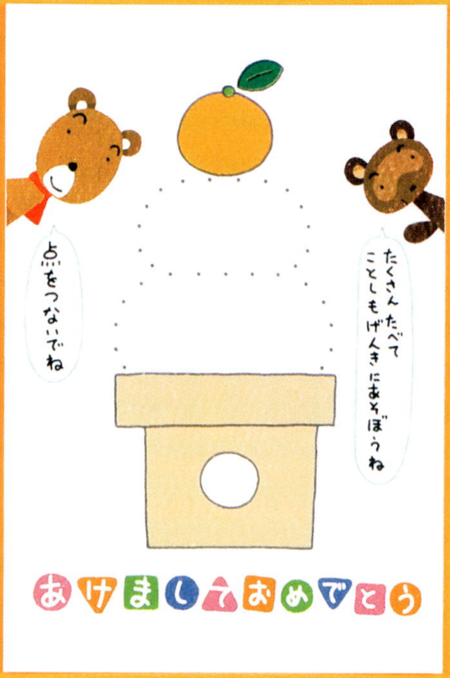
点をつないでね
たくさん たべて
ことしも げんきに あそぼうね
あけましておめでとう

お供え点つなぎ

点をつなぐと大きなお供えが登場します！

型紙は 127 ページ

お正月 何して遊ぶ？

ステンシルをするタイプのカードです。細かいところはペンなどで色を付けてもOK！

型紙は 127 ページ

あけまして
おめでとう
ことしも
よろしくね！

お正月
言葉あそび

上下の文字を線でつないで、お正月らしい言葉を作ります。ひとひねりが効いた年賀状です。

型紙は 128 ページ

あけましておめでとう
た も こ
ち ま こ
うえのじと したのじを せんでつないでね おしょうがつのものが でてくるよ！

ゆかいな
あみだくじ

あみだくじの先には、お正月の楽しい遊びが！　あみだくじの線の色を複数にすると華やかな印象に。

型紙は 128 ページ

あけましておめでとう
あみだくじだよ。
なにしてあそぶ？
龍

お め で と う
あけましておめでとう
ことしも いっぱい
あそぼうね！
くみせんせい

しっぽの長い
ねずみ

しっぽに麻ひもを使ったおしゃれな年賀状。ひもの付け方でカードの雰囲気も変わります。

※ハガキの重さが 6g 以上になると 50 円切手では届かないためご注意ください。

型紙は 128 ページ

十二支の年賀状

型紙は129ページ …ねずみ、うし、とら、うさぎ、たつ、へび
型紙は130ページ …うま、ひつじ、さる、とり、いぬ、いのしし

ねずみ
あけましておめでとう!
2020

ステンシル・スタンプ

うさぎ
あけましておめでとう 2011

ちぎり絵

たつ
2
0
1
2

切り絵

うし
あけまして
おめでとう

ちぎり絵

とら
あけまして
おめでとう!

はり絵・スタンプ

へび
あけまして
おめでとう
2013

はり絵・スタンプ

うま

あけまして
おめでとう

はり絵

とり

あけまして
おめでとう!
2017

はり絵

ひつじ

あけまして
おめでとう

スタンプ

いぬ

2018

スタンプ

さる

あけまして おめでとう 2016

切り絵

いのしし

あけまして おめでとう!

ステンシル・はり絵

※作り方は 131 ページ

♪ 行事のカード ♪

卒園式

思い出を飾る 写真立てカード

園舎を開くと華やかな桜並木が出てくる春らしいデザイン。厚めの紙を使って、写真立てとして飾ってもらっても。

型紙は 132 ページ

閉じると…

作り方

【材料】画用紙・写真

〈表面〉

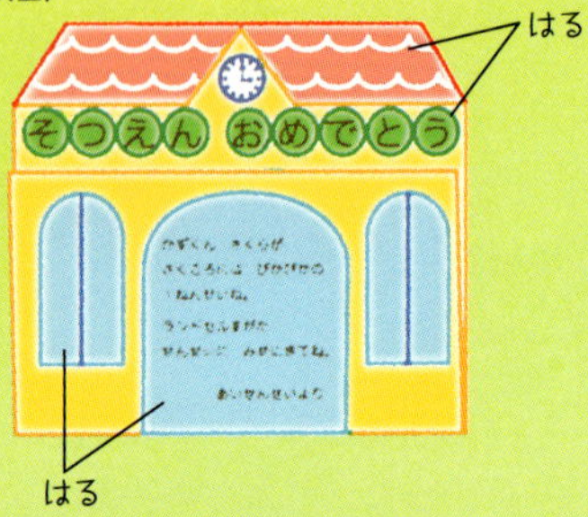

〈中面〉

POINT

写真の位置を決めてから、押さえとなる桜の花の位置を決定すると失敗がありません。

園のカバン

空の色の大きなカバンの形をした卒園式のカード。立体感を出して、本物のカバンのように作るところがポイント。

型紙は 133 ページ

開くと…

そつえん
おめでとう

けんとくん

作り方

【材料】画用紙・リボン

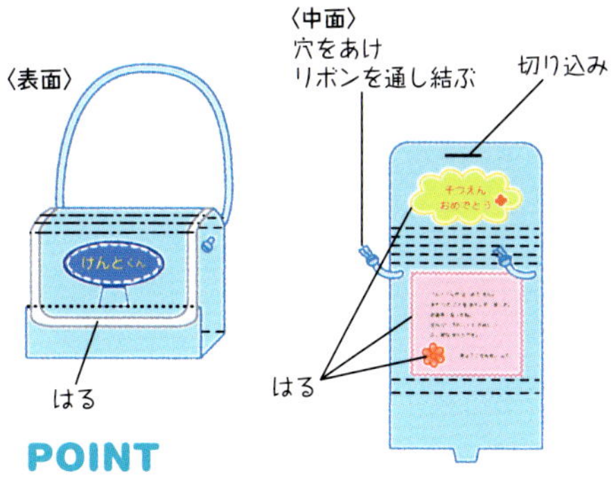
〈表面〉
けんとくん
はる
〈中面〉
穴をあけ
リボンを通し結ぶ
切り込み
そつえん
おめでとう
はる

POINT

カバンのふたの折れ線は曲がらないようにきちんと折ると丸みがきれいに出ます。

りりかちゃん

開くと…

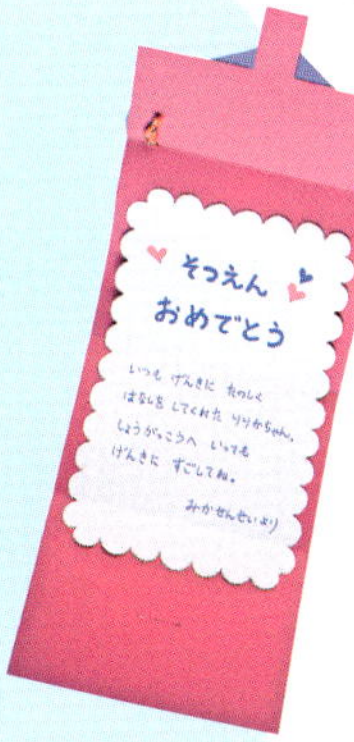
そつえん
おめでとう

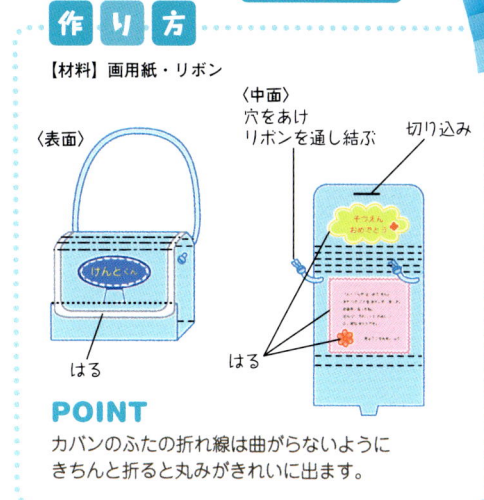

ハートのカバン

ハートが付いたかわいいバッグは、色の組み合わせでポップな雰囲気にしても。持ち手はしなやかに動く紙ひもを使うときれいです。

型紙は 133 ページ

作り方

【材料】画用紙・紙ひも

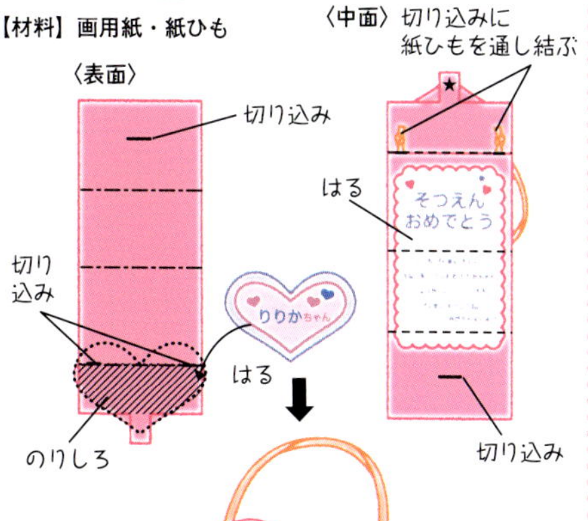
〈表面〉
切り込み
切り
込み
のりしろ
りりかちゃん
はる
〈中面〉切り込みに
紙ひもを通し結ぶ
★
はる
そつえん
おめでとう
切り込み

POINT

カバンの折れ線に合わせて中面のメッセージ枠をバランスよくはると開いたときにきれいです。

りりかちゃん
線で折って
切り込みに
★部分を
差し込む

幸せがそばにある 四つ葉のカード

さきちゃん
そつえん
おめでとう!

全部を広げると、四つ葉の形に。子どもの顔の所は、写真や似顔絵にしてもかわいくなります。

型紙は 134 ページ

畳むと…

さきちゃん
ずきくん

かずきくん
そつえん
おめ

桜の花の 舞うころに

桜の花びらから大輪の桜に変わるかわいいデザイン。花びらは厚めの色画用紙を使うと開閉してもしっかりして安心。

型紙は 134 ページ

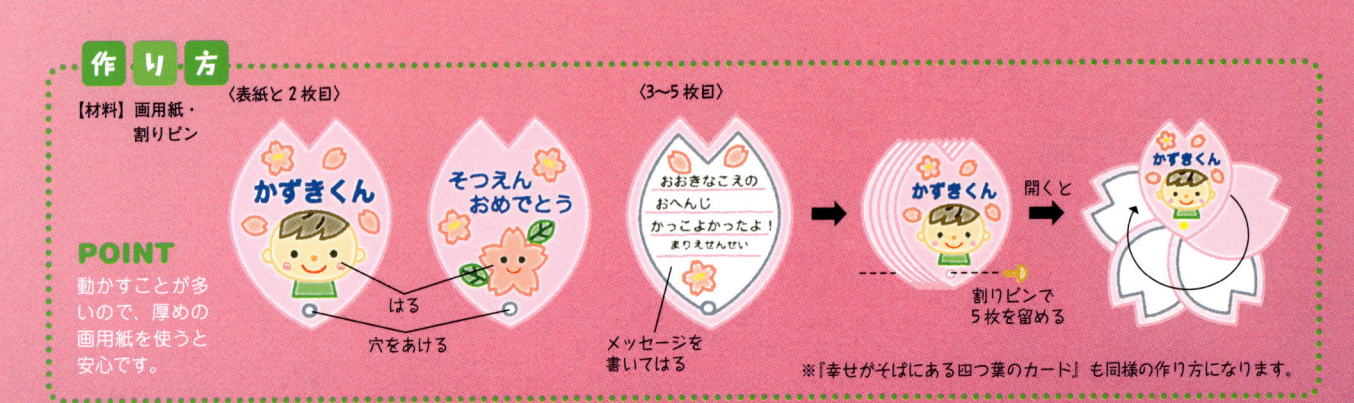

作り方

【材料】画用紙・割りピン

POINT

動かすことが多いので、厚めの画用紙を使うと安心です。

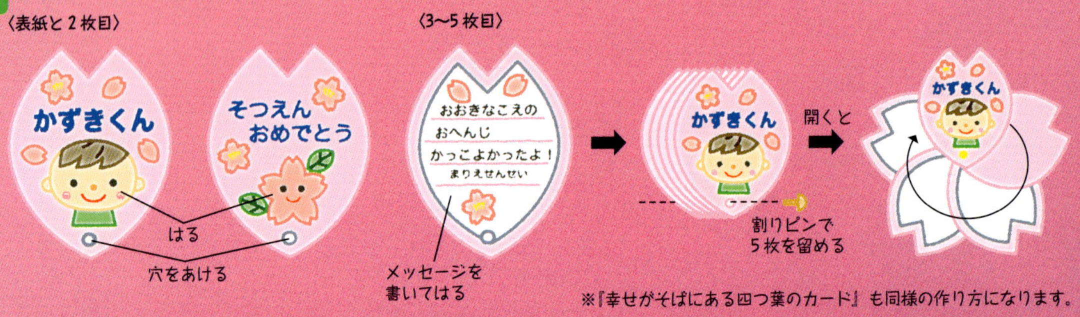
〈表紙と 2 枚目〉
かずきくん
そつえん
おめでとう
はる
穴をあける
〈3~5 枚目〉
おおきなこえの
おへんじ
かっこよかったよ!
まりえせんせい
メッセージを
書いてはる
かずきくん
割りピンで
5 枚を留める
開くと
かずきくん

※『幸せがそばにある四つ葉のカード』も同様の作り方になります。

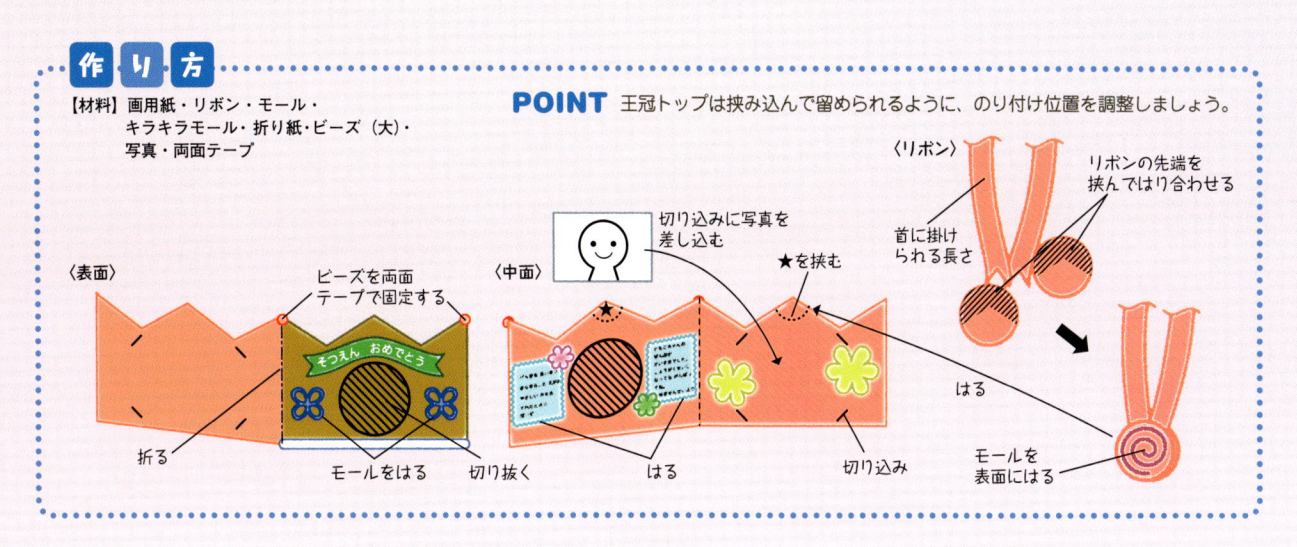

作り方

【材料】画用紙・リボン・モール・
キラキラモール・折り紙・ビーズ（大）・
写真・両面テープ

POINT 王冠トップは挟み込んで留められるように、のり付け位置を調整しましょう。

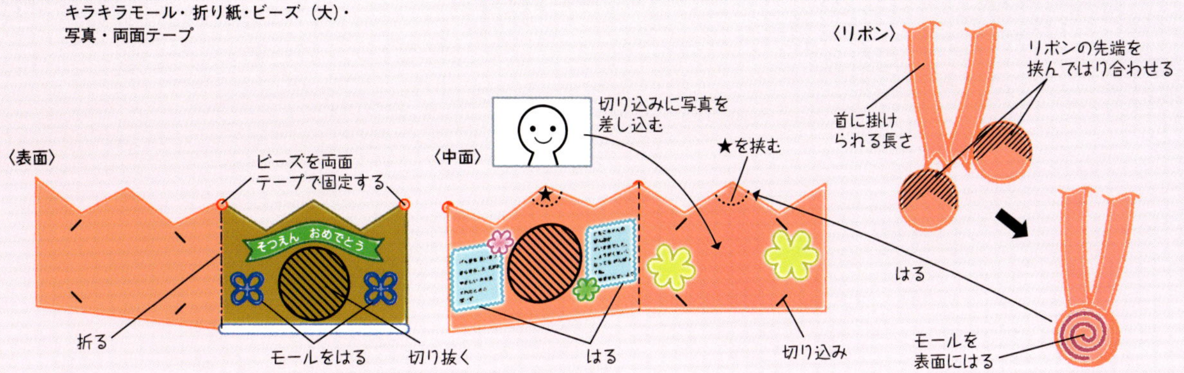
〈表面〉
ビーズを両面
テープで固定する
そつえん おめでとう
折る
モールをはる
切り抜く
〈中面〉
切り込みに写真を
差し込む
★を挟む
はる
切り込み
〈リボン〉
首に掛け
られる長さ
リボンの先端を
挟んではり合わせる
はる
モールを
表面にはる

げんきな あいさつ
きらきらした えがお
やさしい きもち
てれたときの
ぽーず
ともこちゃんの
ぜんぶが
だいすきでした。
しょうがくせいに
なっても がんばってね。
ゆきせんせい より

閉じると…

そつえん おめでとう

おめでとうの王冠

丸く抜いた穴から写真がのぞくデザイン。モールや大きなビーズを使って、周りを飾ってアクセントを付けて。

型紙は 135 ページ

♪ 行事のカード ♪

多目的カード

かばさんのゆかいなはみがき

にっこり笑うおおらかな表情が印象的。口を何度も開閉するので、色画用紙2枚を使ってしっかりと顔を作っておくと安心です。

型紙は136ページ

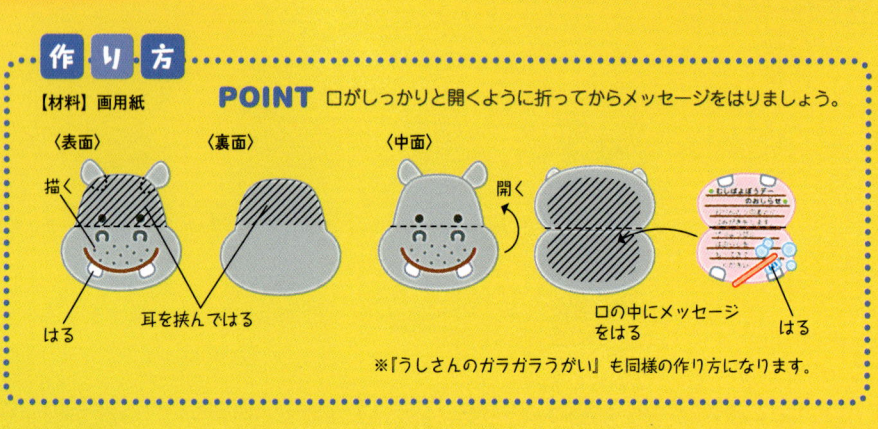

うしさんのガラガラうがい

大きな口が開くうしさんのカード。顔の細かいところは、型紙に合わせてペンなどで描いても。目は丸いシールでも代用できます。

型紙は136ページ

開くと…

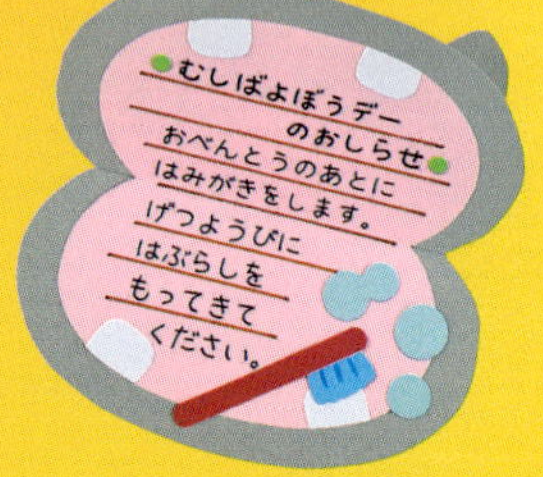
むしばよぼうデー
のおしらせ
おべんとうのあとに
はみがきをします。
げつようびに
はぶらしを
もってきて
ください。

開くと…

おしらせ
かぜのよぼうのため
うがいをします。
コップをわすれ
ないように
しましょう。

作り方

【材料】画用紙

POINT 口がしっかりと開くように折ってからメッセージをはりましょう。

〈表面〉
〈裏面〉
〈中面〉
描く
はる
耳を挟んではる
開く
口の中にメッセージをはる
はる

※『うしさんのガラガラうがい』も同様の作り方になります。

作り方

【材料】画用紙

はる
はる
のりしろ
ポケット部分に手紙・マスコットを入れる
たくみくん

たくみくん

洋梨 de メッセージ

洋梨の下部にメッセージと妖精さんが入ります。組み合わせの色を変えても OK！

型紙は 137 ページ

外すと…

たくみくん

大きなティーカップ

ティーカップにメッセージカードとうさぎさんを挟んだタイプ。レースがワンポイント。

型紙は 137 ページ

かわいい雪だるま

大きなおなかの部分にメッセージが書けるタイプ。冬の時期にぴったりのデザインです。 型紙は 138 ページ

作り方

【材料】画用紙

画用紙
はる
のりしろ
レース（裏へ折り込む）
ポケット部分に手紙・マスコットを入れる
みきちゃん

みきちゃん

開くと…

みやちゃん
せんせいのにがおえ
かいてくれて
ありがとう
まいせんせい

むしさんの赤いリンゴ

カードを開くとリンゴが割れるデザイン。シンプルで使いやすい！

型紙は 138 ページ

おしらせ

開くと…

秋の遠足で
りんご狩り
に行きます。
10月23日
アップル園
にて

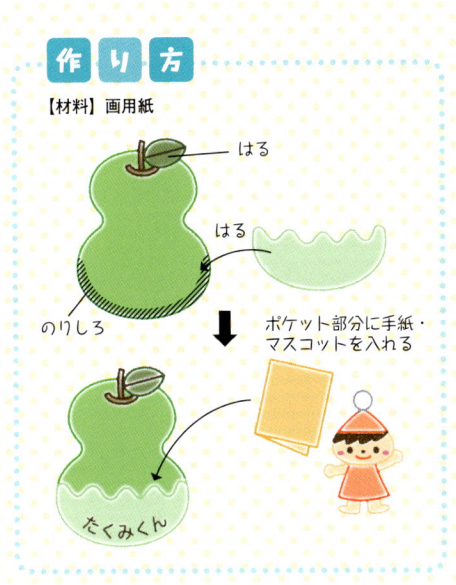

ライオンメッセージ

表紙の丸窓から見えるのは、ライオンのしっぽ！　体がメッセージ枠になったかわいらしいイラストが特徴的。

型紙は 139 ページ

閉じると…

閉じると…

ぶたさんの大きな鼻

ぶたさんの鼻をめくるとメッセージが出てくるユニークなカード。クレヨンを使うと優しい印象になります。

型紙は 140 ページ

お手伝いねこさん

メッセージカードを入れるのは、赤いトレーシングペーパーのポケット。簡単でかわいいアイディアが光ります！　型紙は 140 ページ

※魚の裏にメッセージを書きます。

大空の鳥たち

紙で作るバネは、いろいろなところに使えるアイテム。バネの長さを変えたり、数を増やしたりしてみても OK。

型紙は 141 ページ

閉じると…

カエルさんの幸せ

雨の降るようすを糸で表現。糸の色を複数にするとカードに表情が出ます！　いろいろなところに応用できるアイディア。

型紙は 142 ページ

雨の多い毎日ですが
来月はプール開きです。
水着の用意を
しておいてください。

糸を動かすと…

雨の多い毎日ですが
来月はプール開きです。
水着の用意を
しておいてください。

くまさんのおうち

ボール紙で木の風合いを出したカード。素材選びにひと工夫したところがポイントです。

型紙は 143 ページ

さとる
くん
なかよしえんに
いっても、
わすれないでね。
くまぐみの
みんなより

閉じると…

のんびり かたつむり

かたつむりの殻を糸でぐるりと表現。立体感もプラスされ、とてもユニークなしあがりになります。

型紙は 142 ページ

暑い日が続いています。
気温が上がる時間は、のんびりと過ごしましょう。

カード作りのテクニック

コツやポイントを押さえておくと、カードがもっときれいにかわいくしあがります！
ぜひチェックしてカード作りに取り入れてみてください。

きれいに作るポイント 1《ワン》·2《トゥー》·3《スリー》

1 道具を上手に使いこなそう

切る

ハサミ

角のとがったところを切ったり、丸いパーツを切ったり、カード作りには欠かせないアイテム。

カッターナイフ

まっすぐ切る、折れ線を付けるなど大活躍。ふつうのカッターでは切りすぎてしまいそうな、細かい切り込みにはデザインカッターが便利。

ピンキングバサミ

ギザギザに切れるすぐれもの！

はる

のり

面積の広い面をはるときは、スプレーのりが最適！　新聞紙の上に紙を置き、スプレーのりを均等に吹くとあっという間にのり付けができます。

木工用接着剤

木工用接着剤は紙にビーズなどをはるときにも使えます。乾くと透明になるので、見た目もきれいにしあがります。

抜く

穴あけパンチ

パンチで抜いた丸い紙を使うときれいにカードを飾れます。穴のサイズが違うものを用意すると、いろいろなところに使えていいでしょう。

クラフトパンチ

たくさん種類の出ているクラフトパンチ。シンプルな星形から細かいものまであるので、いろいろなタイプを使うと、簡単にカードを飾れます。

描く

色えんぴつ・クレヨン

カードのワンポイントとしてクレヨンや色えんぴつを使っても。タッチが柔らかいので、やさしい印象がプラスされます。

いろいろなペン

さまざまな色があり、太さも豊富なペンをうまく使うと、カードがイキイキとした印象に。紙では作りきれないところは、ペンを賢く使っていきましょう。

2 適した素材を吟味して

紙

厚い紙を使うとよいカード

閉じたり開いたりする動きがあるものや両面を使うタイプは、厚紙や厚めの画用紙を使うとしっかりとしたしあがりになります。

薄めの紙を使うとよいカード

細かい折り目が入るものや重なりがあるタイプは、あまり厚くない紙や薄めの画用紙で折ると、きれいにしあがります。

リボンなど

カードは紙だけで作るものとは限りません。パーツに布やリボン、ゴムを使うことで、かわいらしさだけではなく、使いやすさもプラスできます。

シール・テープ

シールやテープもきれいなカード作りに効果的なアイテム。タックシールは裏がシールになっているので、のりを付けずにはることができます。また、丸いシールは飾りにも使えます。手でちぎれるマスキングテープは、好きな形にしてはってもOK。

3 製作のコツをマスターしよう

折る

折れ線を付けて、定規を当てて線を折る

カッターナイフの裏などで折れ線を付け、その折れ線に定規を当てて紙を折ります。

はる

小さいものはピンセットで！

小さなパーツは、まっすぐはることが難しく、のりなどが指に付き紙が汚れることも。そんなときはピンセットを使うと便利です。

書く1

ライトテーブルで文字を透かす

パソコンなどで作った文字を印刷し、その上から紙を乗せ、文字をなぞるときれいにしあがります。

書く2

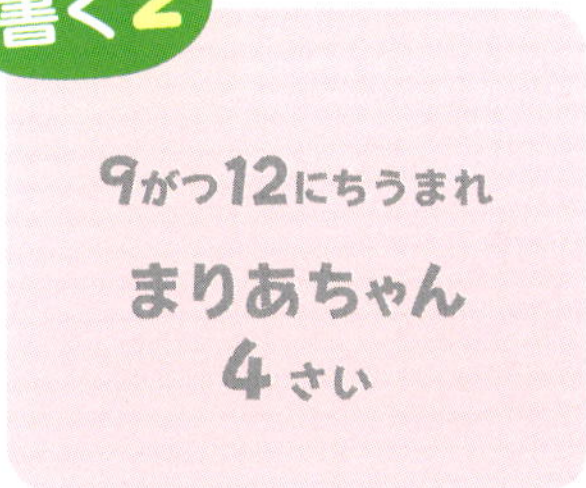

プリンターで紙に薄く文字を印刷する

パソコンなどで用意した文字を薄く画用紙に印刷し、その上をペンなどでなぞると簡単。

センスよく作るポイント 1《ワン》·2《トゥー》·3《スリー》

1 文字の大きさ・レイアウトはバランスを考えて

センターでそろえる

カードに入れる大きな文字は、左右や上下のセンターになるように書くと、安定したデザインになります。

ポイントとなる言葉は大きく

カードに書く文字の大きさはとても重要。ここは目だたせたいという部分だけ、ほかの文字よりも2～3倍大きく書くとカードにめりはりが生まれます。

紙で使った色と同じ色１色を選ぶ

カードのメインになる文字の色は、紙で使った色の中から選ぶと、全体が調和してカードのデザインもまとまります。

文字に動きをつける

メッセージを上下などに少しずらして書くと、文字に動きが付いて楽しい印象がプラスされます。

ベースに別の色を敷く

カード本体に文字を書かずに、色の異なる飾りを切り抜いて文字を入れると、カード全体のアクセントになります。

2 素材選びで差をつける

紙 ひと言に「紙」といっても風合いや雰囲気が種類によって異なります。
画用紙だけではなく、身の回りにあるさまざまな紙に目を向けてみましょう。

レースペーパー

キラキラ折り紙

和紙

包装紙

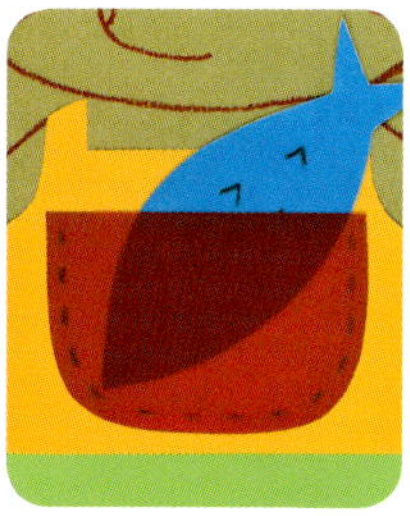

トレーシングペーパー

紙テープ

3 色使いでひと工夫

元気よく見せるには

強く明るい色を使う

赤や鮮やかなオレンジ色など、はっきりとした明るい色を使うと元気が良い印象になります。

いろいろな色を入れる

小さな飾りのパーツなどにさまざまな色の紙を使うと、華やかな雰囲気にまとまります。

優しい雰囲気には

同系色でまとめる

赤とピンクのように同じ色合いの紙を組み合わせることで全体がなじみます。

面積の多いところを淡い色に

カードの中でも面積が多い部分に淡い色を使うと、全体が優しい印象になります。

パステルカラーを組み合わせる

優しい色同士の組み合わせは、全体をふんわりとした印象にまとめてくれます。

季節感のある色使い

春

淡いパステル系の組み合わせやピンクは、柔らかい雰囲気になり春らしさを感じます。

夏

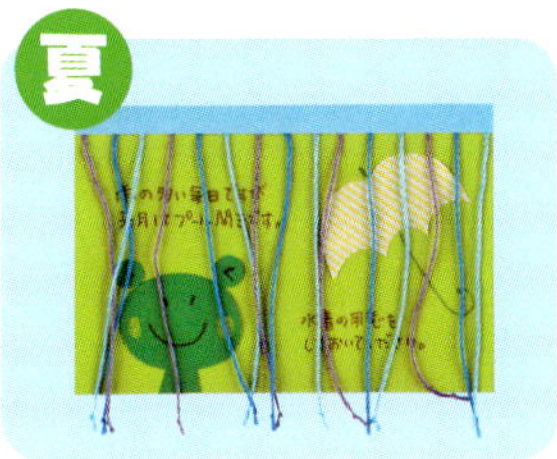

水を連想させる青系の色のほか、鮮やかな赤やオレンジなど強い色は夏らしい色です。

秋

落ち着いたオレンジや緑、茶色など押さえぎみの色を選ぶと秋らしくなります。

冬

定番のクリスマスカラーは冬を感じさせます。シックな色を選ぶと、冬らしさが出ます。

紙以外の素材

紙だけではニュアンスの出せないものは、布やリボンなどをセレクトしていきましょう。今回の製作で使った素材以外にも、夏のカードには麻布を使ったり、冬のカードにはフェルトを使ったりすると季節感も出ます。

リボン

レース

ステップアップ！

ビーズやスパンコール、キラキラモールなどを付けて、カードのポイントにしても GOOD！

かわいい文字になるワンポイントレッスン

① 太く、丸みを持たせる

線を太くして、丸みを持たせるだけで、イラストのような印象になり、目を引くアクセントになります。

② 画材使用で柔らかさを出す

クレヨンや色えんぴつなどを使うと、文字に柔らかさが出ます。何を使って書くかもポイントのひとつ。

③ カラフルな色使いで

いろいろな色を使うことで華やかな文字になり、カードが楽しい雰囲気になります。

④ 2色の色を交互に使う

2色が交互に並ぶことで文字にリズムが出てきます！

ほかにはこんなアイディアも！

1つの文字で何色か使う

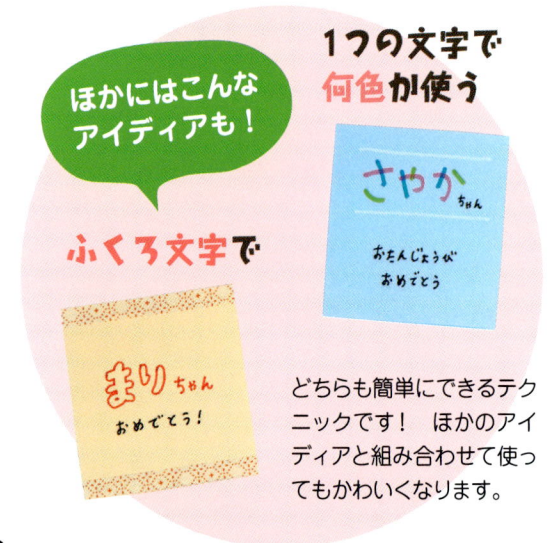

ふくろ文字で

どちらも簡単にできるテクニックです！ ほかのアイディアと組み合わせて使ってもかわいくなります。

縁飾りでもっとかわいく

カードの周りにかわいい飾りを描くと印象も変わります。単純な形の繰り返しを描くだけで、簡単にセンスのよいカードに！

かわいい文字・縁飾り型紙

コピーしてお使いください

お誕生日

おたんじょうび
おめでとう

おたんじょうび
おめでとう!

おたんじょうび
おめでとう!

おたんじょうび おめでとう

すうじ

1234567890?!

1234567890?!

123456
7890?!

あいさつなど

しょちゅう おみまい もうしあげます

げんきでね

ごあんない

ありがとう!

おさそい

おしらせ

メリークリスマス

あけまして おめでとう

人気色のかわいい色合わせレッスン

よく使う色にはどんな色が合うのかな？　というときに、参考にしてほしい色合わせレッスンです。
かわいい色の合わせ方を覚えておきましょう。

赤

ぱっと目をひく色。はっきりした色合わせで元気に、同系色の淡い色は柔らかい印象に。

元気な色合わせ

優しい色合わせ

桃

甘い印象を持つ色。濃いピンクには濃い色で楽しさを、薄いピンクには静かな色で調和を取って。

元気な色合わせ

優しい色合わせ

緑系

安らぎを感じる色。補色に近い色で快活さを、淡い同系色でクールな印象を出すとすてきです。

元気な色合わせ

優しい色合わせ

黄系

ぬくもりを感じる色。さまざまな色と合わせやすく、差し色に使うと明るい印象になります。

元気な色合わせ

優しい色合わせ

青系

さわやかな色。強い暖色を合わせて元気に、淡い色を合わせて優しく、おしゃれに。

元気な色合わせ

優しい色合わせ

もっと知りたい！

これはNG！
さみしい雰囲気になる色合わせ

淡い×黒・灰色

色が単調でカード全体が地味な印象になってしまう。

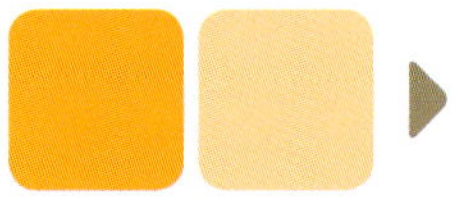

色の差があまりない紙同士

メリハリがなく、ぼやけたしあがりになってしまいがち。

拡大率つき

コピー用型紙

型紙の見方

- 山折り
- 谷折り
- 切り込み
- 重なる部分（のりしろ）
- のりしろ　のりしろ
- 切り抜く

コピーをするときに

★ 各カードの下に拡大率が入っています。

★ 拡大率はカードによって異なります。

★ 拡大率のサイズは目安ですので、作りたいカードのサイズによって、変更してお使いください。

P.04　12か月の物語カード（4～6月）

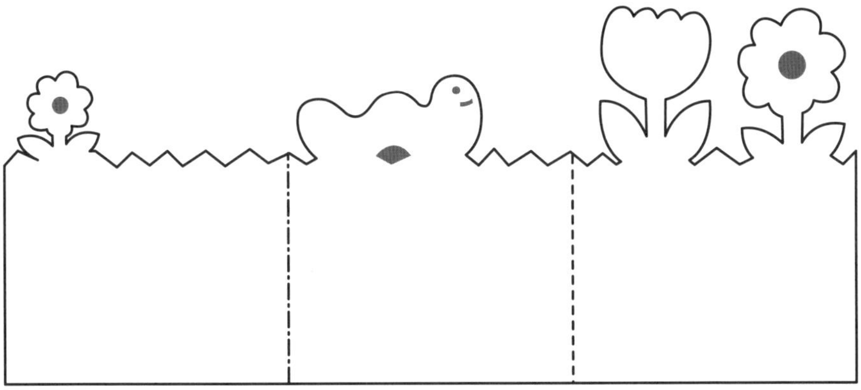

4月

260%拡大

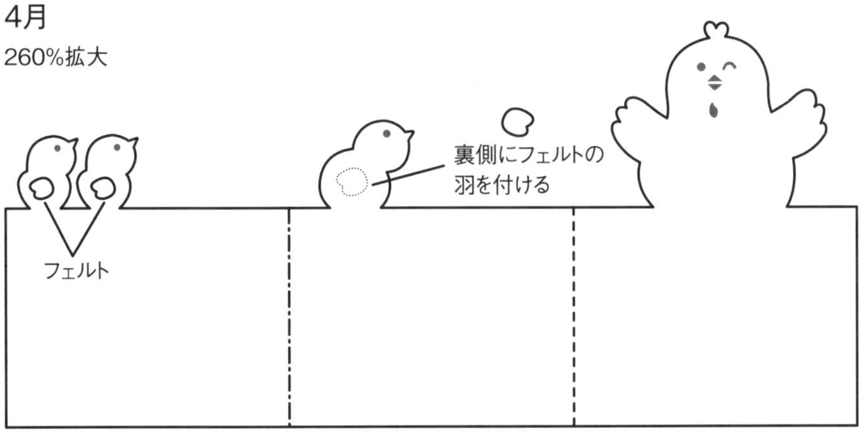
裏側にフェルトの羽を付ける
フェルト

5月

260%拡大

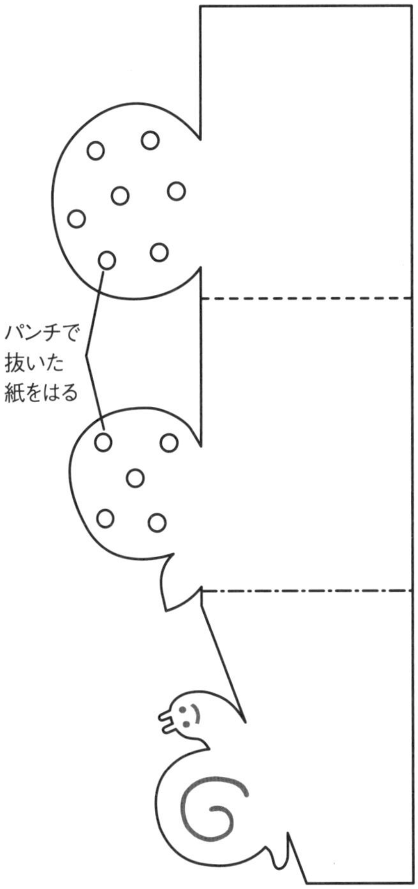
パンチで抜いた紙をはる

6月

260%拡大

P.04 12か月の物語カード（7〜9月）

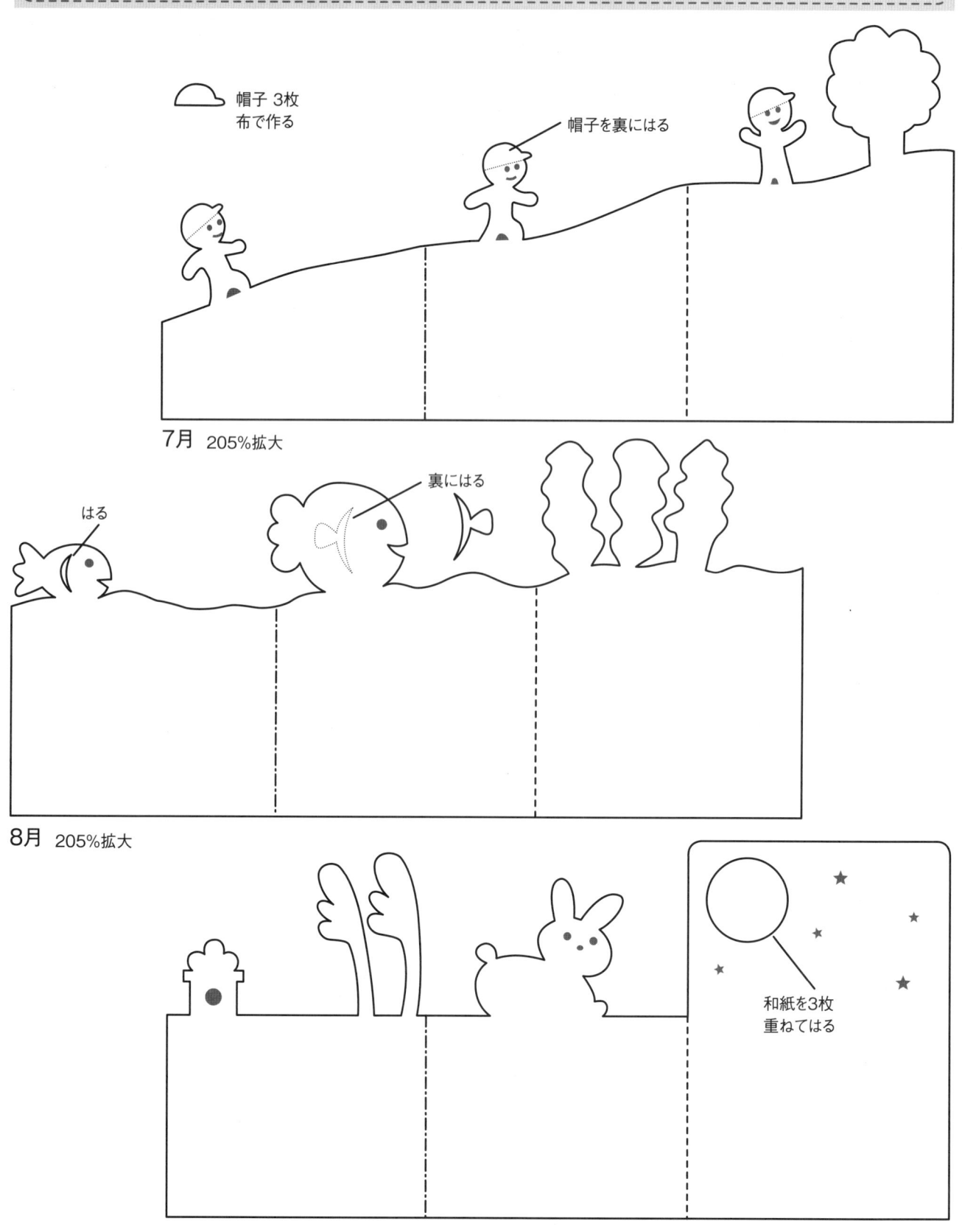

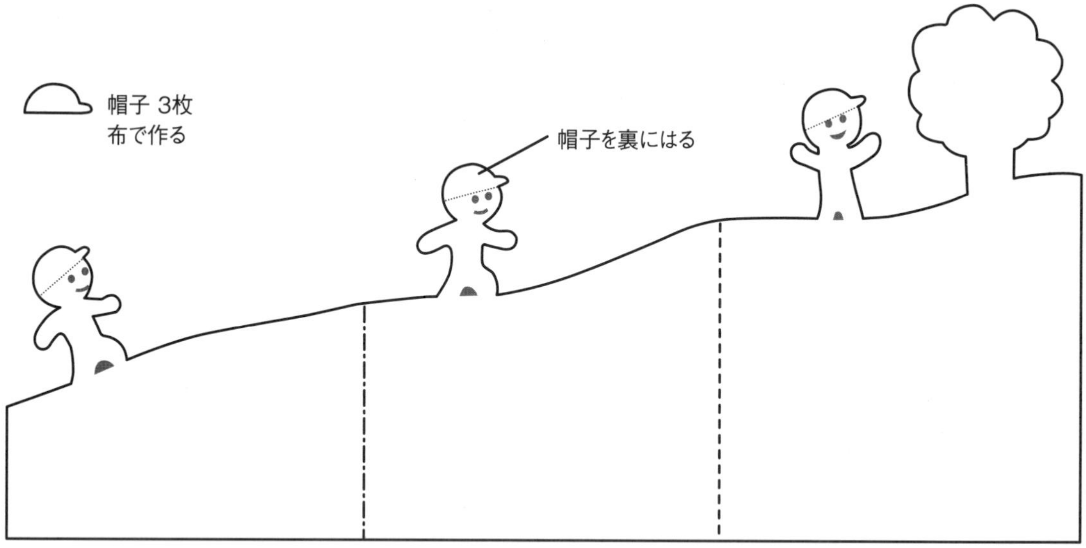
帽子 3枚
布で作る
帽子を裏にはる

7月 205%拡大

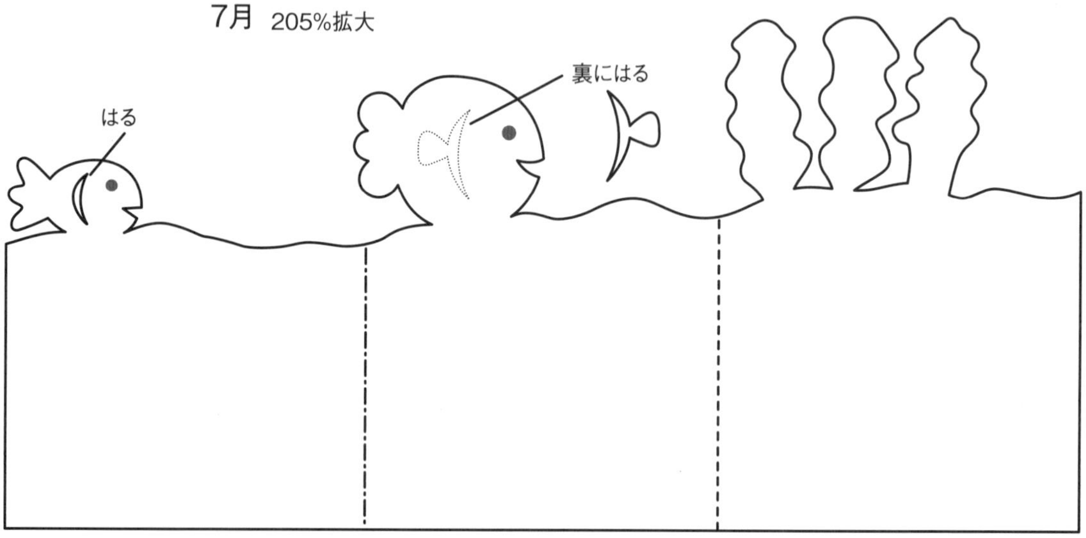
はる
裏にはる

8月 205%拡大

和紙を3枚
重ねてはる

9月 205%拡大

P.05

12か月の物語カード（10〜12月）

マスキング
テープをはる
表裏2枚を
はり合わせる

10月 200%拡大

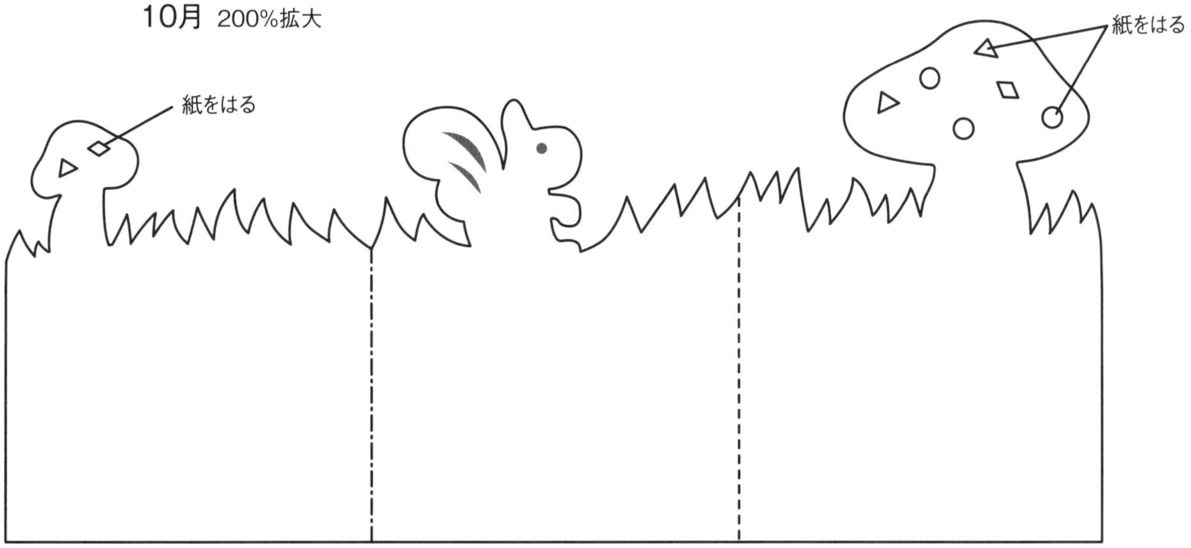
紙をはる
紙をはる

11月 200%拡大

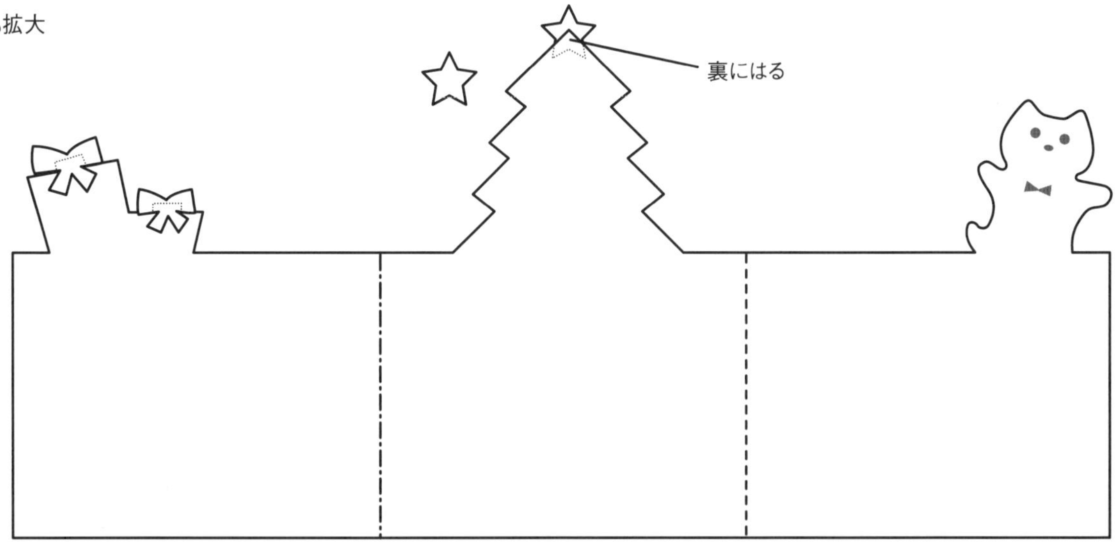
裏にはる

12月 200%拡大

P.05 12か月の物語カード（1〜3月）

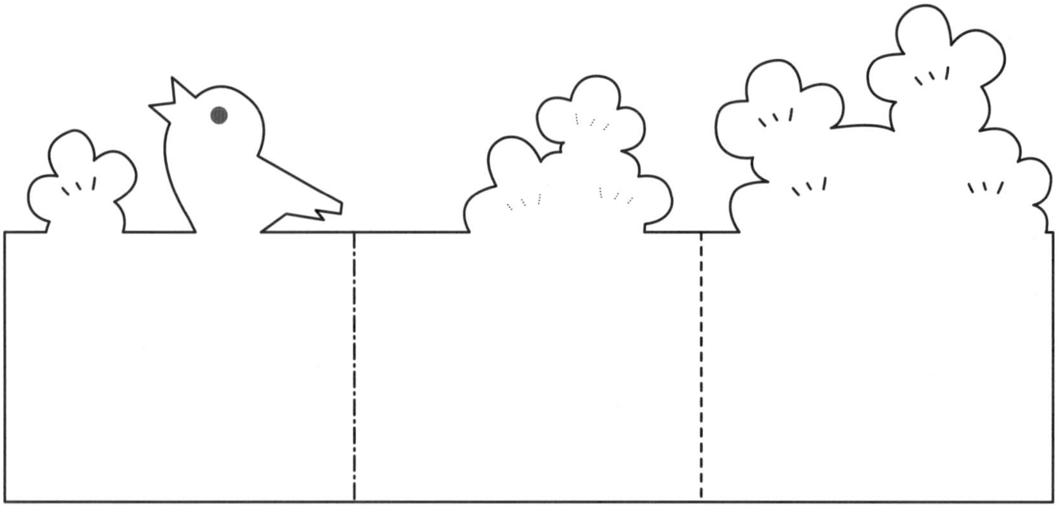

1月　210%拡大

2月　210%拡大

鬼の髪の毛には刺しゅう糸や毛糸などをはる

3月　210%拡大

P.06 森のみんながお祝いするよ

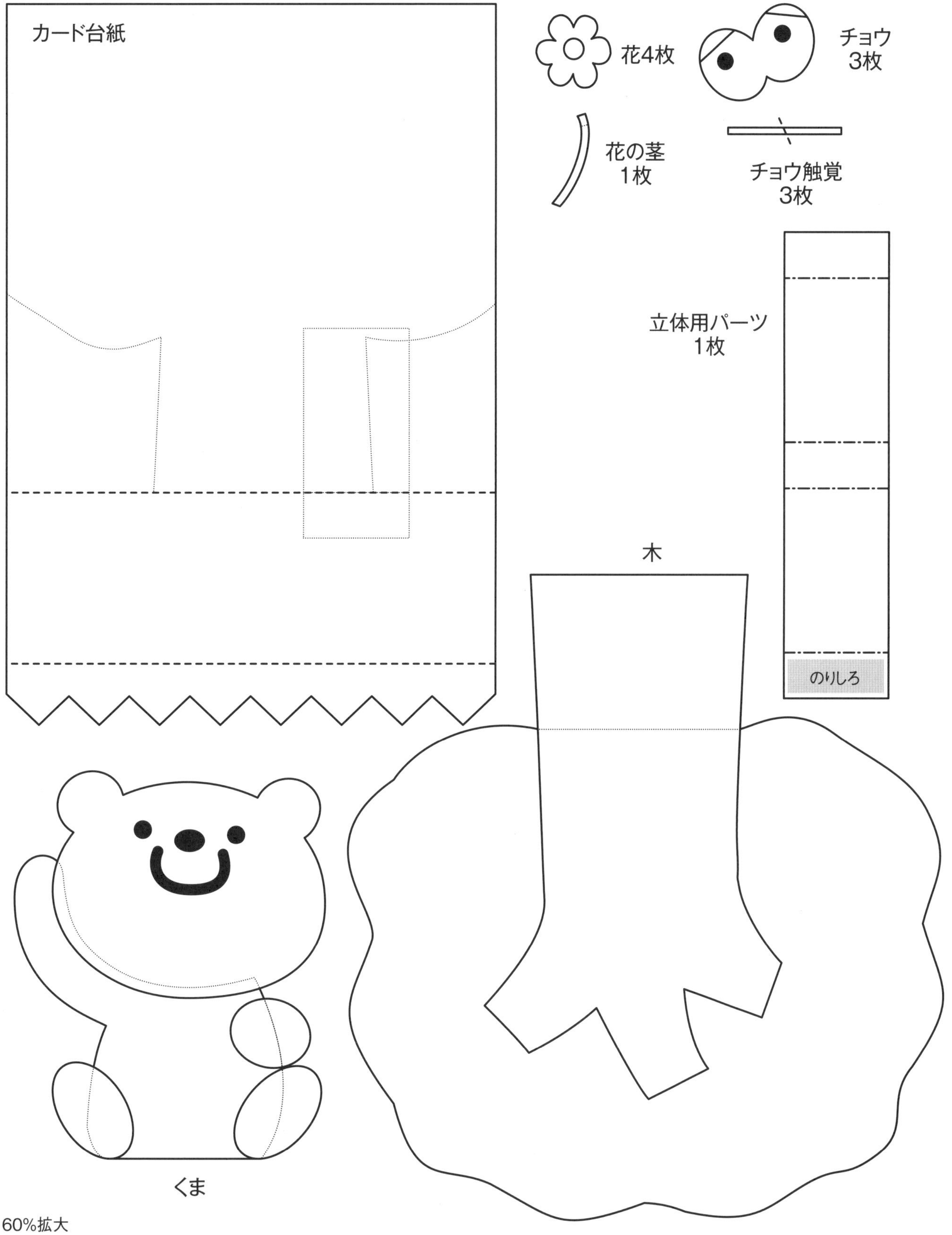
カード台紙
花4枚
チョウ
3枚
花の茎
1枚
チョウ触覚
3枚
立体用パーツ
1枚
のりしろ
木
くま

160%拡大

P.07 宇宙で祝う誕生日

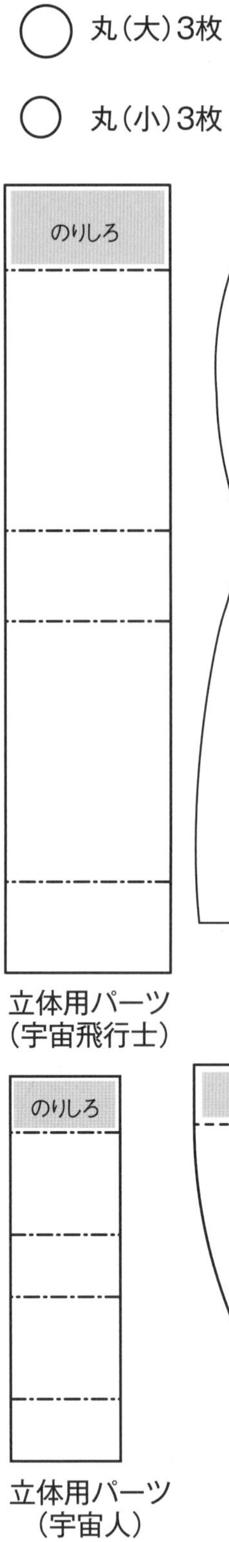
丸（大）3枚
丸（小）3枚
のりしろ
立体用パーツ
（宇宙飛行士）
のりしろ
立体用パーツ
（宇宙人）

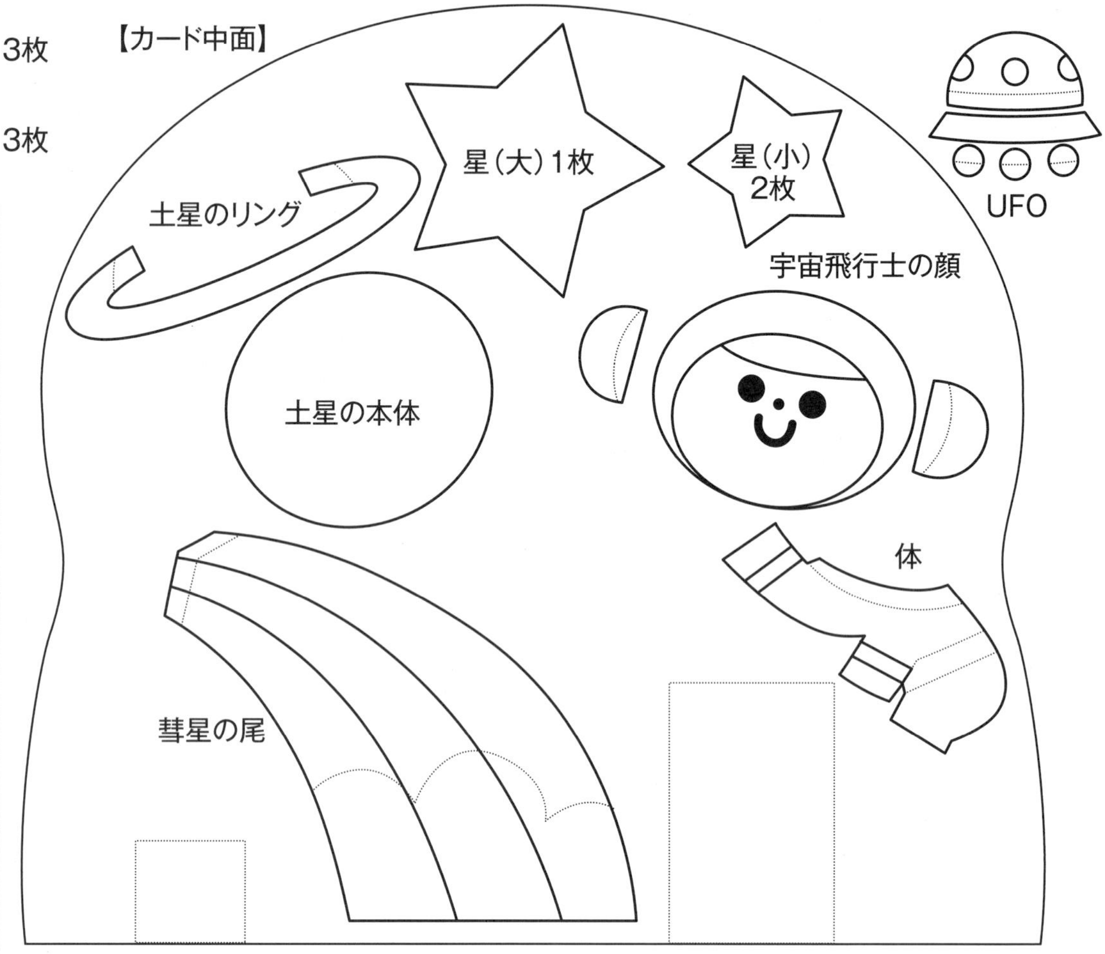
【カード中面】
星（大）1枚
星（小）
2枚
UFO
土星のリング
宇宙飛行士の顔
土星の本体
体
彗星の尾

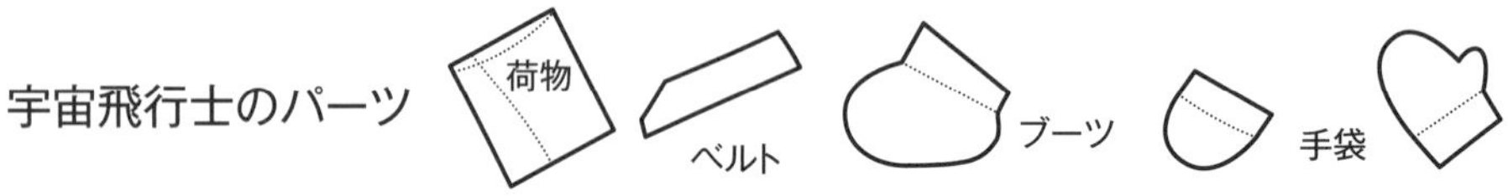
宇宙飛行士のパーツ
荷物
ベルト
ブーツ
手袋

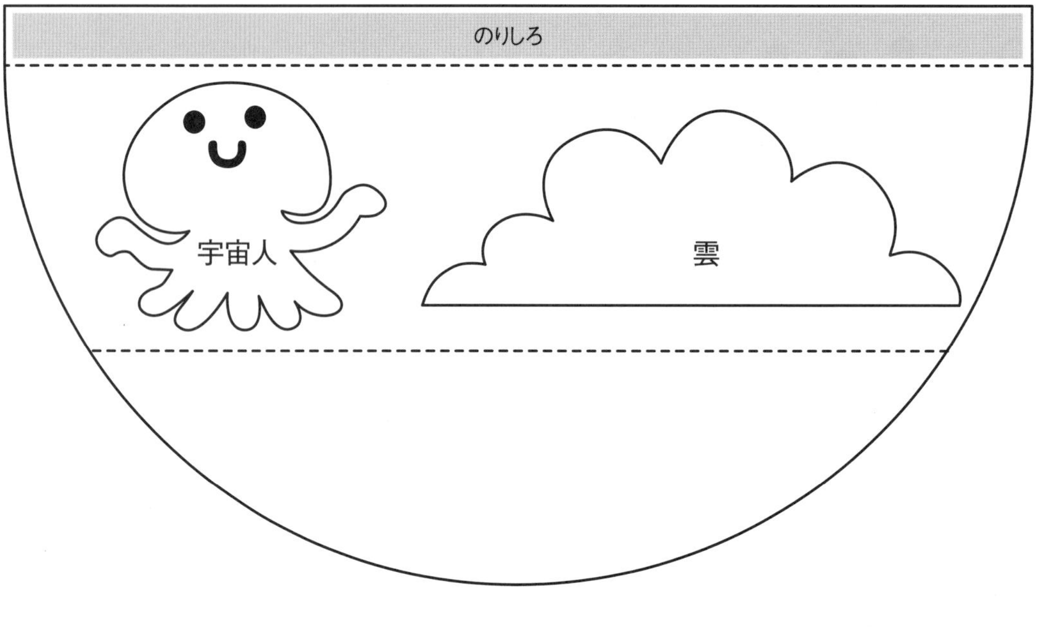
のりしろ
宇宙人
雲

130%拡大

P.08 マジシャンからの贈り物

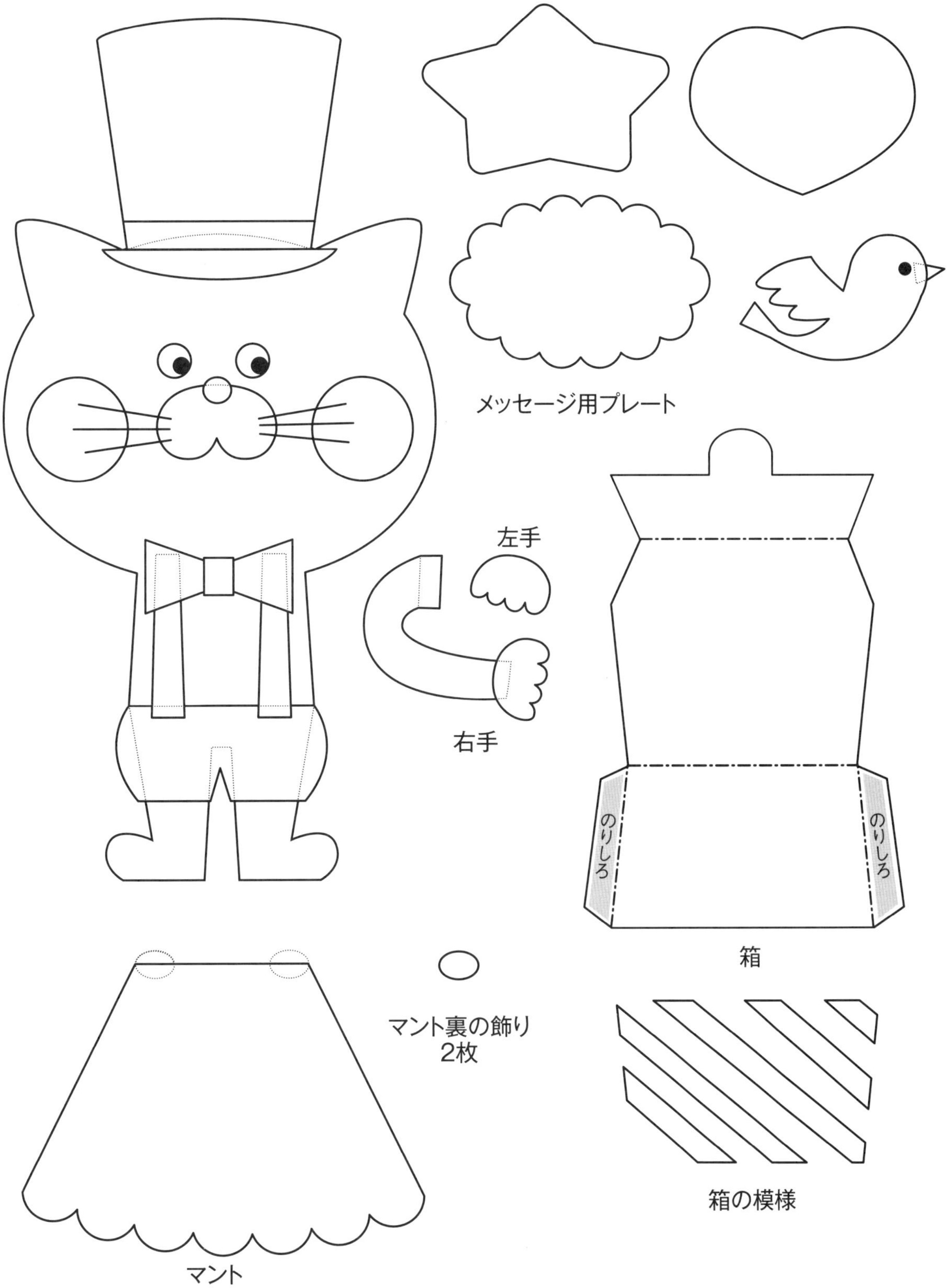
メッセージ用プレート
左手
右手
のりしろ
のりしろ
箱
マント裏の飾り
2枚
箱の模様
マント

135%拡大

P.09 どんなプレゼントが釣れるかな？

【カード中面】

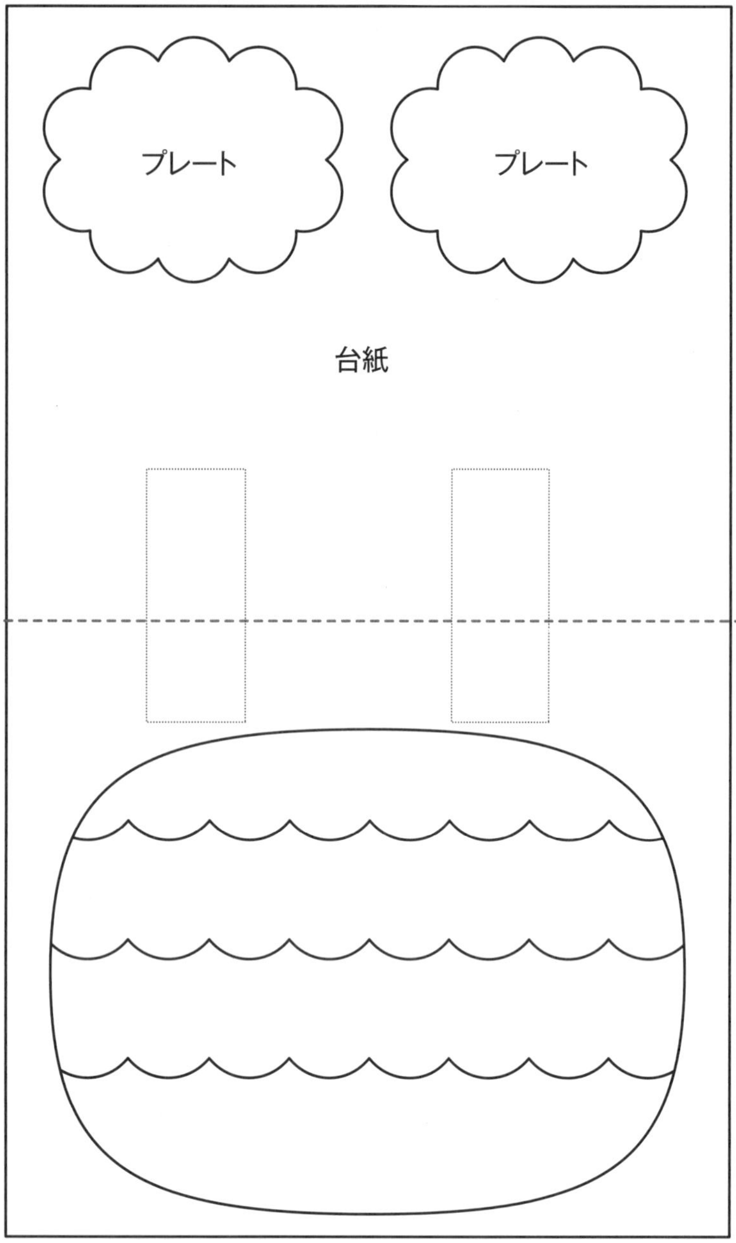
プレート
プレート
台紙

カエル

釣りざお

男の子

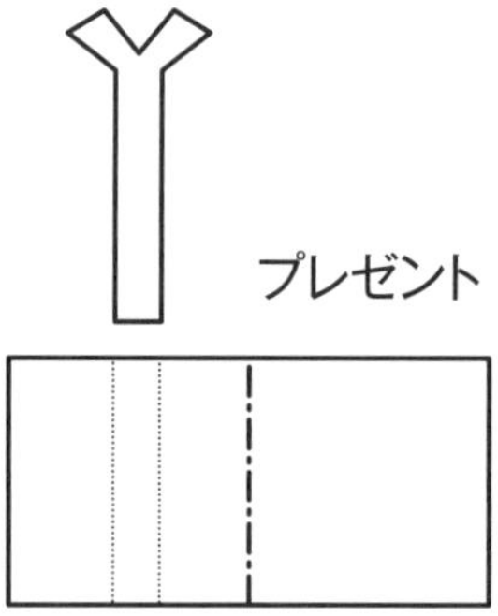

プレゼント

のりしろ

立体用パーツ
2枚

【カード表面】

表面の波

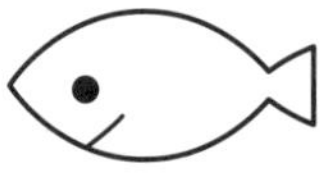

魚2枚

150%拡大

P.10 チョウが舞う楽しい誕生日

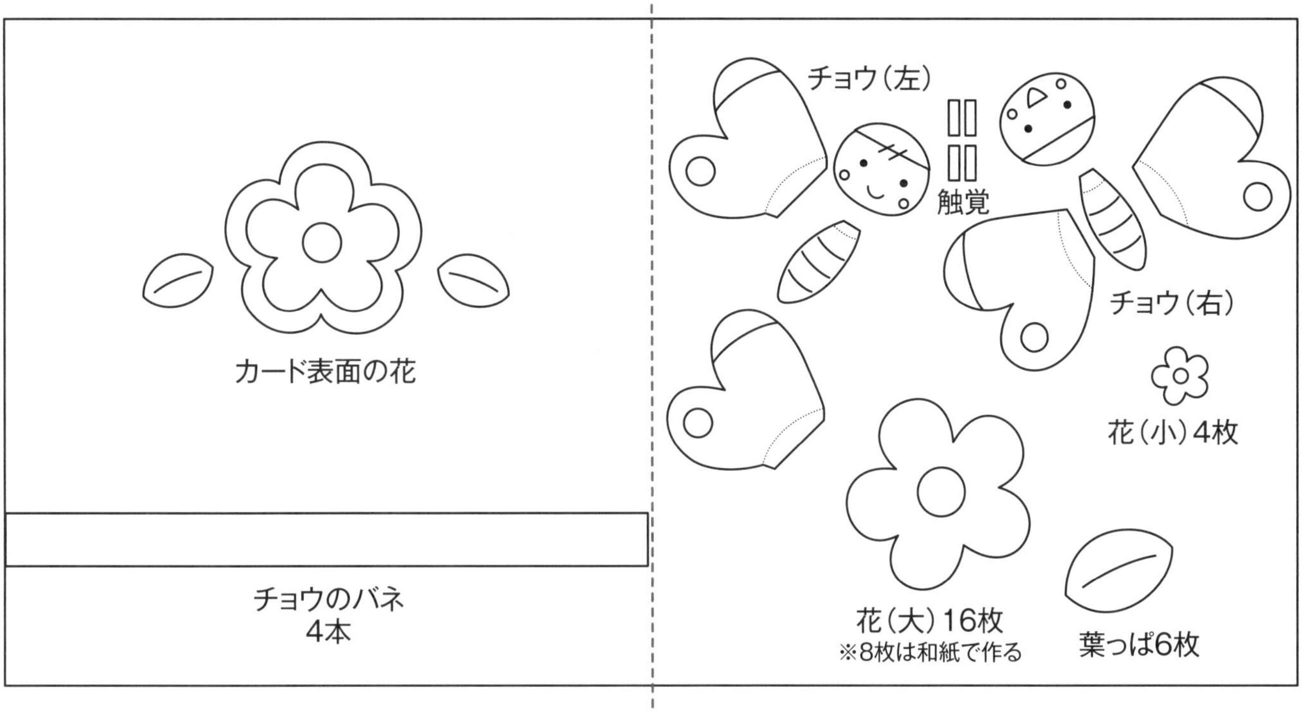
カード表面の花
チョウのバネ
4本
チョウ（左）
触覚
チョウ（右）
花（小）4枚
花（大）16枚
※8枚は和紙で作る
葉っぱ6枚

155%拡大

P.11 大きなクラッカーでおめでとう

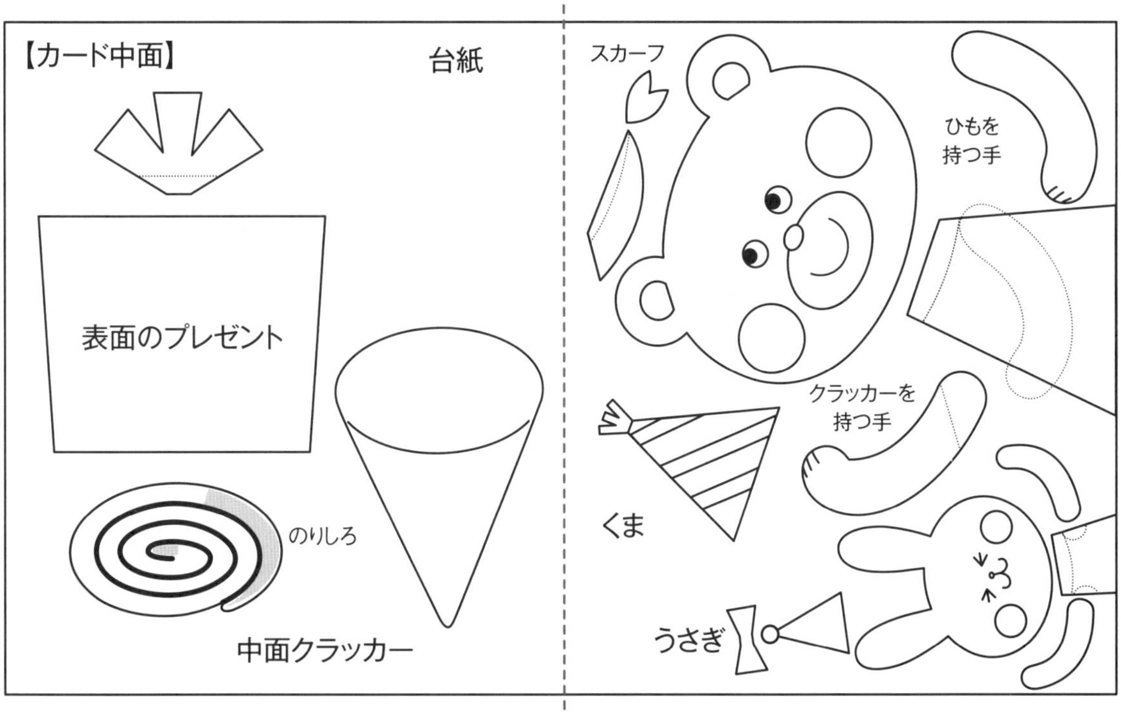
【カード中面】
台紙
表面のプレゼント
のりしろ
中面クラッカー
スカーフ
ひもを
持つ手
クラッカーを
持つ手
くま
うさぎ

165%拡大

P.12 星形の窓の下の笑顔

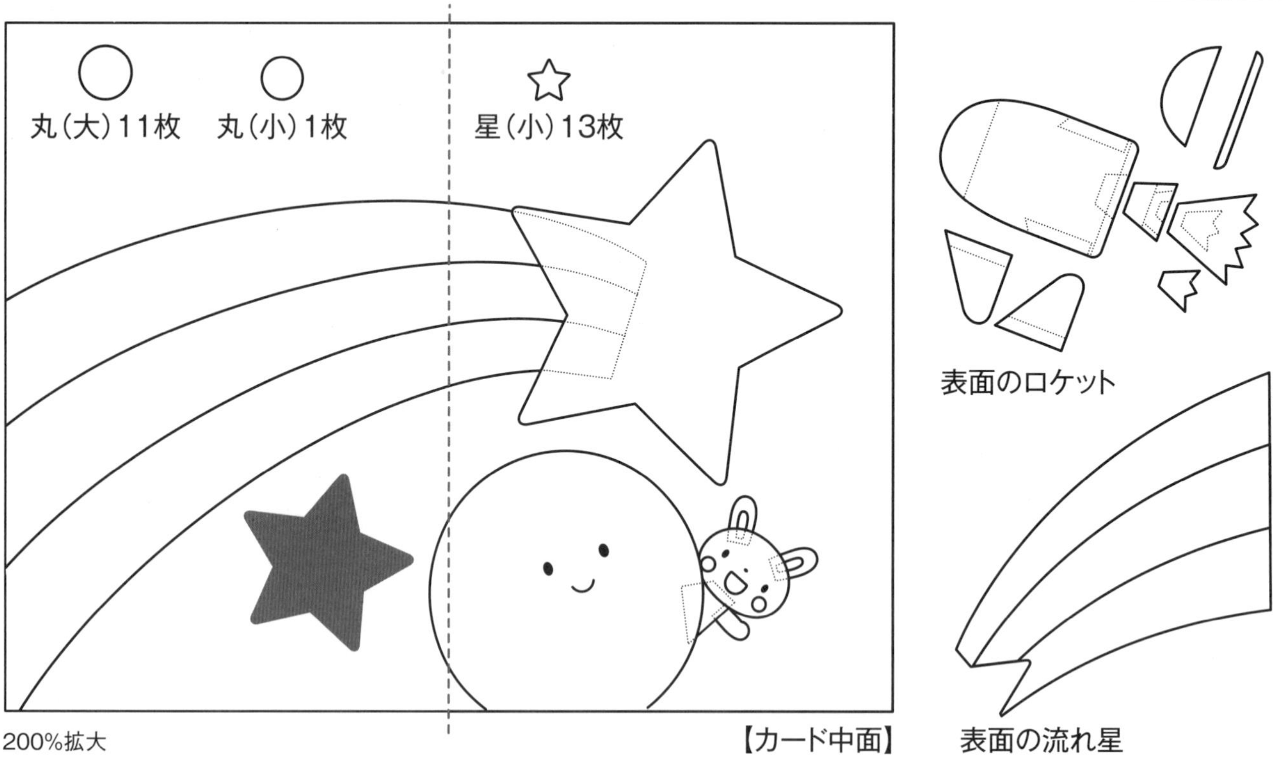

丸（大）11枚
丸（小）1枚
星（小）13枚
【カード中面】
表面のロケット
表面の流れ星

200%拡大

P.13 幸せを運ぶうさぎさん

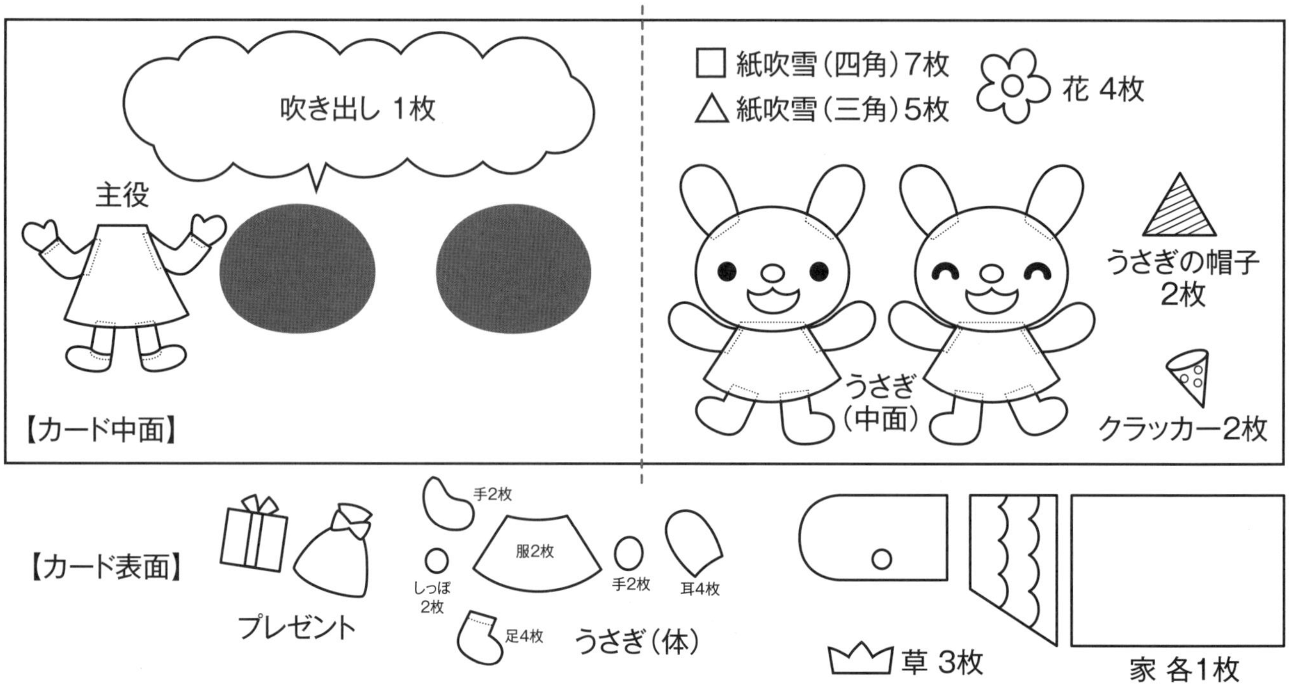

吹き出し 1枚
主役
【カード中面】
紙吹雪（四角）7枚
紙吹雪（三角）5枚
花 4枚
うさぎの帽子
2枚
うさぎ
（中面）
クラッカー2枚
【カード表面】
プレゼント
手2枚
服2枚
しっぽ
2枚
手2枚
耳4枚
足4枚
うさぎ（体）
草 3枚
家 各1枚

195%拡大

P.14 恐竜の赤ちゃんも生まれたよ

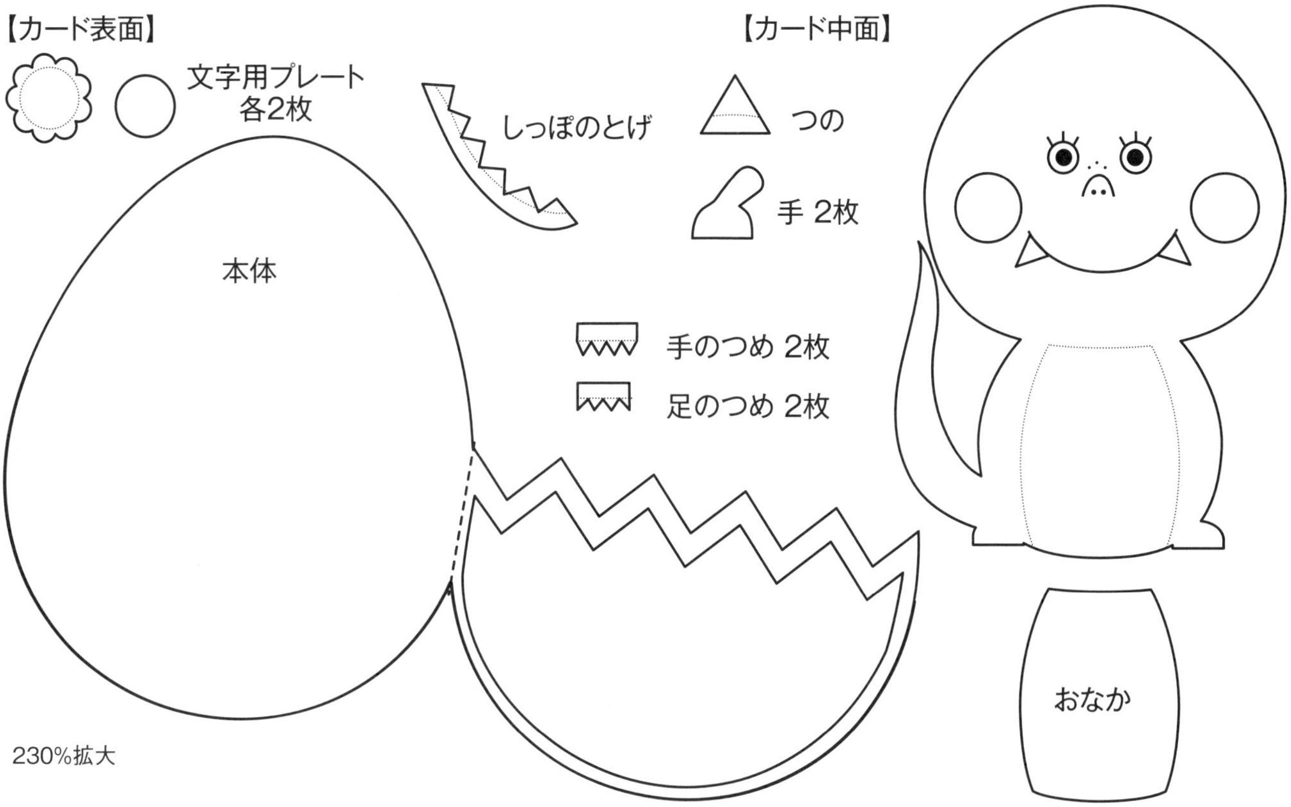
【カード表面】
文字用プレート
各2枚
しっぽのとげ
本体
【カード中面】
つの
手 2枚
手のつめ 2枚
足のつめ 2枚
おなか

230%拡大

P.15 大きなくまさんからの大きなお祝い

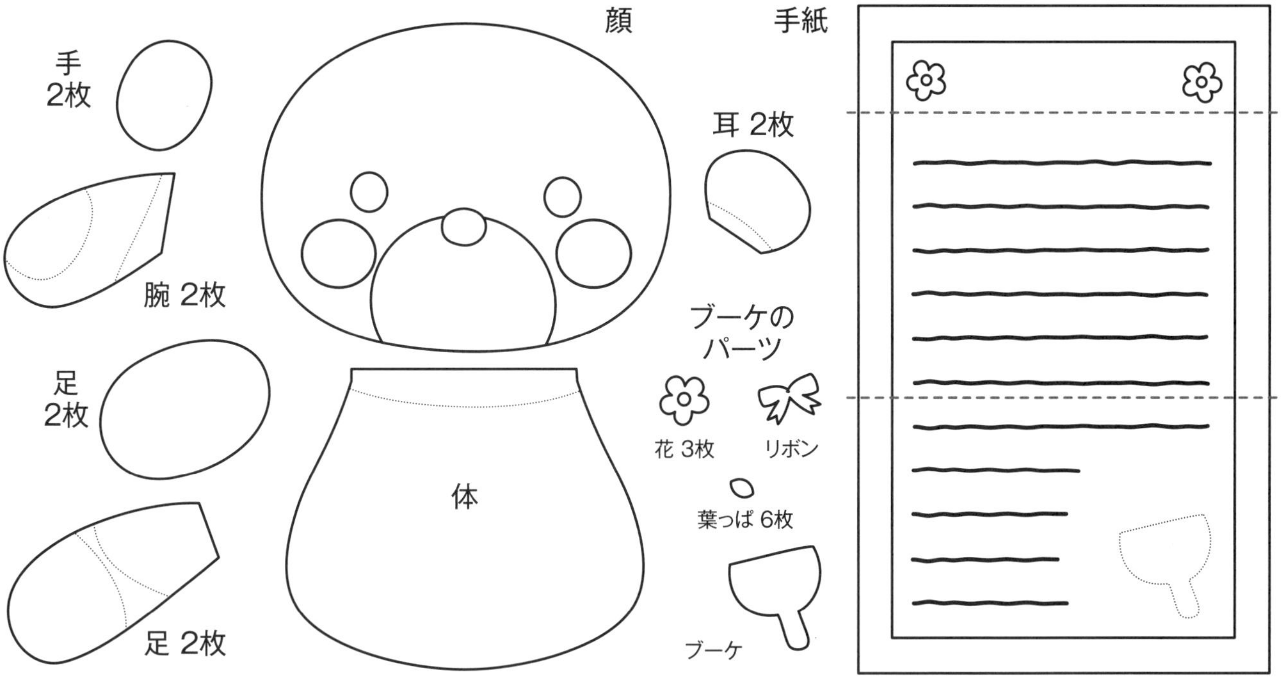
手
2枚
腕 2枚
足
2枚
足 2枚
顔
体
手紙
耳 2枚
ブーケの
パーツ
花 3枚
リボン
葉っぱ 6枚
ブーケ

210%拡大

P.16 おめでとうが詰まったまっかなハート

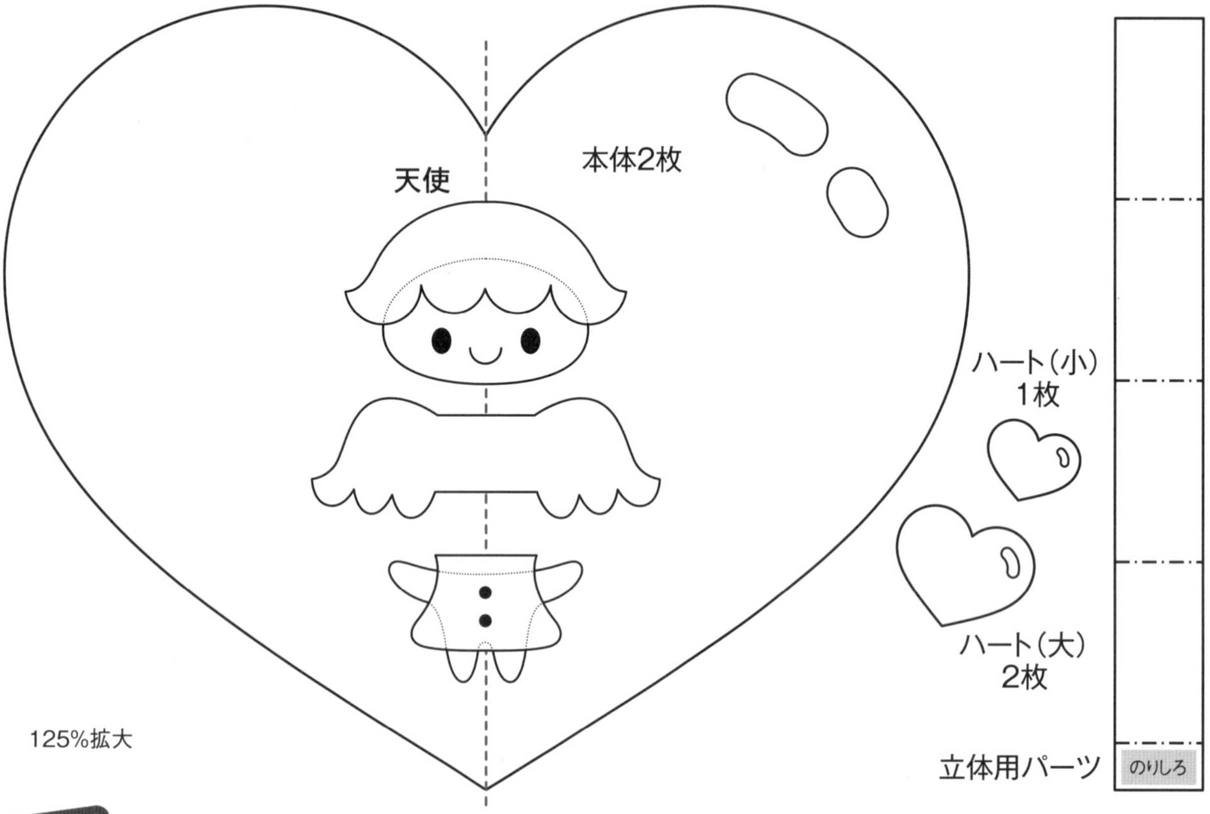
天使
本体2枚
ハート（小）
1枚
ハート（大）
2枚
立体用パーツ
のりしろ

125%拡大

P.17 なかよし親子からのお祝いメッセージ

【カード表面】

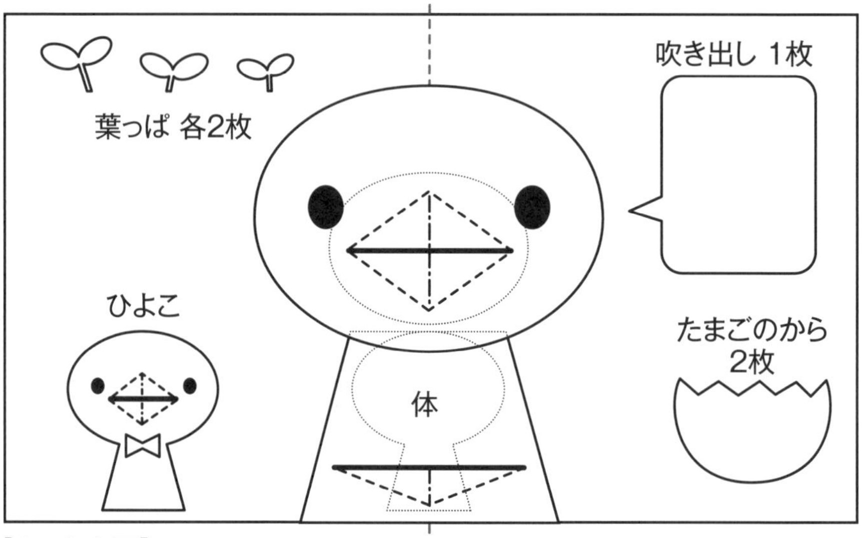
葉っぱ 各2枚
吹き出し 1枚
ひよこ
体
たまごのから
2枚

【カード中面】

にわとりの
口の中
羽 2枚
とさか

190%拡大

P.18 かわいいきみを抱き締めたい！

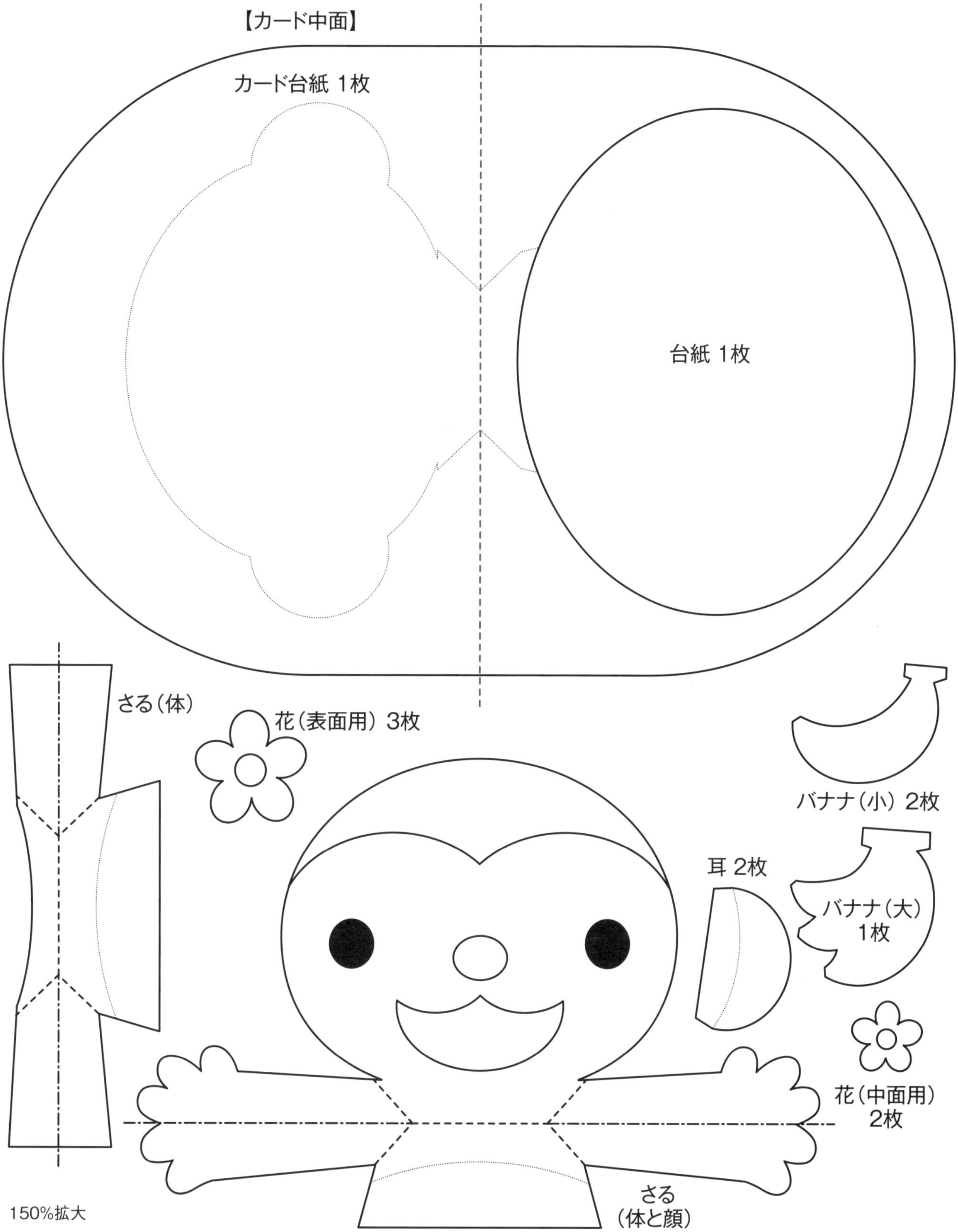

【カード中面】
カード台紙 1枚
台紙 1枚
さる（体）
花（表面用）3枚
バナナ（小）2枚
耳 2枚
バナナ（大）
1枚
花（中面用）
2枚
さる
（体と顔）

150%拡大

P.19 ビッグケーキでおめでとう

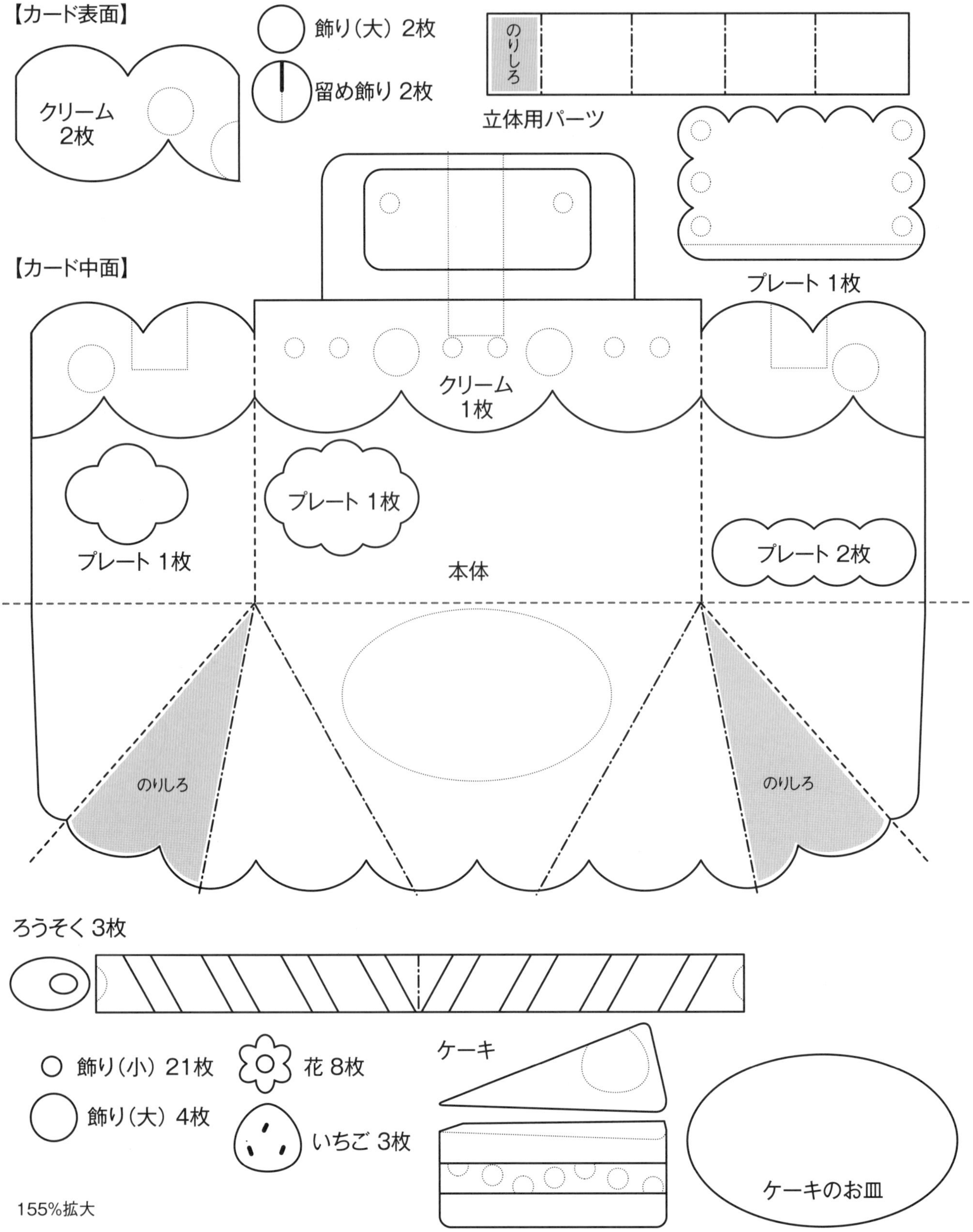
【カード表面】
クリーム
2枚
飾り（大）2枚
留め飾り 2枚
のりしろ
立体用パーツ
プレート 1枚
【カード中面】
クリーム
1枚
プレート 1枚
プレート 1枚
プレート 2枚
本体
のりしろ
のりしろ
ろうそく 3枚
飾り（小）21枚
飾り（大）4枚
花 8枚
いちご 3枚
ケーキ
ケーキのお皿

155%拡大

P.20 喜びの虹の下

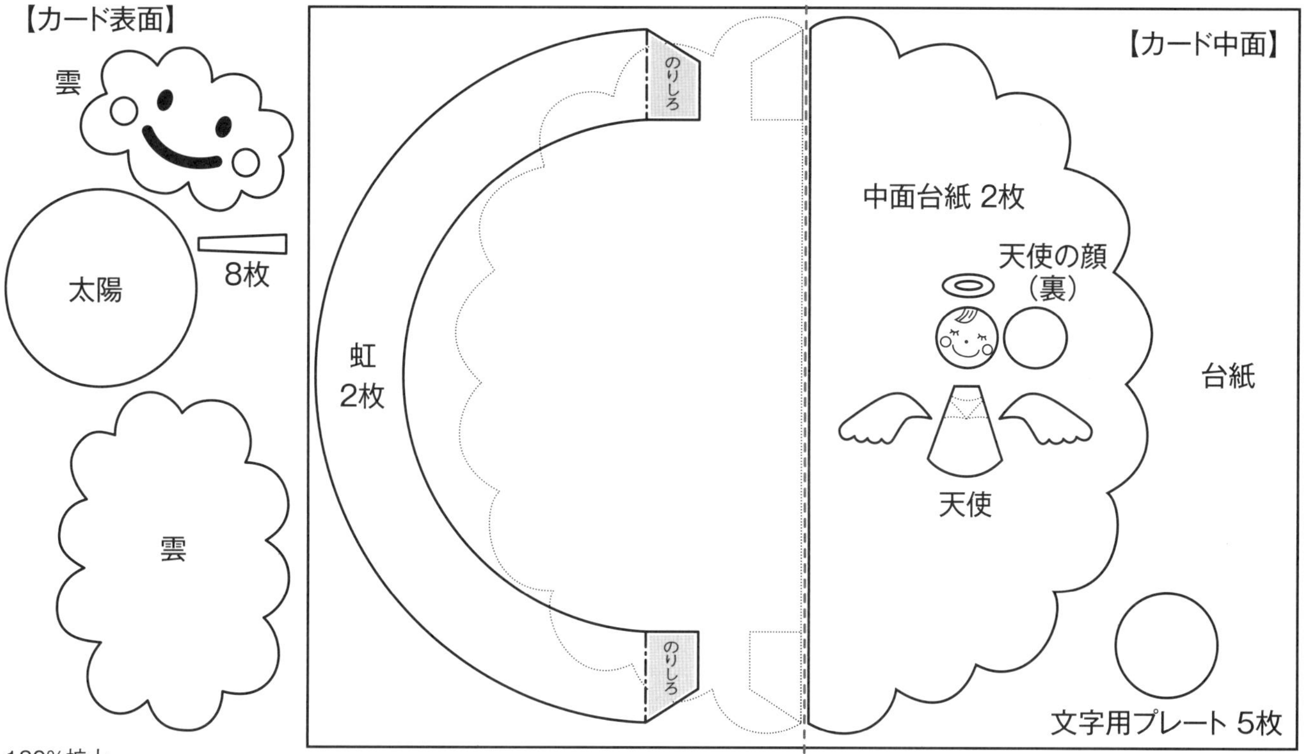
【カード表面】
雲
太陽
8枚
雲
虹
2枚
のりしろ
のりしろ
【カード中面】
中面台紙 2枚
天使の顔
（裏）
台紙
天使
文字用プレート 5枚

180%拡大

P.21 幸せの風に揺れるブランコ

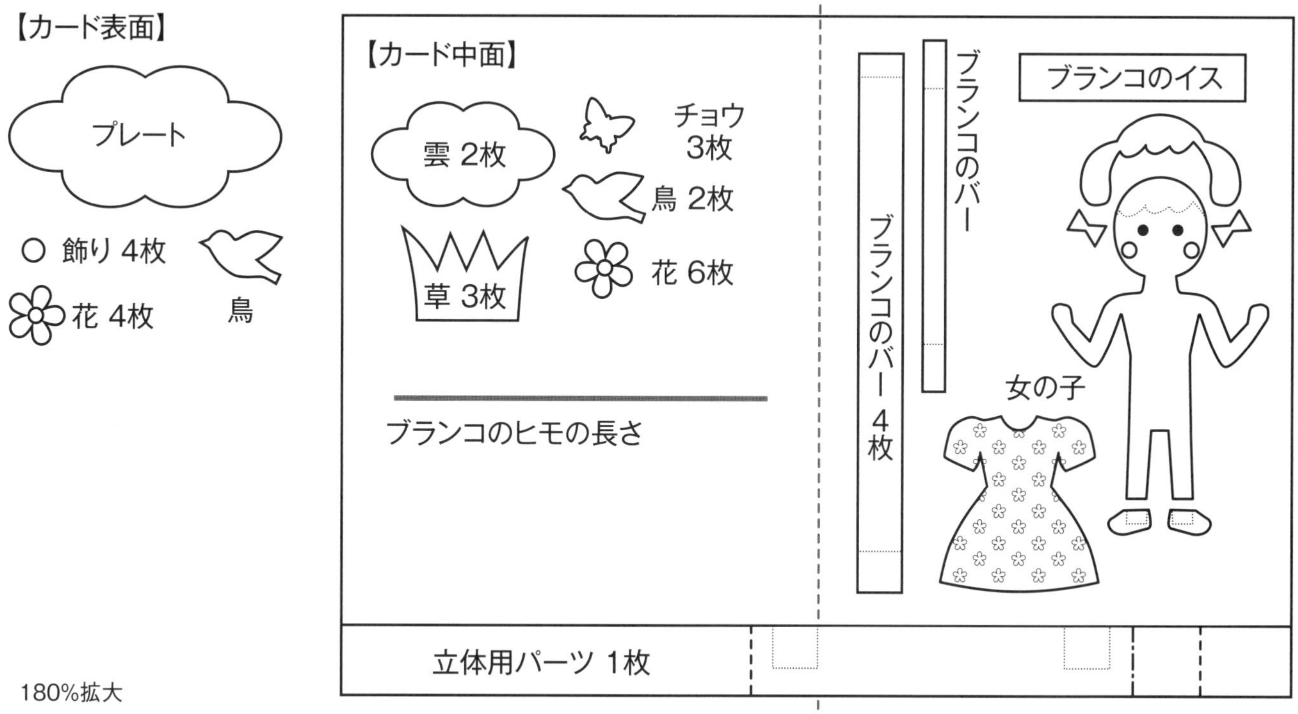
【カード表面】
プレート
飾り 4枚
花 4枚
鳥
【カード中面】
雲 2枚
チョウ
3枚
鳥 2枚
草 3枚
花 6枚
ブランコのヒモの長さ
ブランコのバー 4枚
ブランコのバー
ブランコのイス
女の子
立体用パーツ 1枚

180%拡大

P.21 ハッピーモンキー

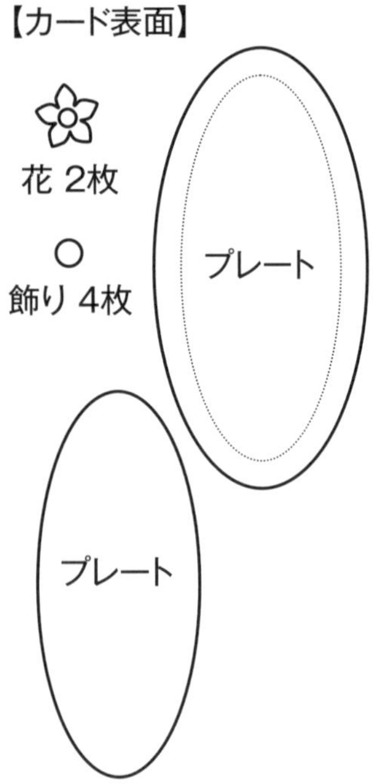
【カード表面】
花 2枚
飾り 4枚
プレート
プレート

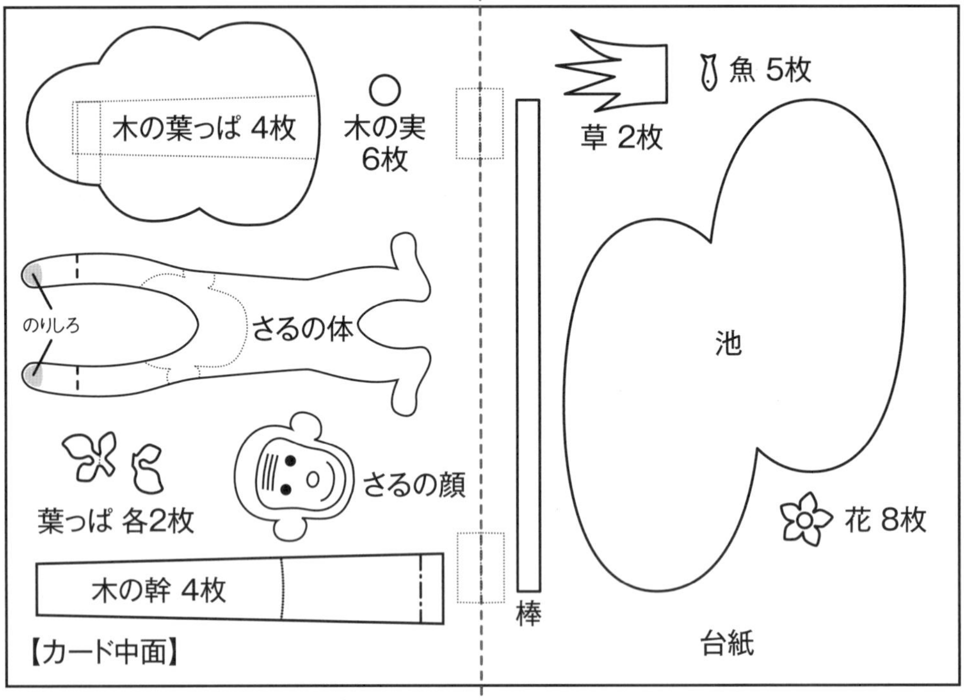
木の葉っぱ 4枚
木の実
6枚
のりしろ
さるの体
葉っぱ 各2枚
さるの顔
木の幹 4枚
【カード中面】
草 2枚
魚 5枚
池
花 8枚
棒
台紙

180%拡大

P.22 恐竜の大胆なお祝い

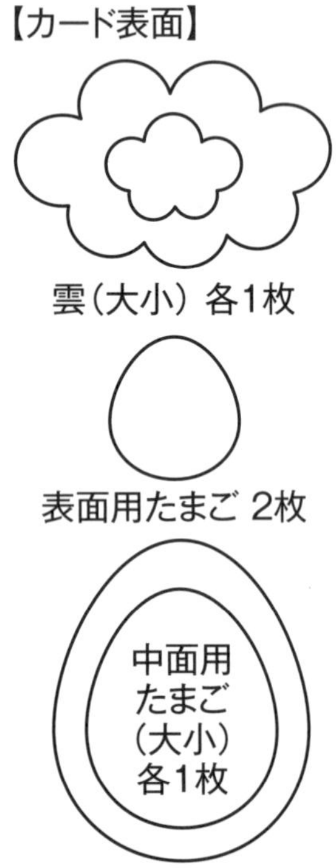
【カード表面】
雲（大小）各1枚
表面用たまご 2枚
中面用
たまご
（大小）
各1枚

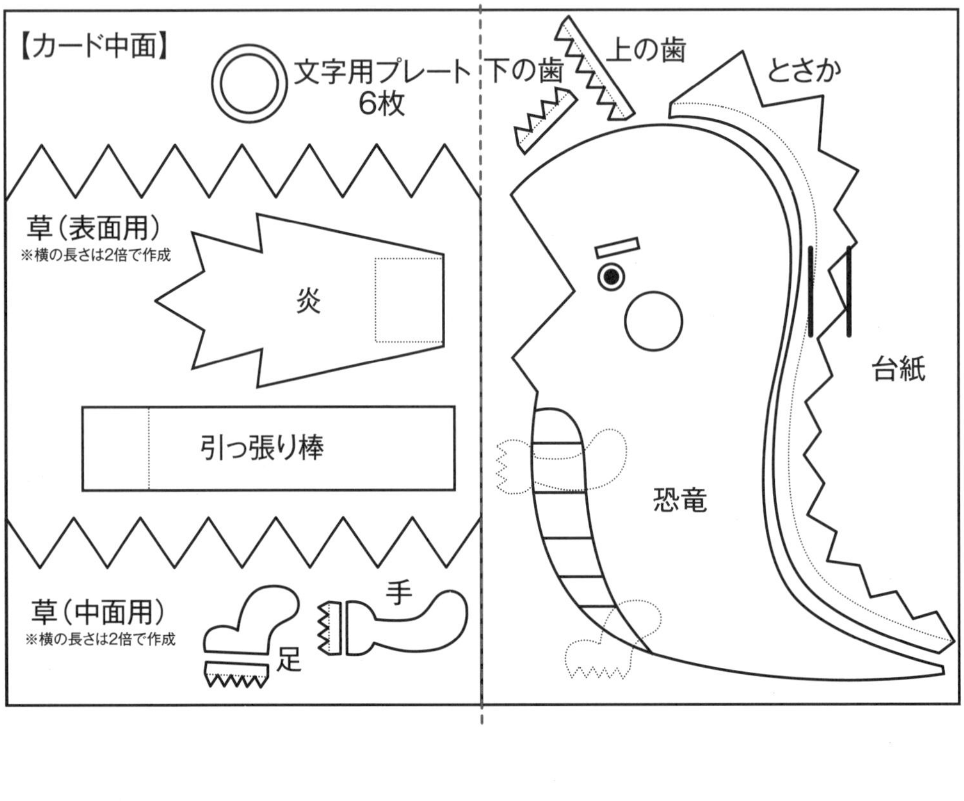
【カード中面】
文字用プレート
6枚
下の歯
上の歯
とさか
草（表面用）
※横の長さは2倍で作成
炎
引っ張り棒
恐竜
台紙
草（中面用）
※横の長さは2倍で作成
手
足

190%拡大

P.23 花束をあげるよ！

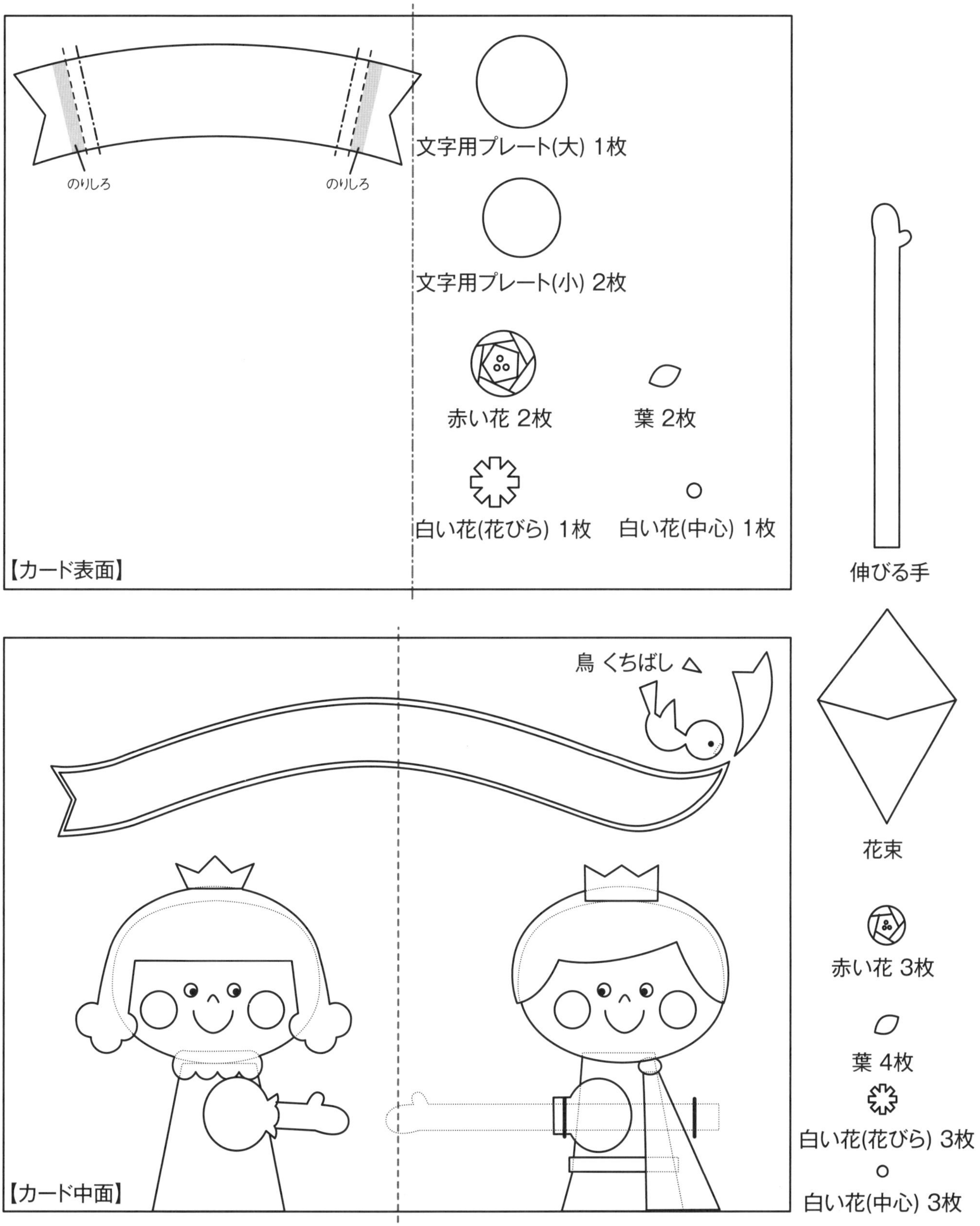

のりしろ
のりしろ
文字用プレート(大) 1枚
文字用プレート(小) 2枚
赤い花 2枚
葉 2枚
白い花(花びら) 1枚
白い花(中心) 1枚
【カード表面】
伸びる手
鳥 くちばし
花束
赤い花 3枚
葉 4枚
白い花(花びら) 3枚
白い花(中心) 3枚
【カード中面】

190%拡大

P.24 パーティーはおしゃれして

星
頭
三角 3枚
ハート

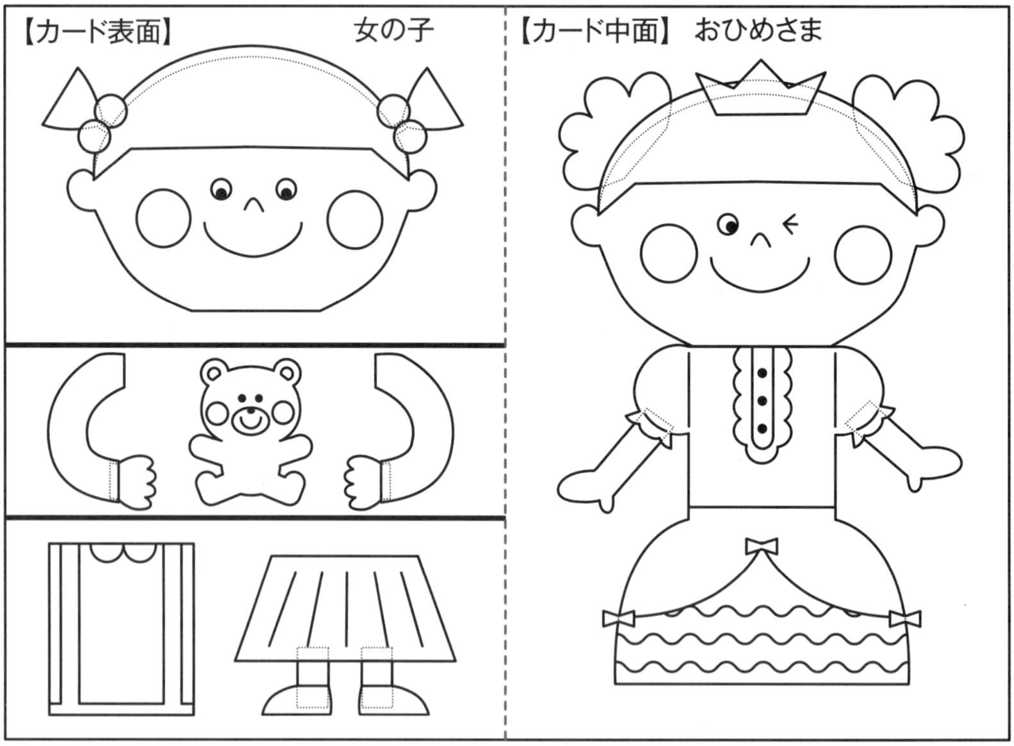
【カード表面】
女の子
【カード中面】
おひめさま

190%拡大

P.25 宝物はカーテンの下に

いぬ
プレゼント
ねこ
ケーキ

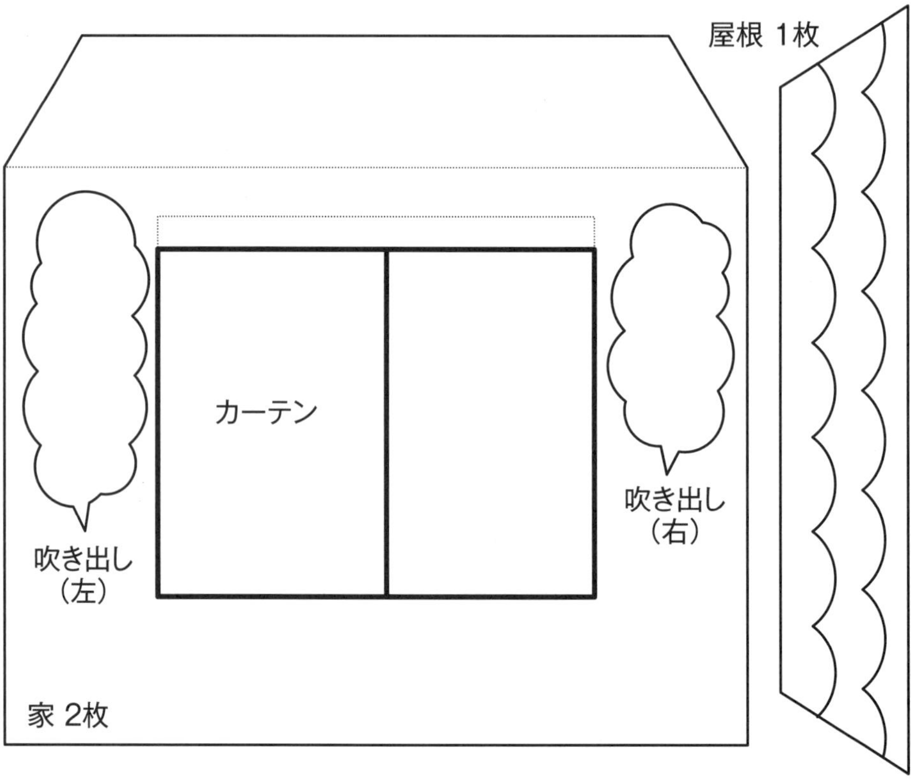
屋根 1枚
カーテン
吹き出し
（左）
吹き出し
（右）
家 2枚

175%拡大

P.26 大好物いっぱいのお誕生日

155%拡大

【カード上部】

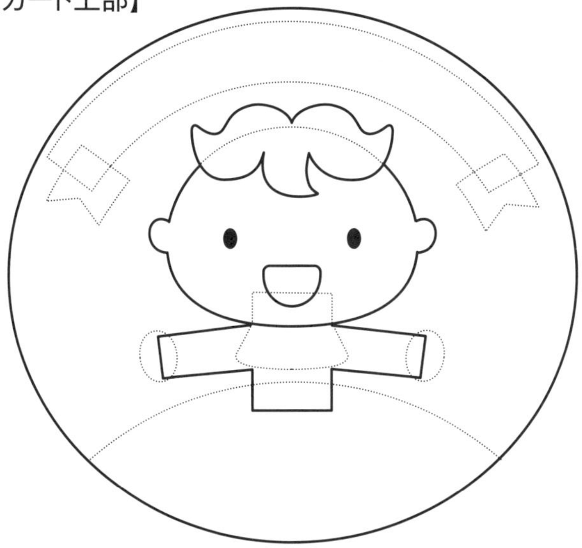

プレート

花 4枚

ナイフ

フォーク

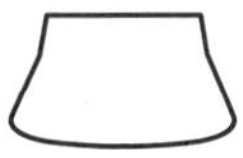

前かけ

手 2枚

【カード下部】

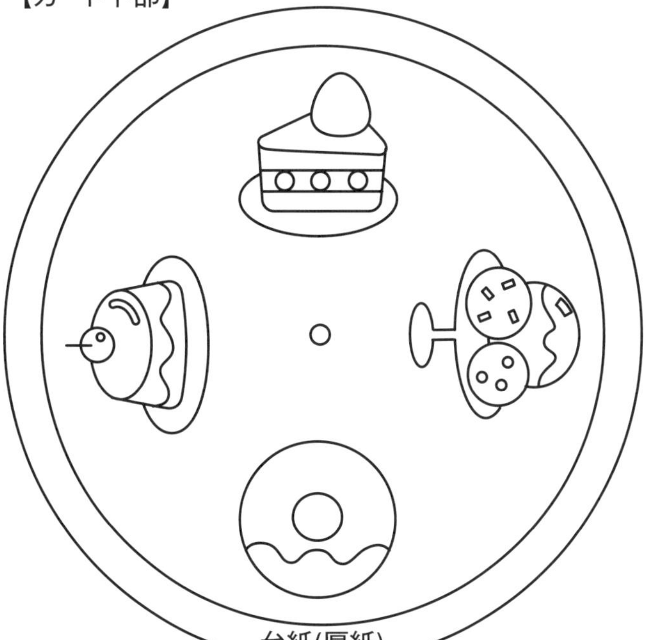

台紙(厚紙)

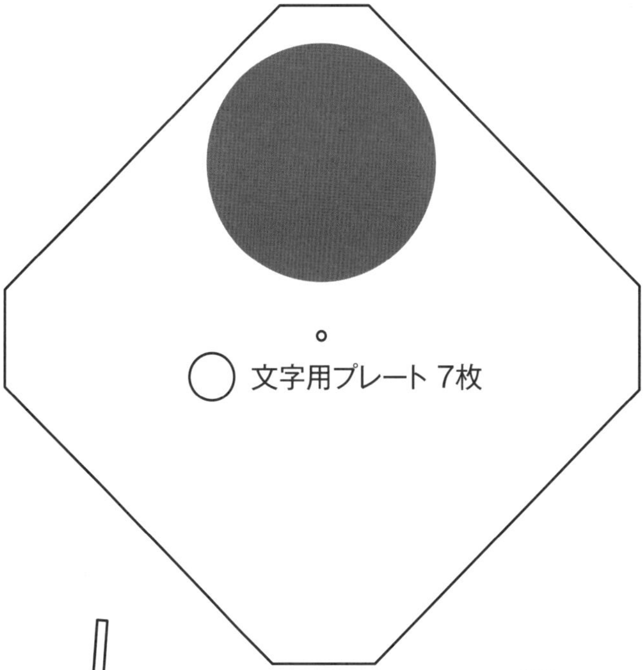

文字用プレート 7枚

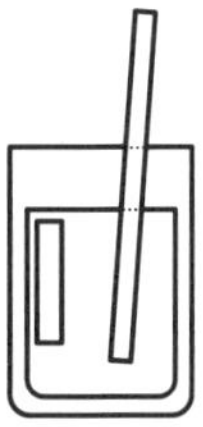

ジュース

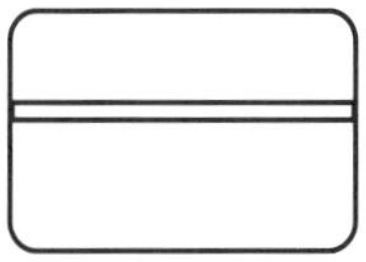

プレート

プレート

P.27 窓から伝えるおめでとう

【カード表面】
しかけ 1枚
吹き出し
5枚
雲 1枚
草1枚
ミカン 1枚
洋なし 1枚
リンゴ 1枚
桃 1枚
葉 8枚
【カード中面】
台紙 2枚
※1枚は家の扉と同じ所を切り抜く
屋根 1枚
木 1枚
吹き出し
1枚
扉 2枚(左右)
家 1枚
幹 1枚

180%拡大

P.28 おうまさんの箱の中身は？

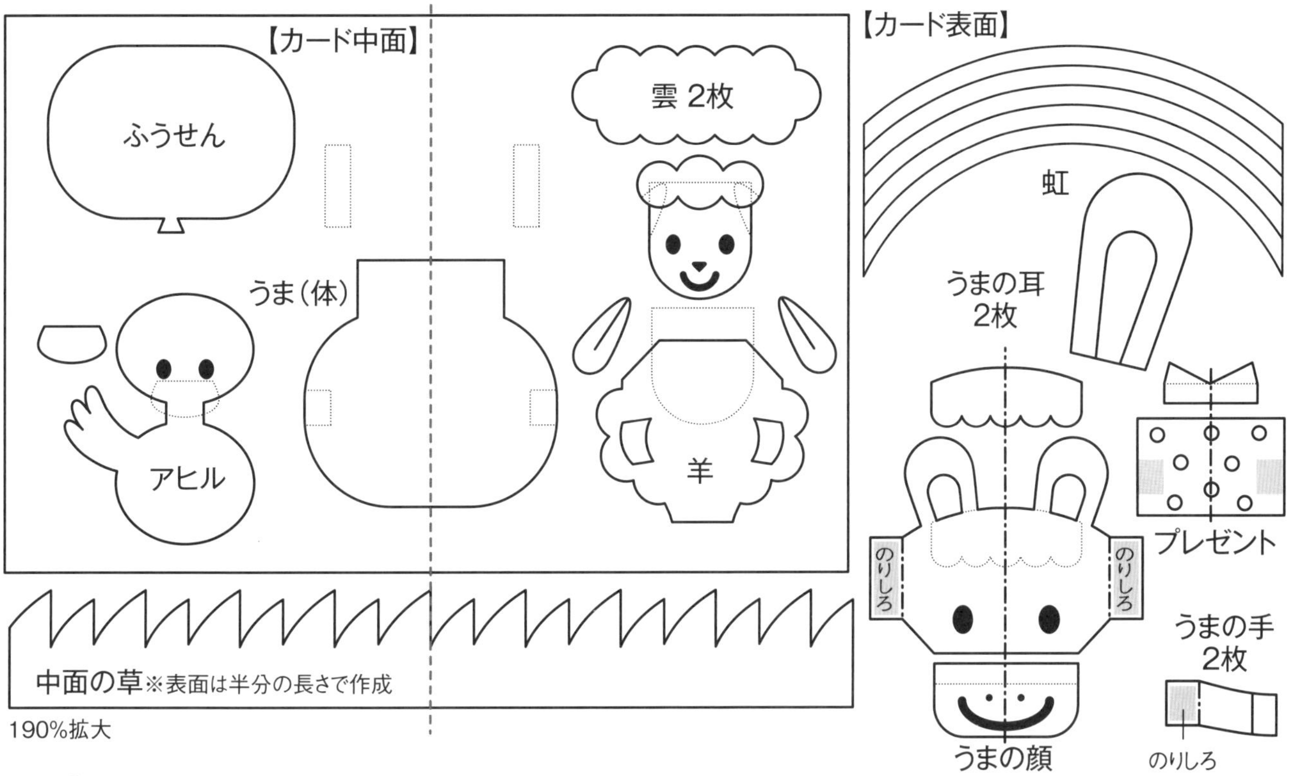

【カード中面】
ふうせん
雲 2枚
うま（体）
アヒル
羊
中面の草※表面は半分の長さで作成
【カード表面】
虹
うまの耳
2枚
プレゼント
のりしろ
のりしろ
うまの手
2枚
うまの顔
のりしろ

190%拡大

P.29 大きな大きなチューリップ

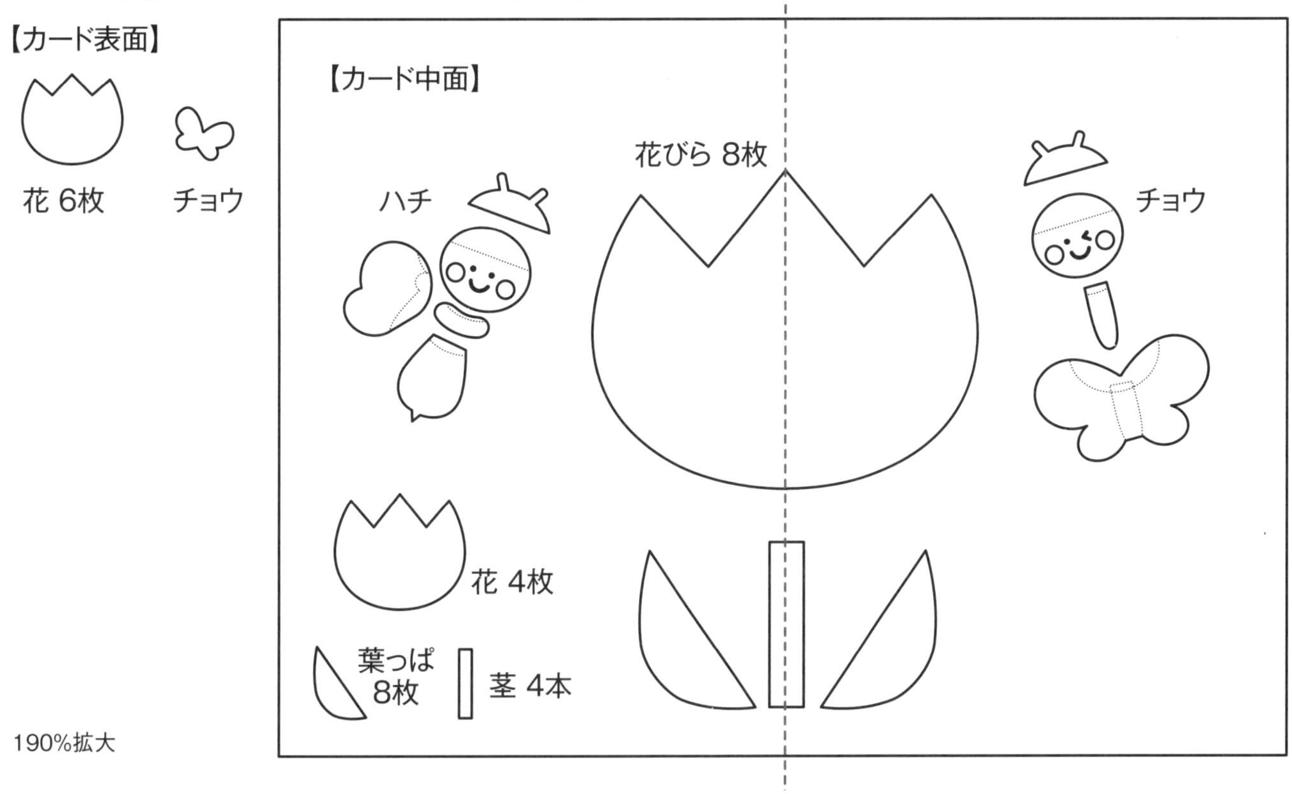

【カード表面】
花 6枚
チョウ
【カード中面】
花びら 8枚
ハチ
チョウ
花 4枚
葉っぱ
8枚
茎 4本

190%拡大

P.30-31 イモムシくんの体のヒミツ

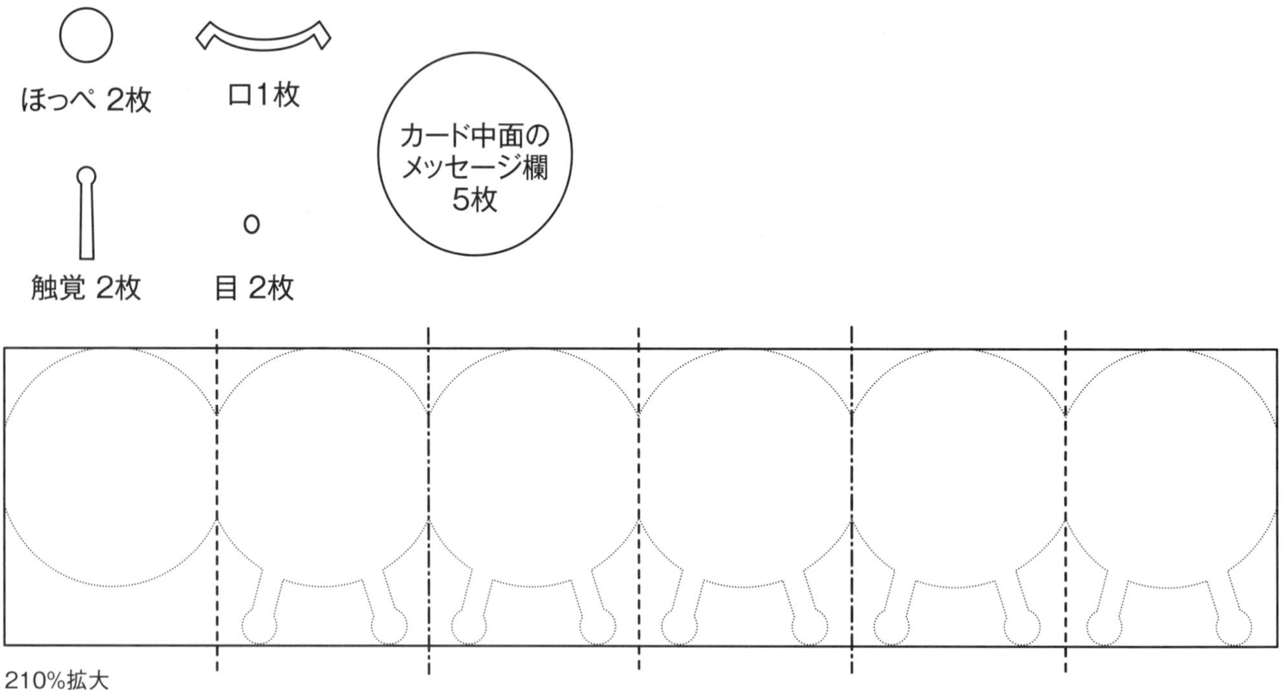

ほっぺ 2枚
口1枚
カード中面のメッセージ欄 5枚
触覚 2枚
目 2枚

210%拡大

P.30-31 夢いっぱいの機関車

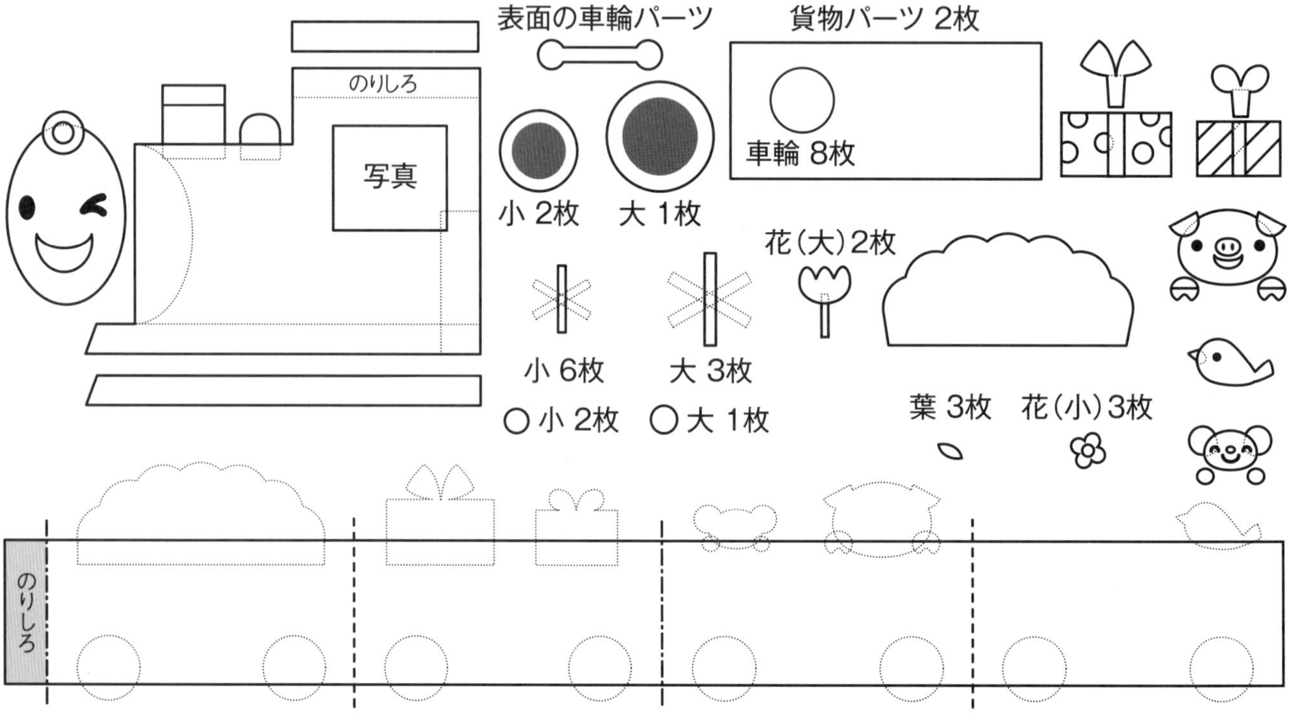

のりしろ
写真
表面の車輪パーツ
貨物パーツ 2枚
車輪 8枚
小 2枚
大 1枚
花（大）2枚
小 6枚
大 3枚
○ 小 2枚
○ 大 1枚
葉 3枚
花（小）3枚
のりしろ

210%拡大

P.32 ぐんぐん伸びるわたしの木

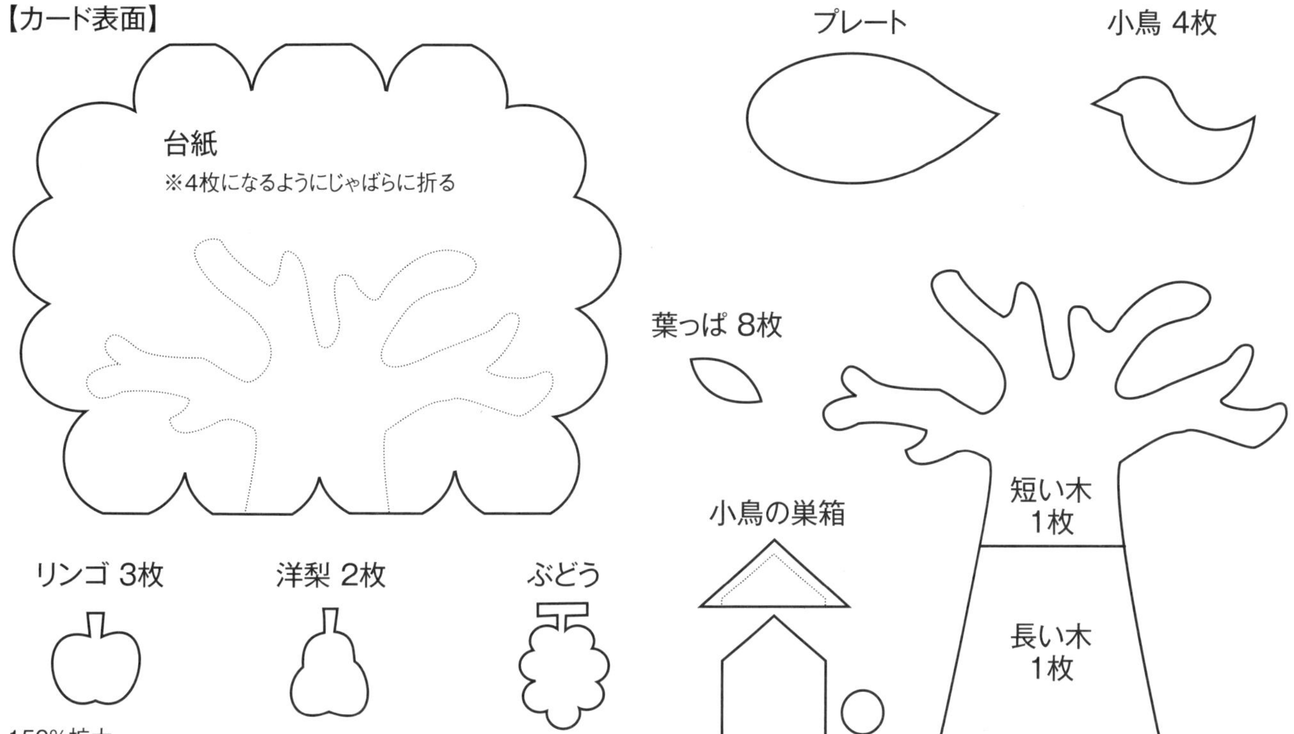
【カード表面】
台紙
※4枚になるようにじゃばらに折る
プレート
小鳥 4枚
葉っぱ 8枚
短い木
1枚
長い木
1枚
小鳥の巣箱
リンゴ 3枚
洋梨 2枚
ぶどう

150%拡大

P.32 おいしいシチューで誕生日

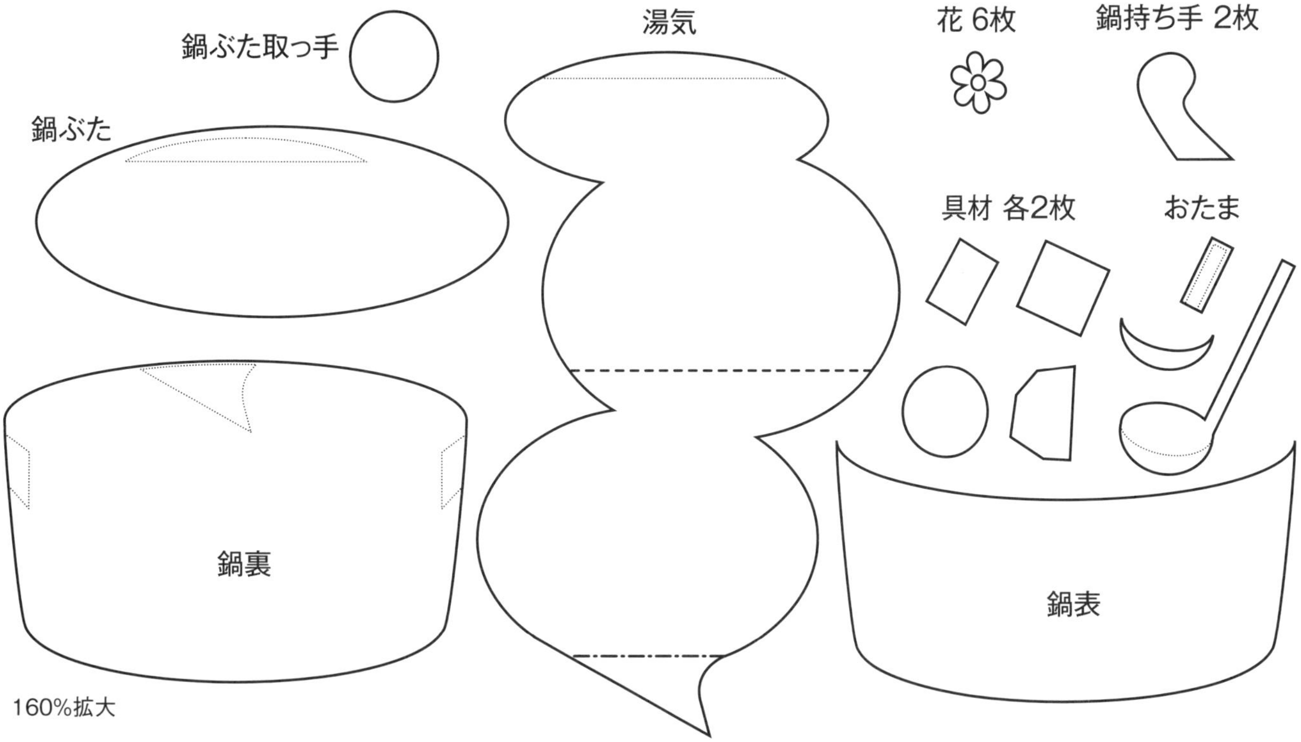
鍋ぶた取っ手
鍋ぶた
湯気
花 6枚
鍋持ち手 2枚
具材 各2枚
おたま
鍋裏
鍋表

160%拡大

P.34 入園はひよこといっしょに

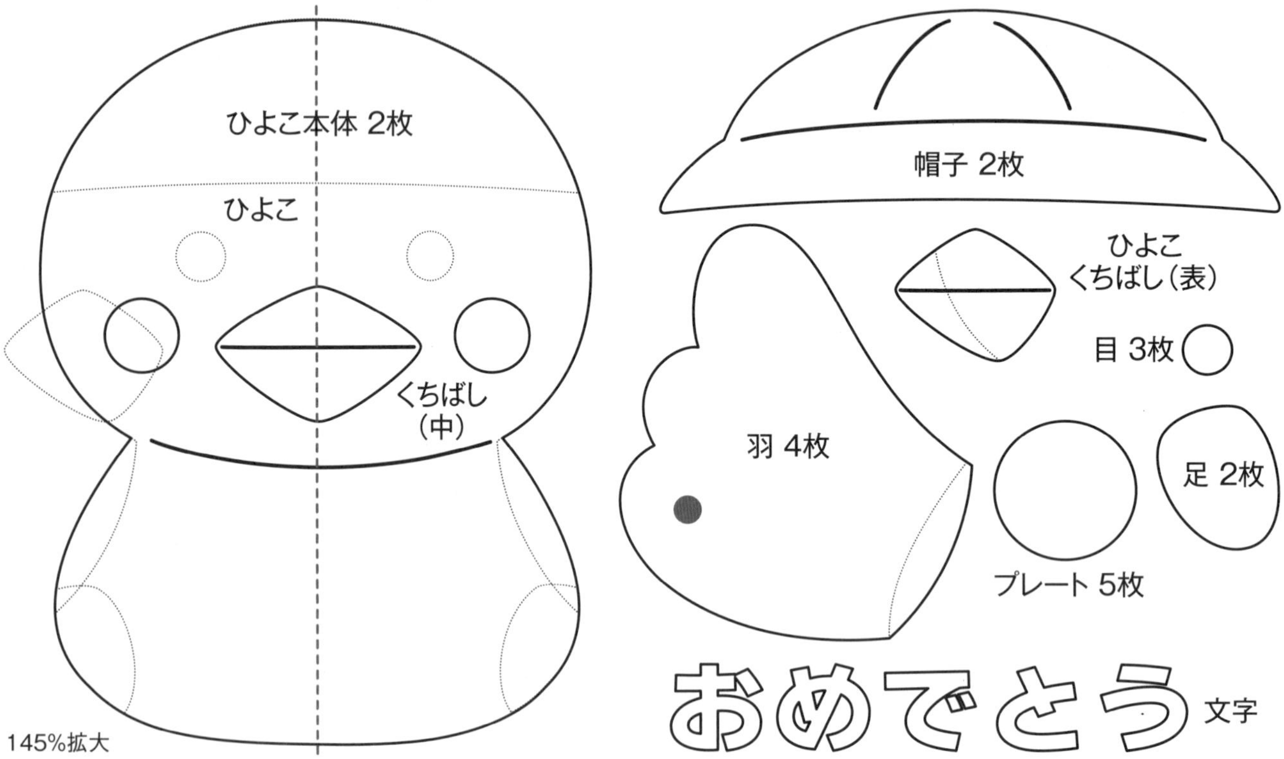
ひよこ本体 2枚
ひよこ
くちばし（中）
帽子 2枚
ひよこ
くちばし（表）
目 3枚
羽 4枚
足 2枚
プレート 5枚
おめでとう
文字

145%拡大

P.35 ワクワクが詰まった園舎

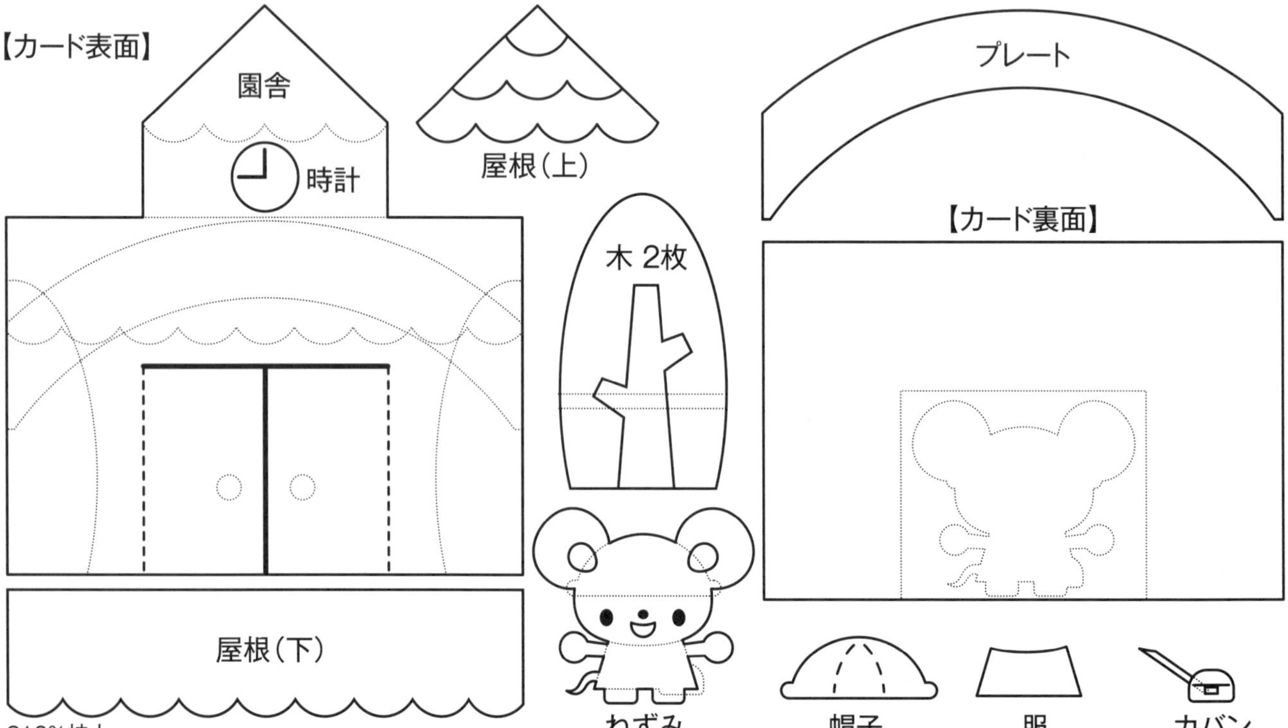
【カード表面】
園舎
時計
屋根（上）
プレート
【カード裏面】
木 2枚
屋根（下）
ねずみ
帽子
服
カバン

210%拡大

P.36 ありがとうの花束

【カード表面】

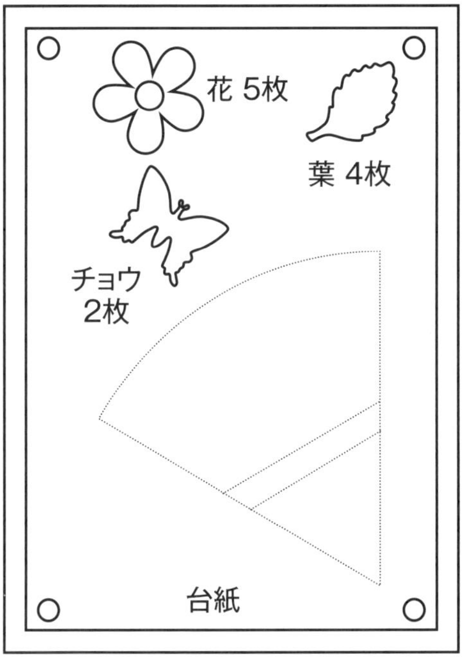
花 5枚
葉 4枚
チョウ
2枚
台紙

【カード中面】

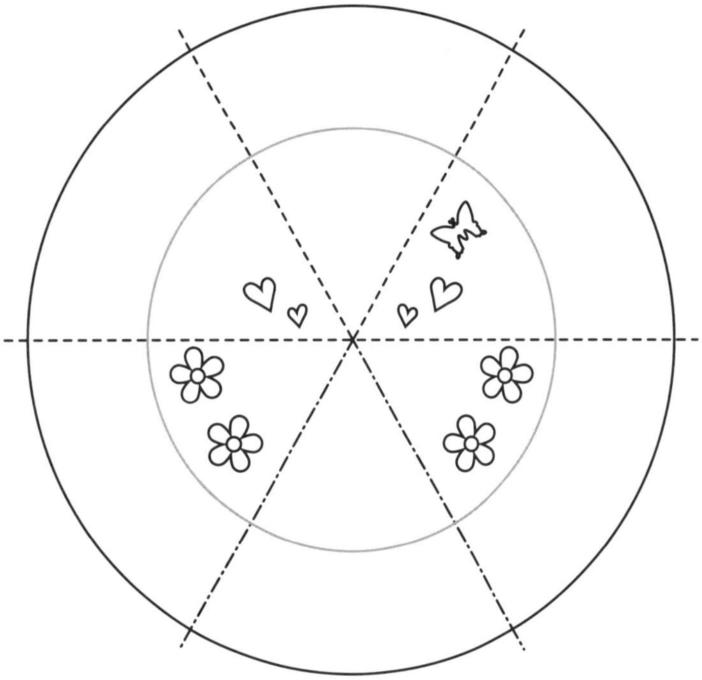

170%拡大

P.37 思いが伝わるカーネーション

【カード中面】

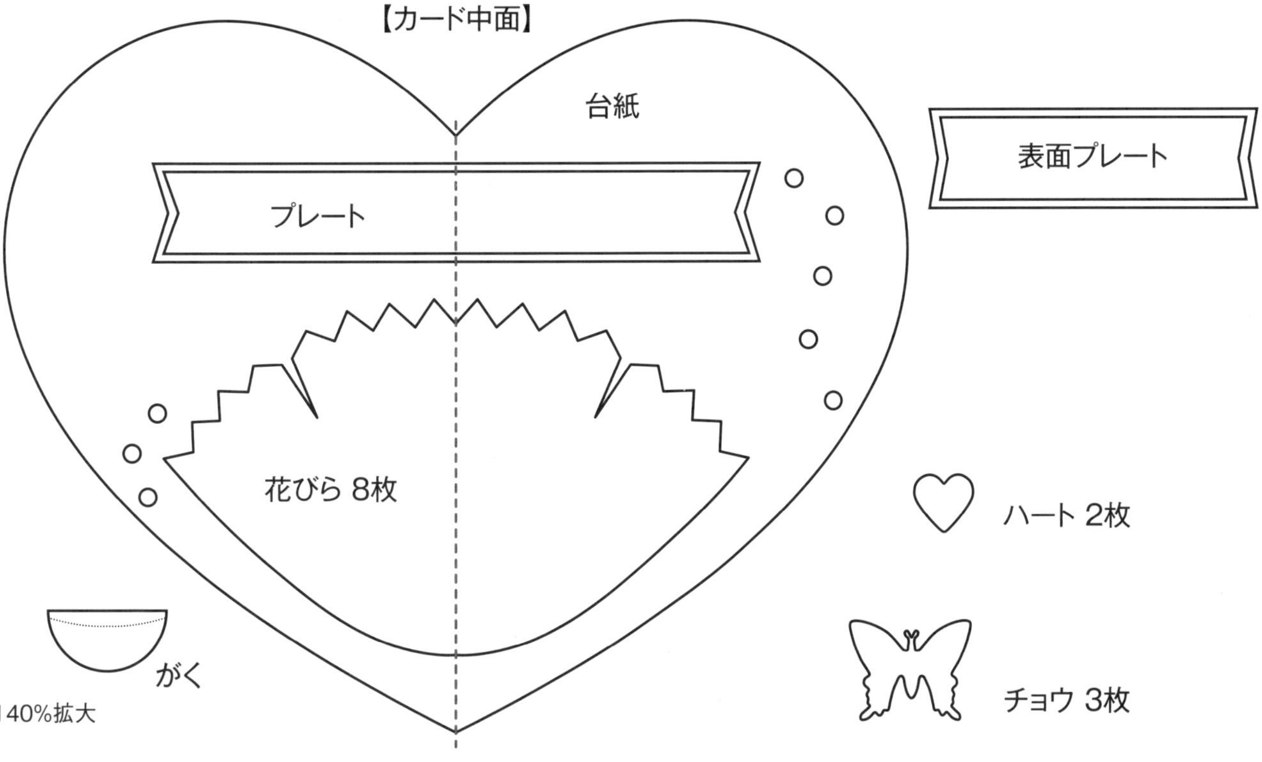
台紙
表面プレート
プレート
花びら 8枚
ハート 2枚
がく
チョウ 3枚

140%拡大

P.38 かっこいいYシャツ

【カード中面】

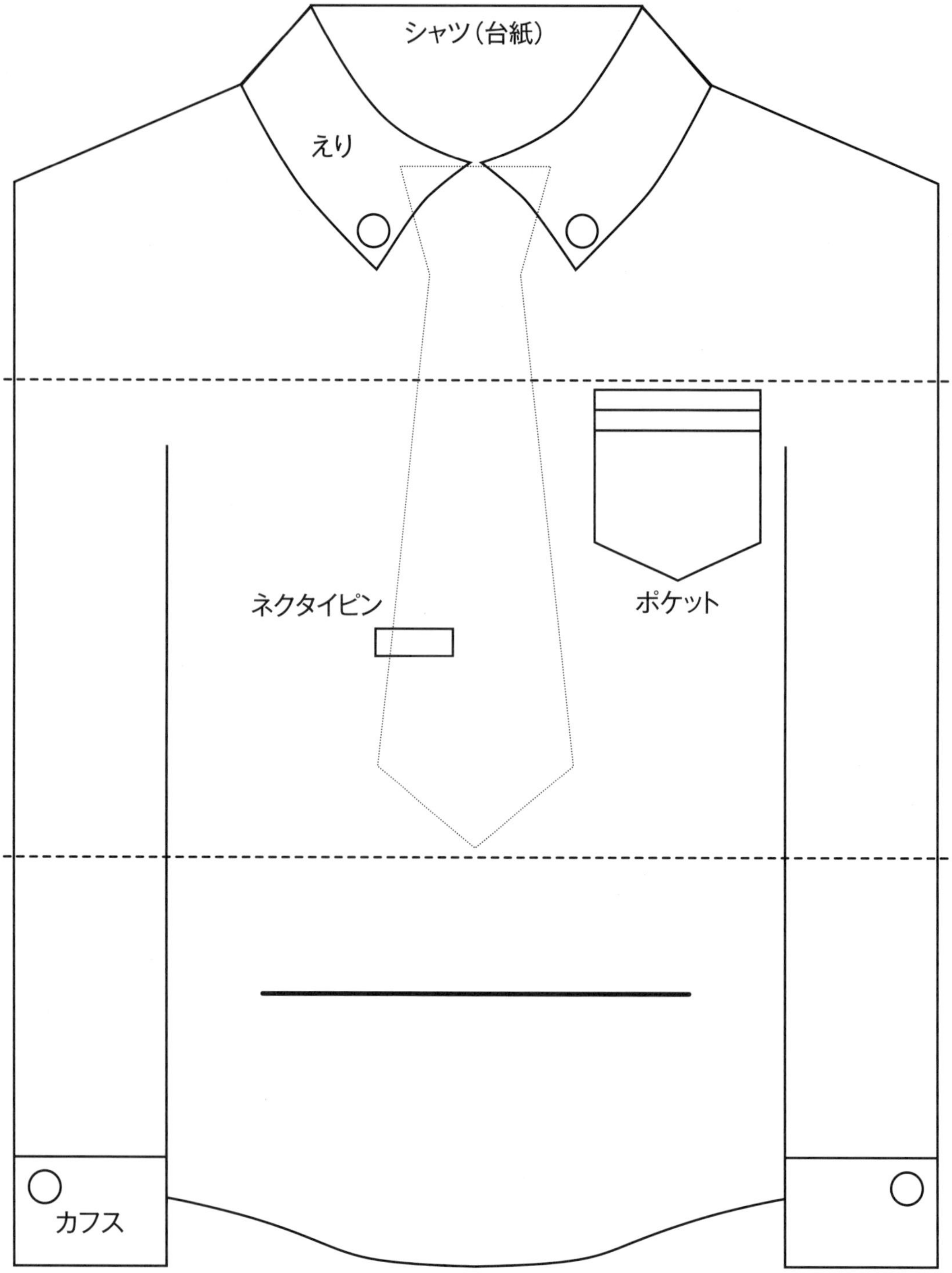
シャツ（台紙）
えり
ネクタイピン
ポケット
カフス

ネクタイ

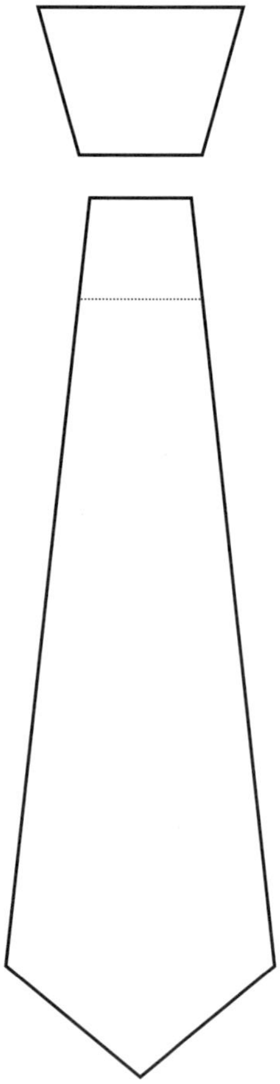

花 3枚

葉っぱ 6枚

チョウ

100%

P.39 お父さんは力持ち

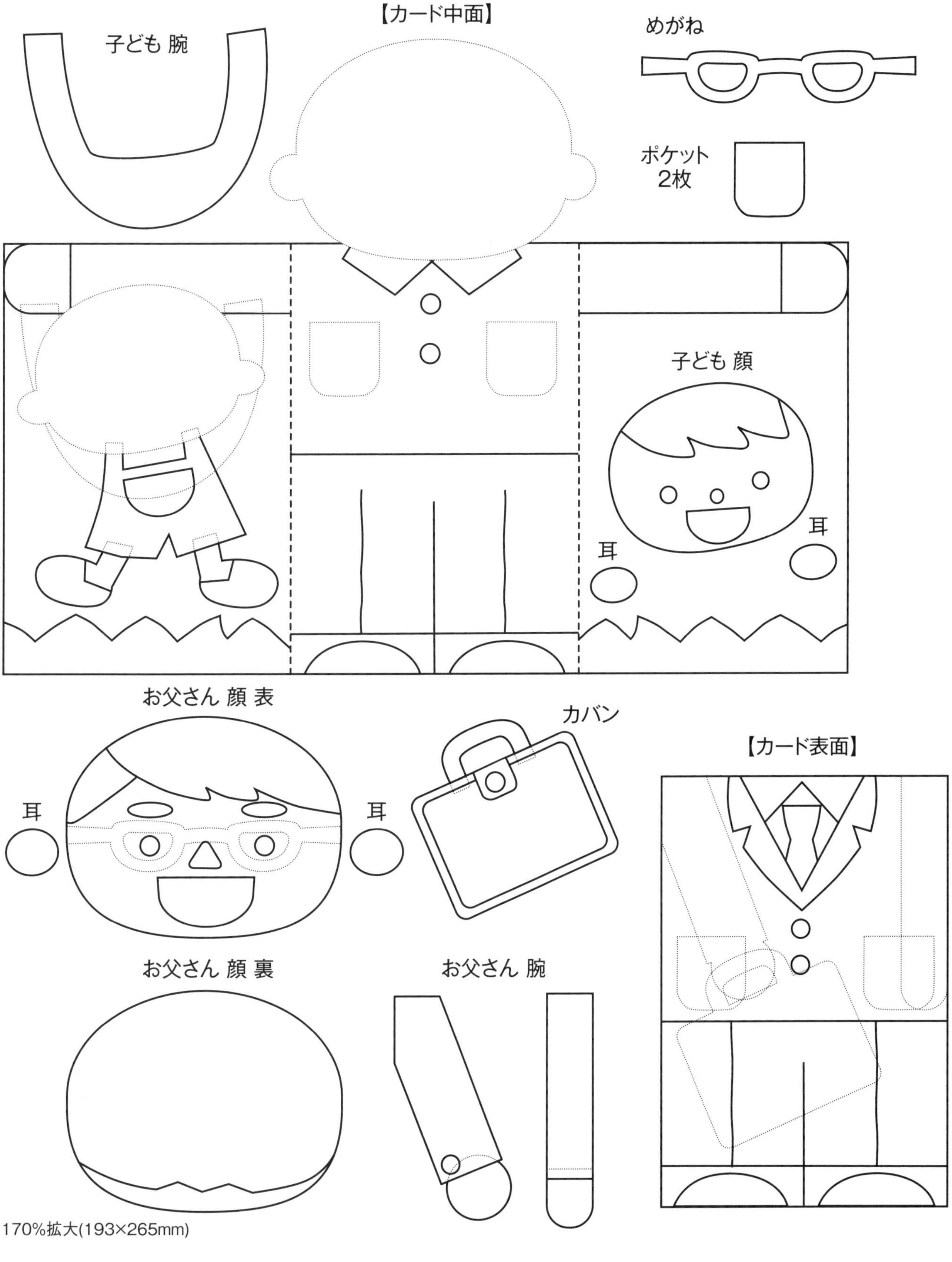
【カード中面】
子ども 腕
めがね
ポケット
2枚
子ども 顔
耳
耳
お父さん 顔 表
耳
耳
カバン
【カード表面】
お父さん 顔 裏
お父さん 腕

170%拡大(193×265mm)

暑中お見舞い

すべての型紙が165％拡大でハガキサイズになります。

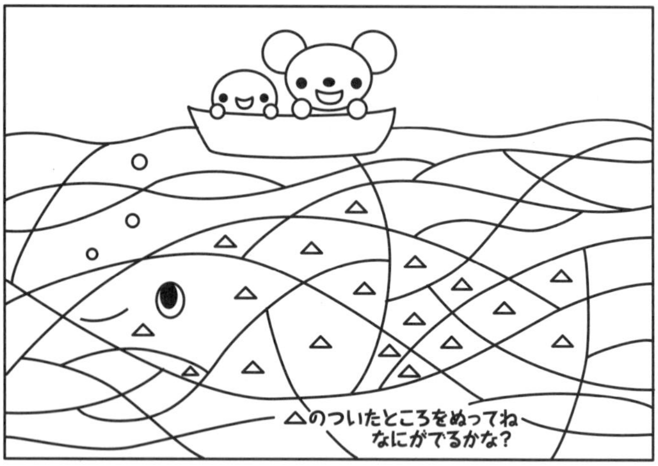
△のついたところをぬってね
なにがでるかな？

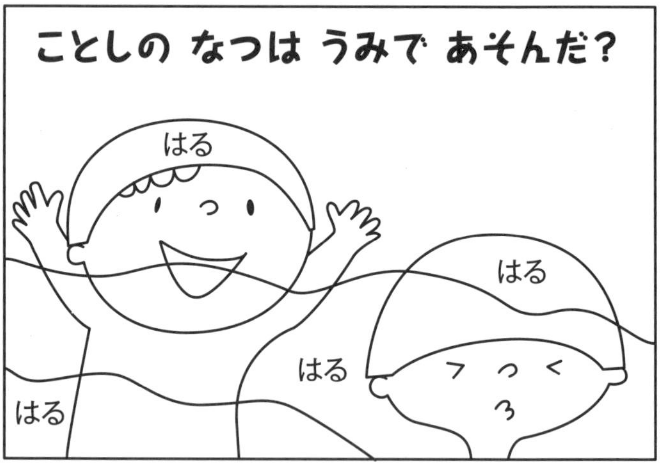
ことしの なつは うみで あそんだ？
はる
はる
はる
はる

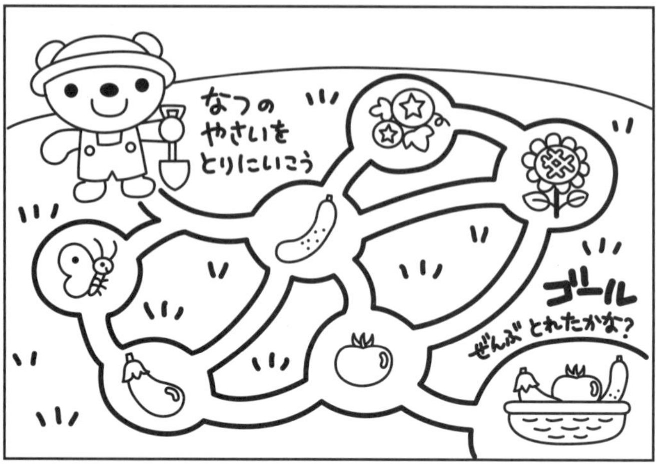
なつの
やさいを
とりにいこう
ゴール
ぜんぶ とれたかな？

しょちゅうおみまい　もうしあげます

しょちゅうおみまい
もうしあげます
てん を じゅんばんに つないでみてね

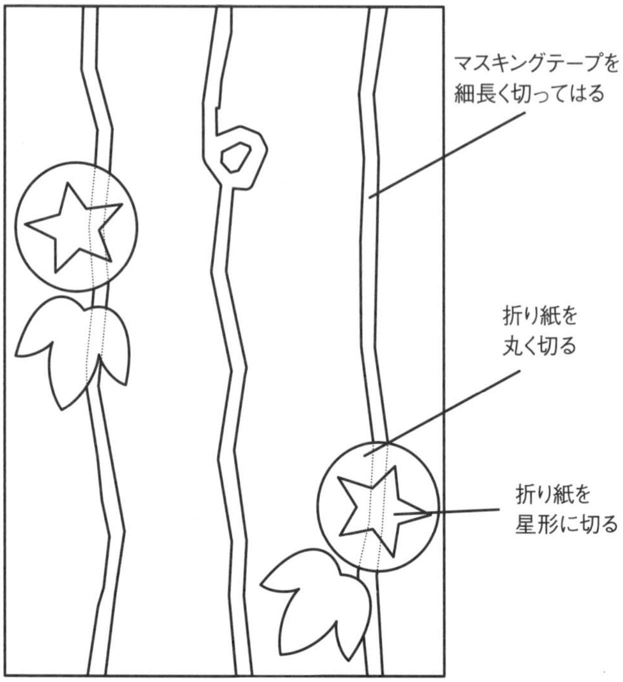
マスキングテープを
細長く切ってはる
折り紙を
丸く切る
折り紙を
星形に切る

P.42

おばけちょうちんからの伝言

【カード表面】

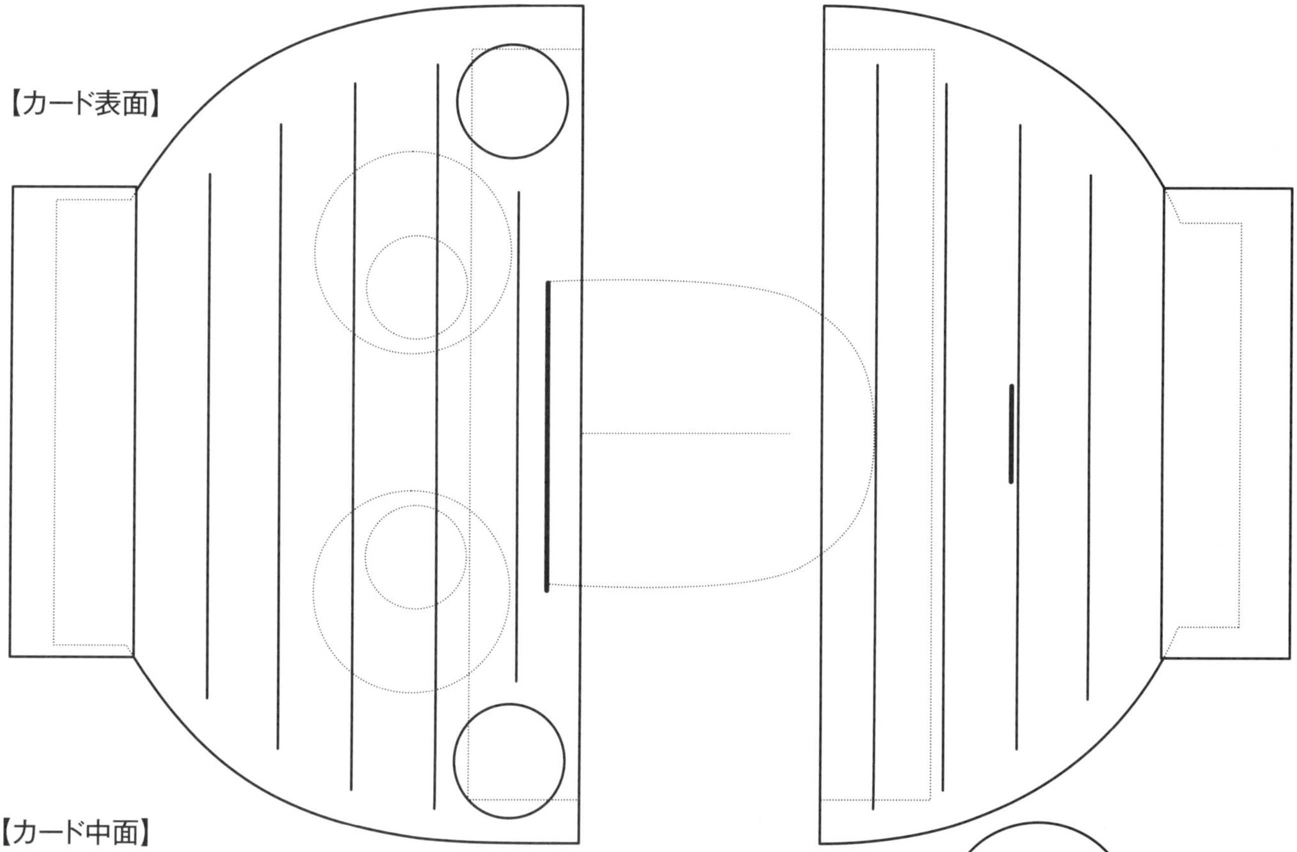

【カード中面】

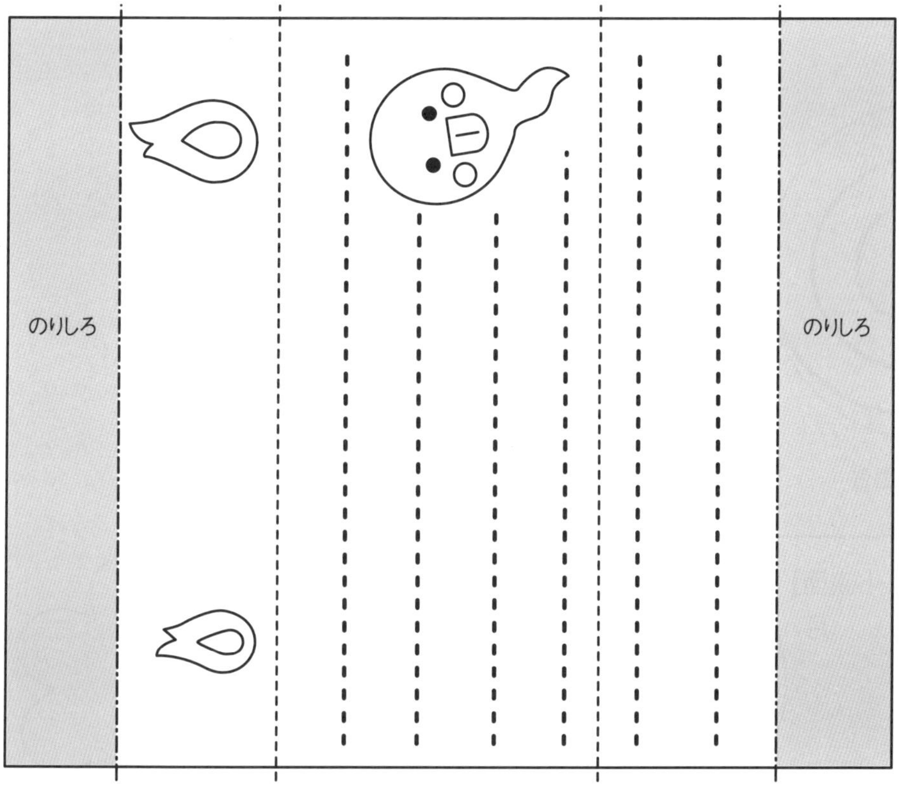

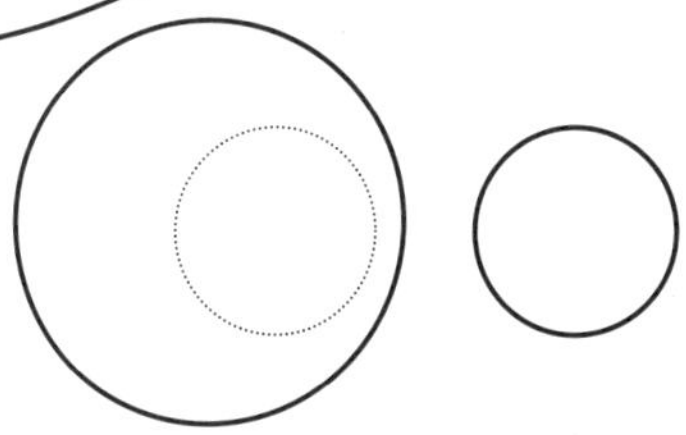

白目 2枚　　黒目 2枚

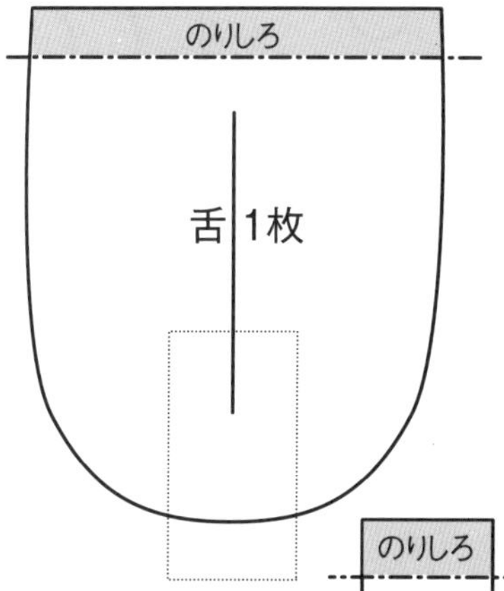

舌 1枚

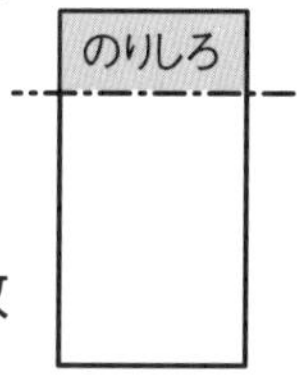

留め具 1枚

115%拡大

P.43 花火ってきれいだね

200%拡大

【カード中面】

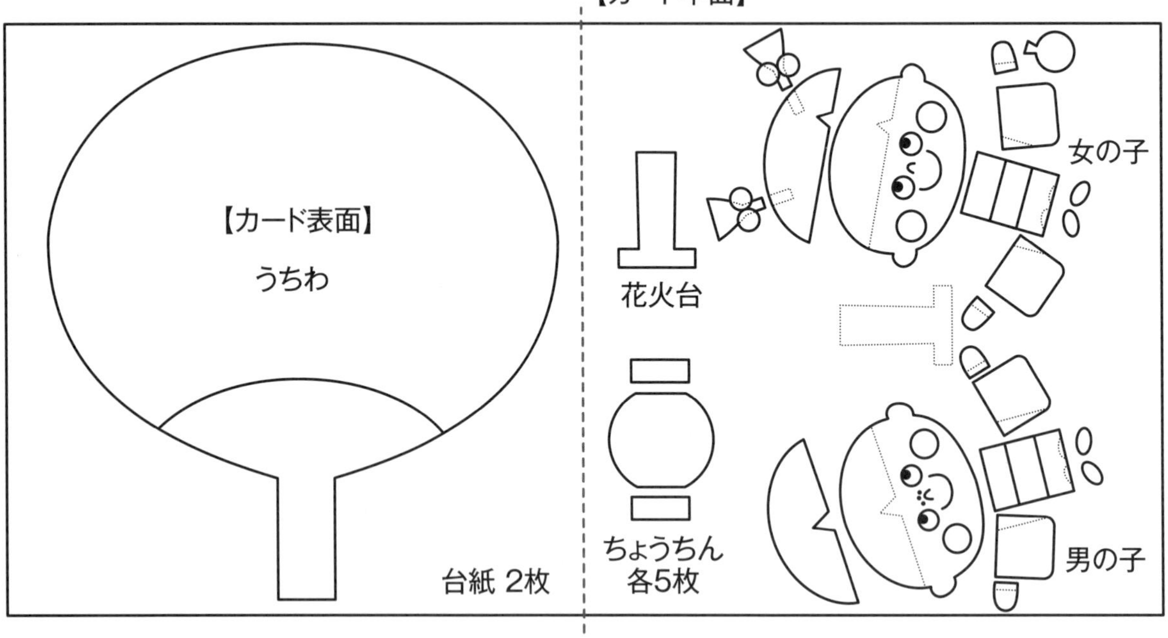
【カード表面】
うちわ
台紙 2枚
花火台
ちょうちん
各5枚
女の子
男の子

P.43 大きな花火、楽しいな

【カード中面】

200%拡大

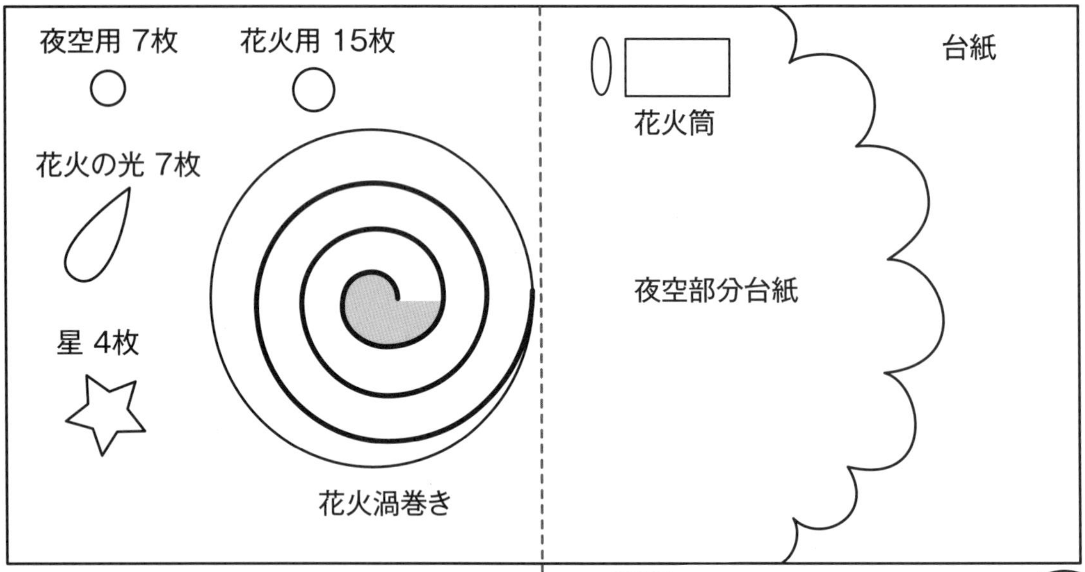
夜空用 7枚
花火用 15枚
花火の光 7枚
星 4枚
花火渦巻き
花火筒
台紙
夜空部分台紙

【カード表面】

月

星
プレート

おじいちゃんの時間

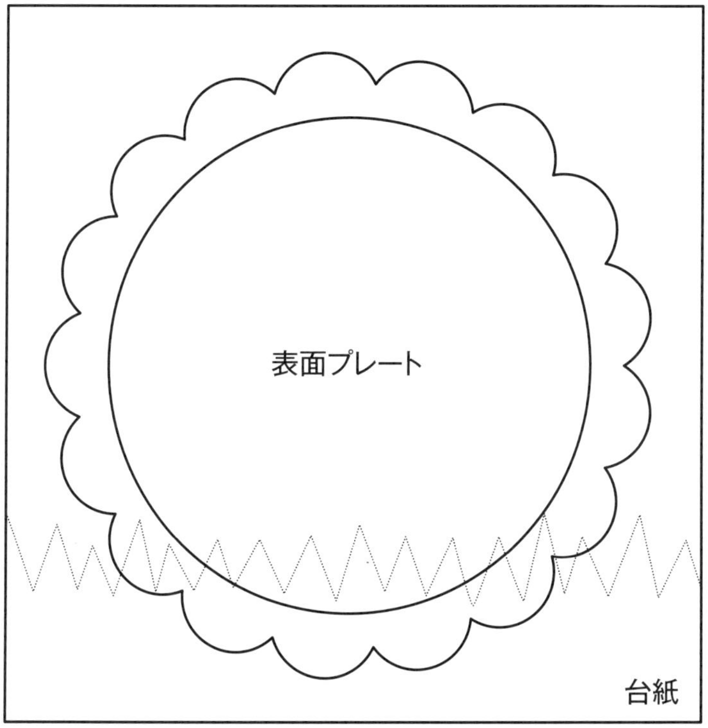
表面プレート
台紙

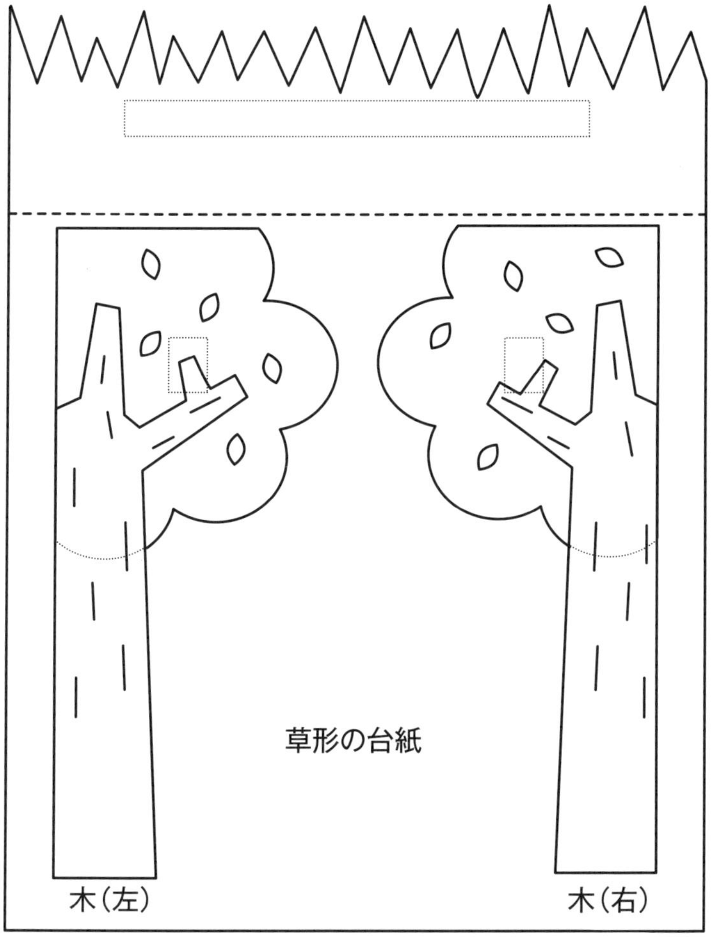
草形の台紙
木(左)
木(右)

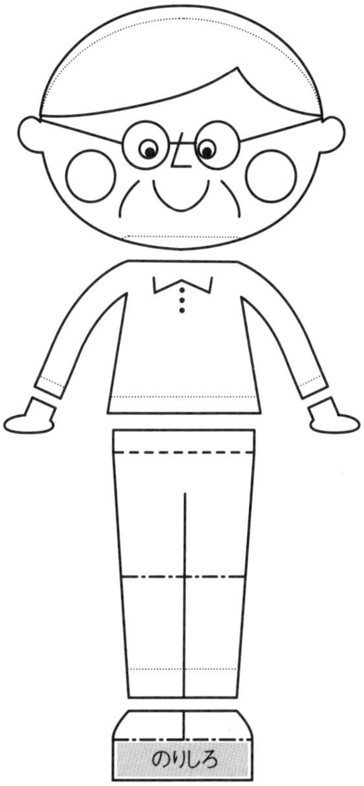
のりしろ

おじいちゃん

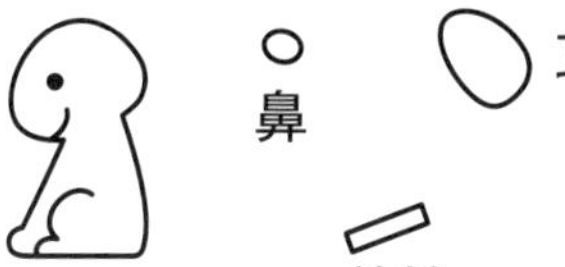

犬 鼻 耳 首輪 しっぽ

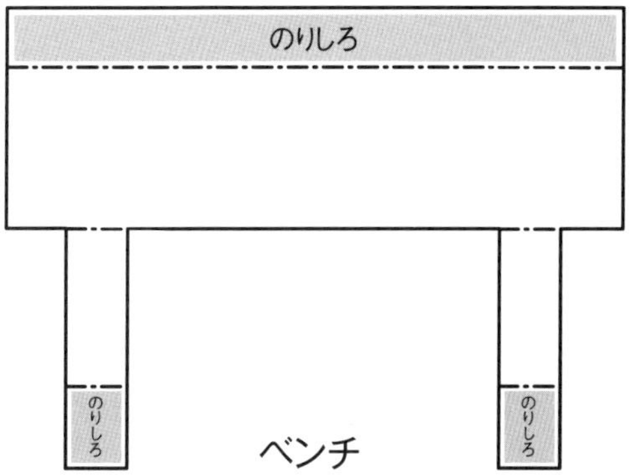
のりしろ
のりしろ
のりしろ

ベンチ

155%拡大

P.45 成長を伝えるビックリカード

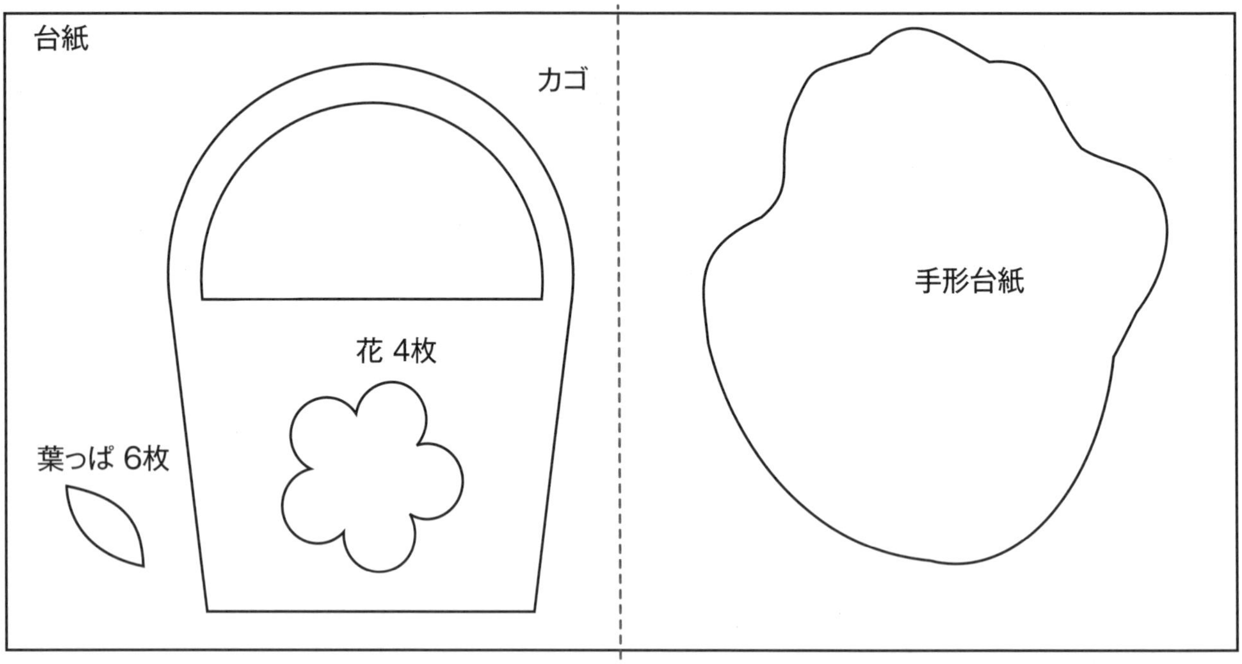
台紙
カゴ
花 4枚
葉っぱ 6枚
手形台紙

170%拡大

手形台紙のバネ 2枚

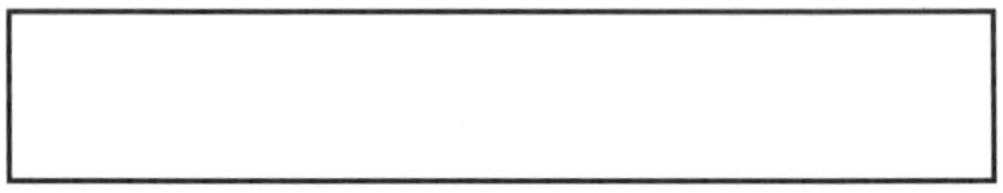

P.46 メダルのプログラム

【カード中面】

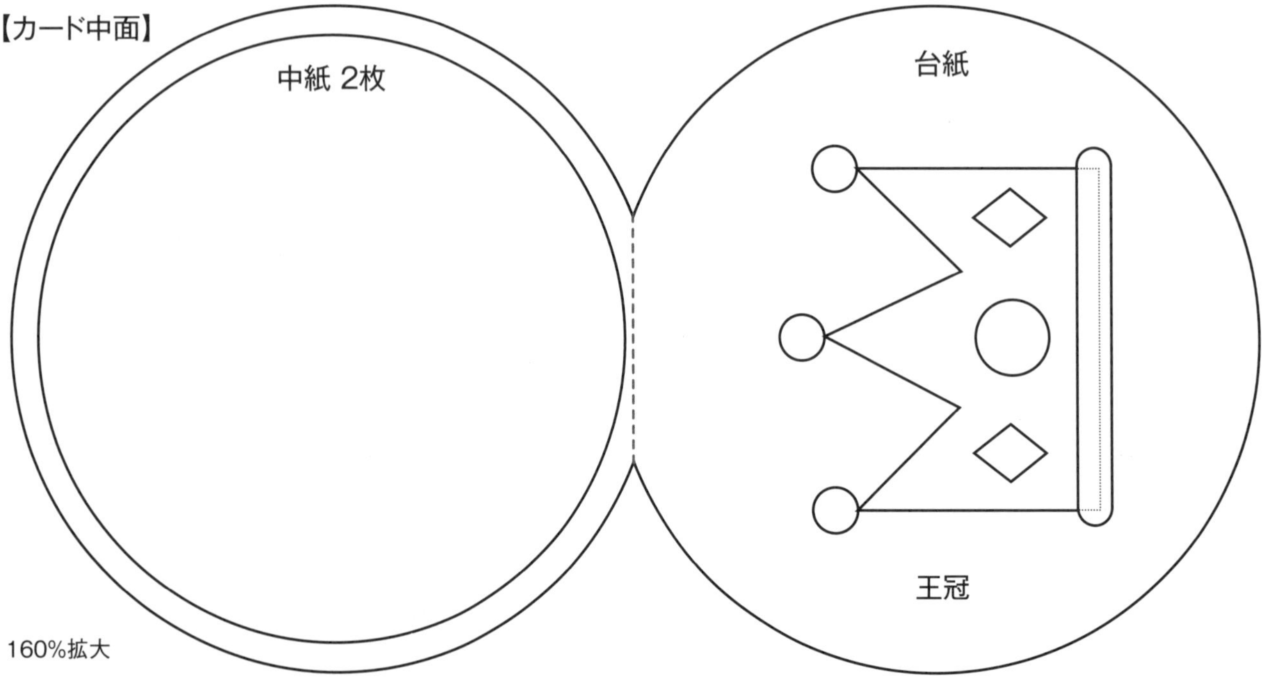
中紙 2枚
台紙
王冠

160%拡大

P.47 赤勝て、白勝て！ プログラム

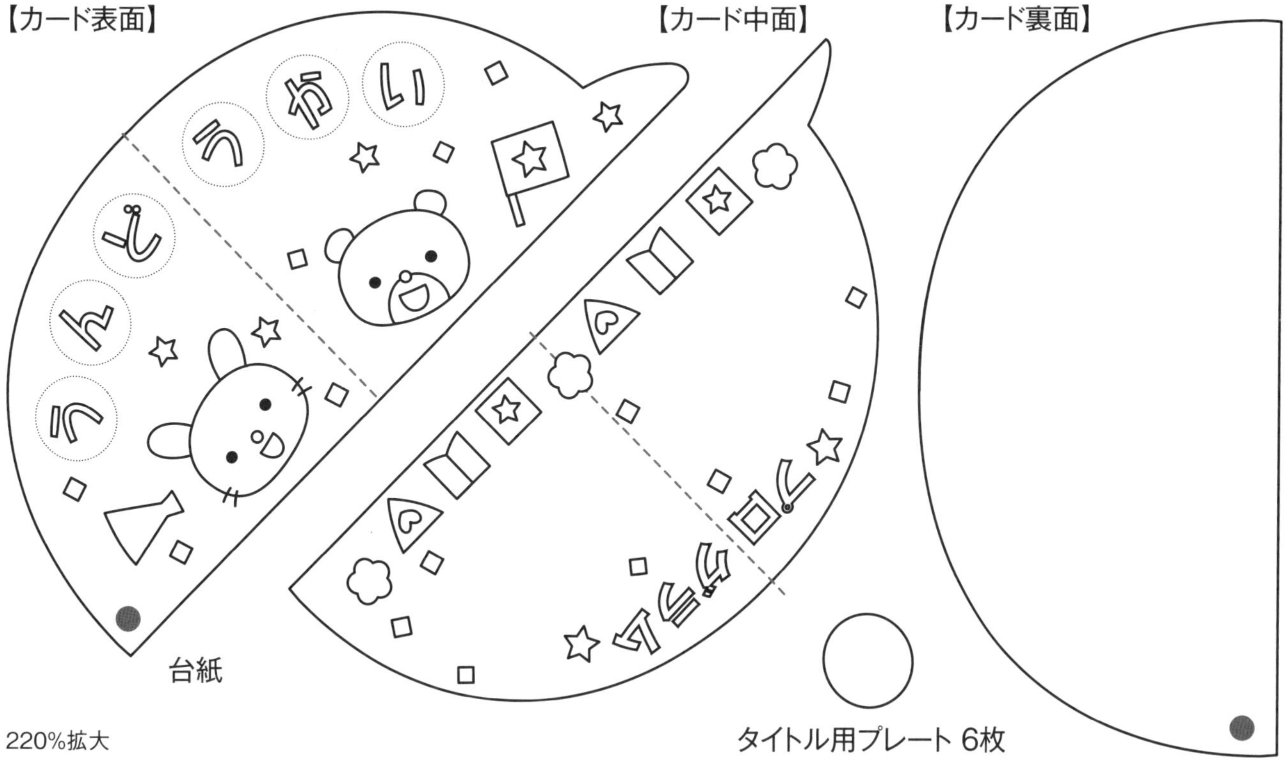
【カード表面】
【カード中面】
【カード裏面】
うんどうかい
プログラム
台紙
タイトル用プレート 6枚

220%拡大

P.48 うさぎとかめの徒競走

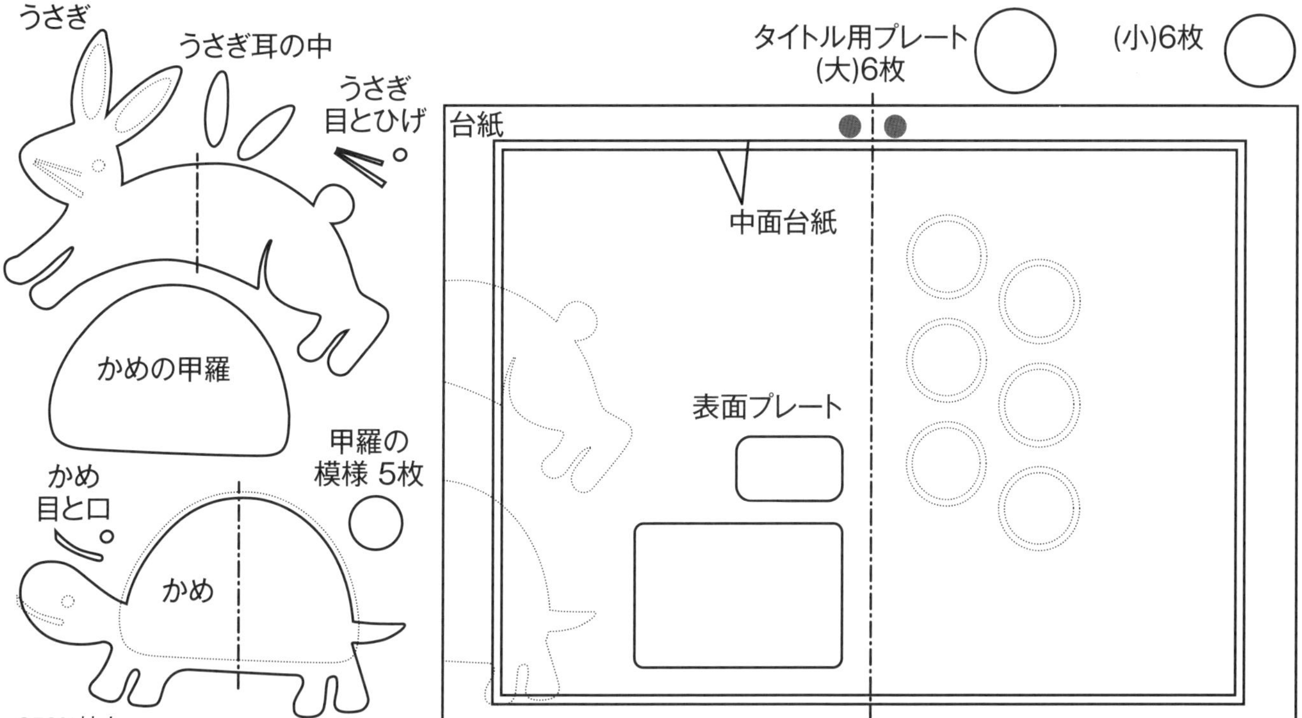
うさぎ
うさぎ耳の中
うさぎ
目とひげ
かめの甲羅
甲羅の
模様 5枚
かめ
目と口
かめ
タイトル用プレート
(大)6枚
(小)6枚
台紙
中面台紙
表面プレート

250%拡大

P.49 プログラムは涼しいうちわで

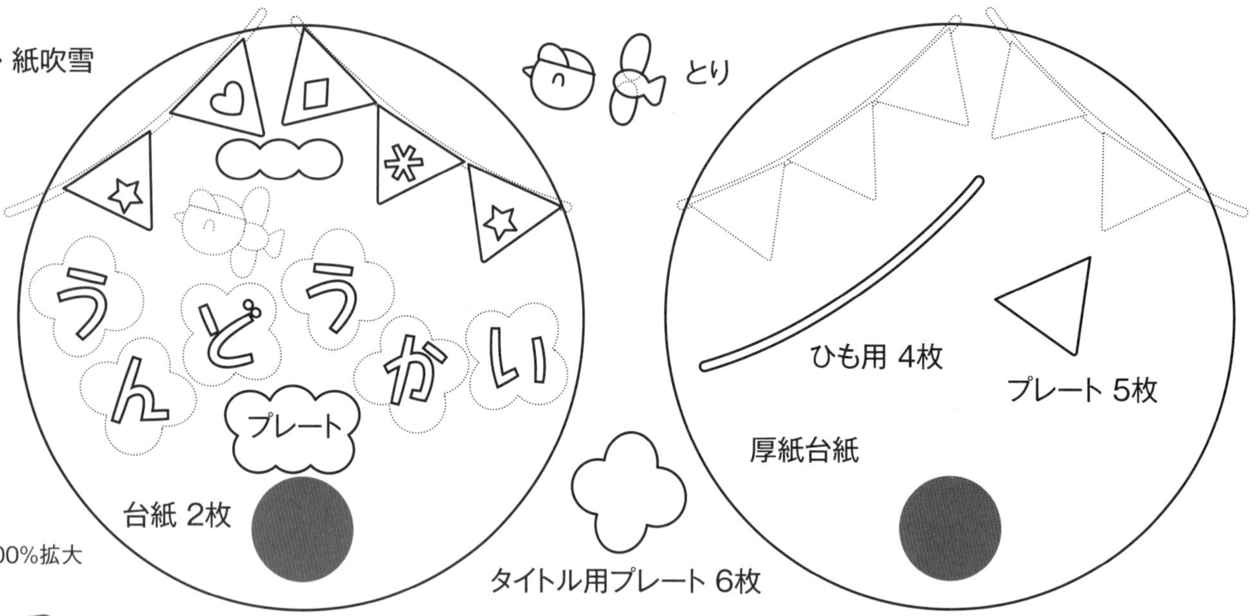
◇ 紙吹雪
とり
うんどうかい
プレート
台紙 2枚
ひも用 4枚
プレート 5枚
厚紙台紙
タイトル用プレート 6枚

200%拡大

P.50 主役はわたし！

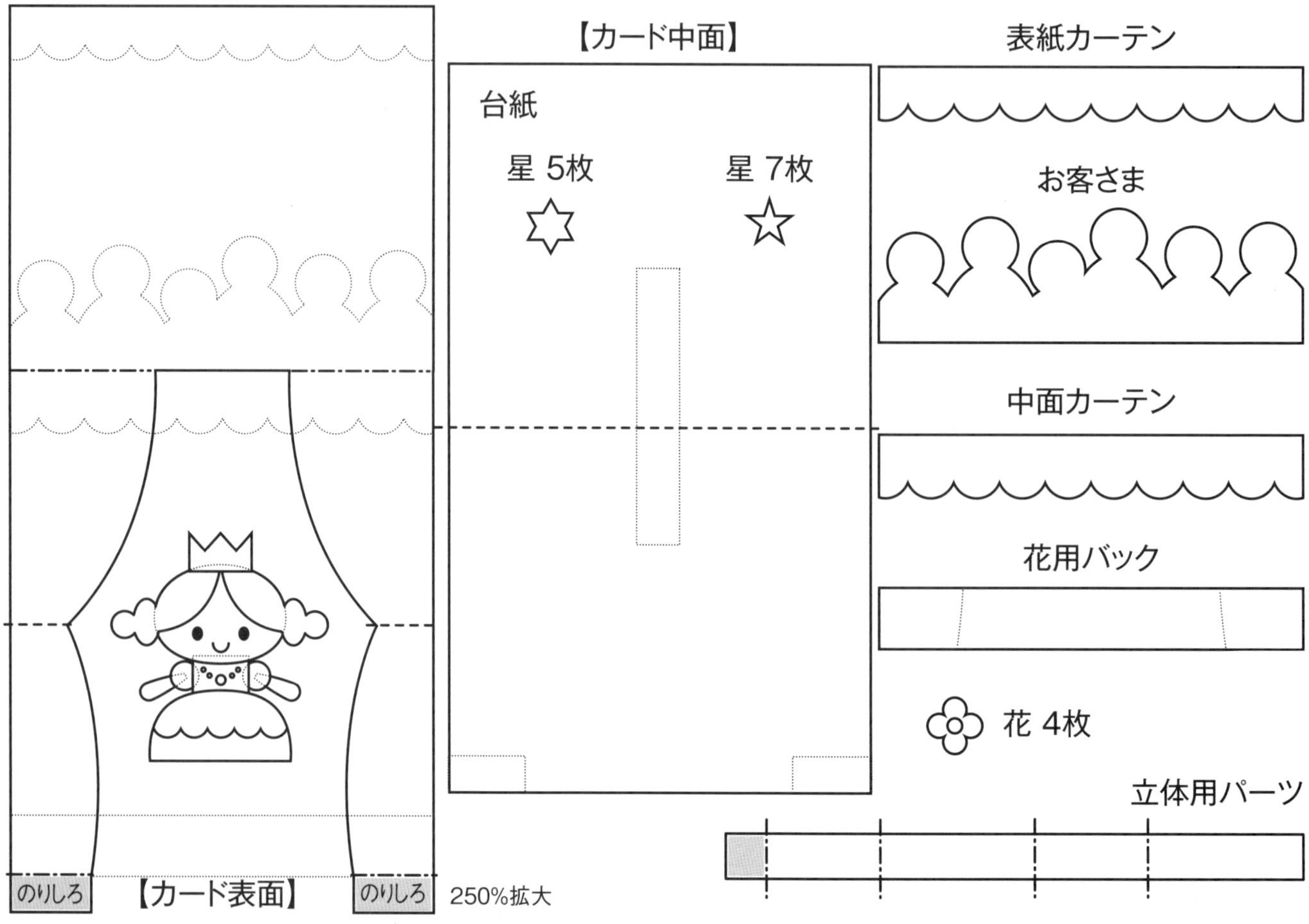
【カード中面】
台紙
星 5枚
星 7枚
表紙カーテン
お客さま
中面カーテン
花用バック
花 4枚
立体用パーツ
のりしろ
【カード表面】
のりしろ

250%拡大

P.51 なかよしピエロのプログラム

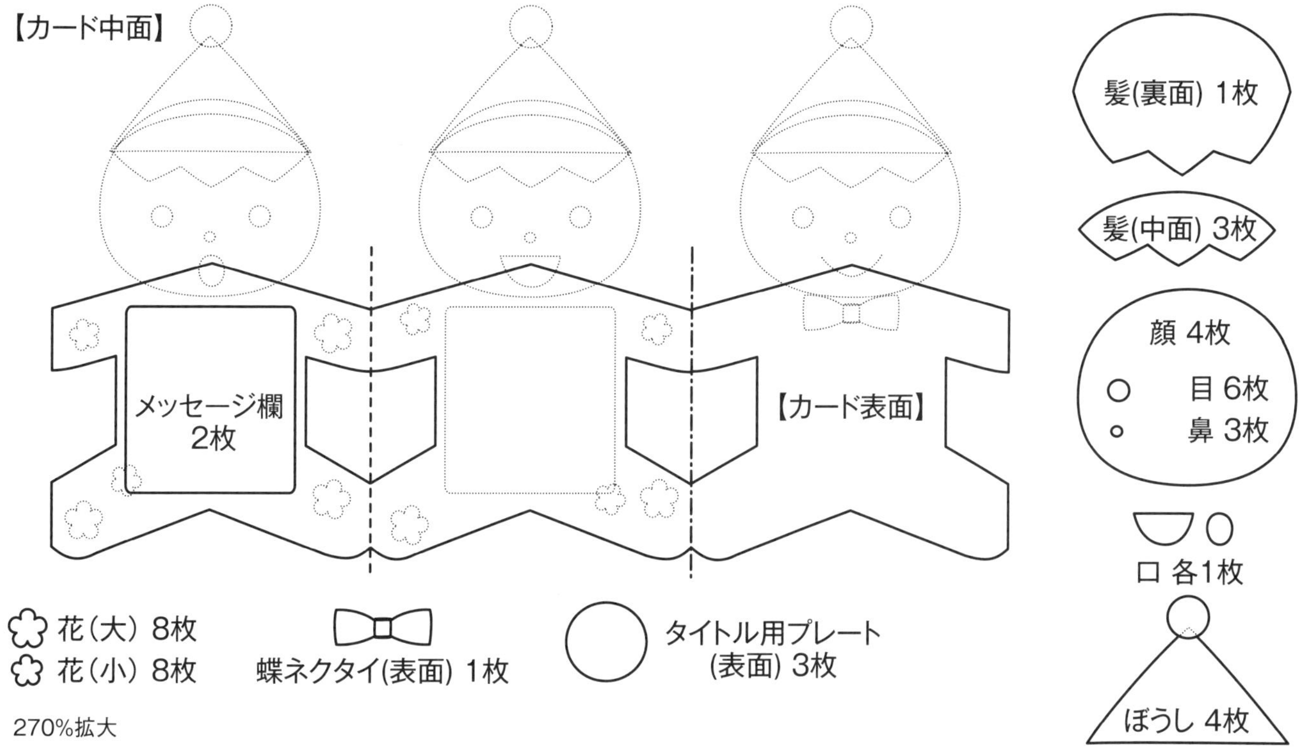
【カード中面】
メッセージ欄
2枚
【カード表面】
髪(裏面) 1枚
髪(中面) 3枚
顔 4枚
目 6枚
鼻 3枚
口 各1枚
ぼうし 4枚
花（大） 8枚
花（小） 8枚
蝶ネクタイ(表面) 1枚
タイトル用プレート
(表面) 3枚

270%拡大

P.52 バレリーナのかわいいダンス

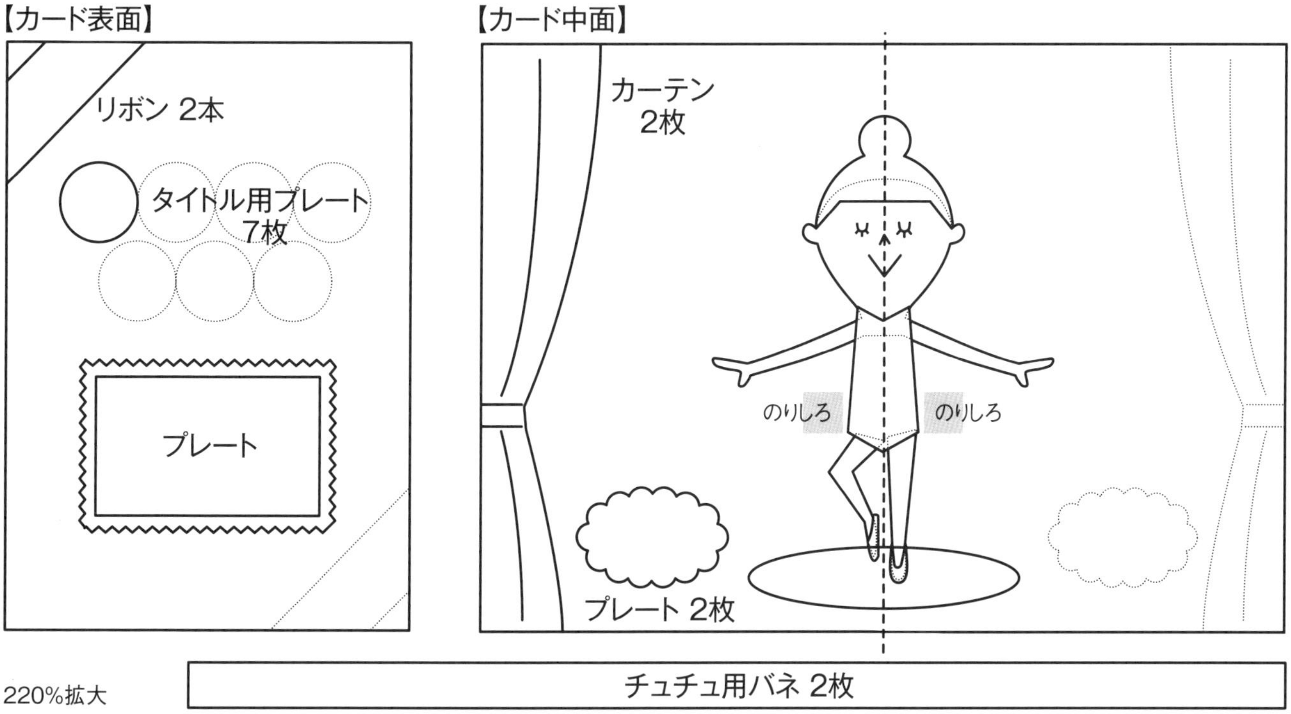
【カード表面】
リボン 2本
タイトル用プレート
7枚
プレート
【カード中面】
カーテン
2枚
のりしろ
のりしろ
プレート 2枚
チュチュ用バネ 2枚

220%拡大

P.52 アコーディオンの軽快な音色

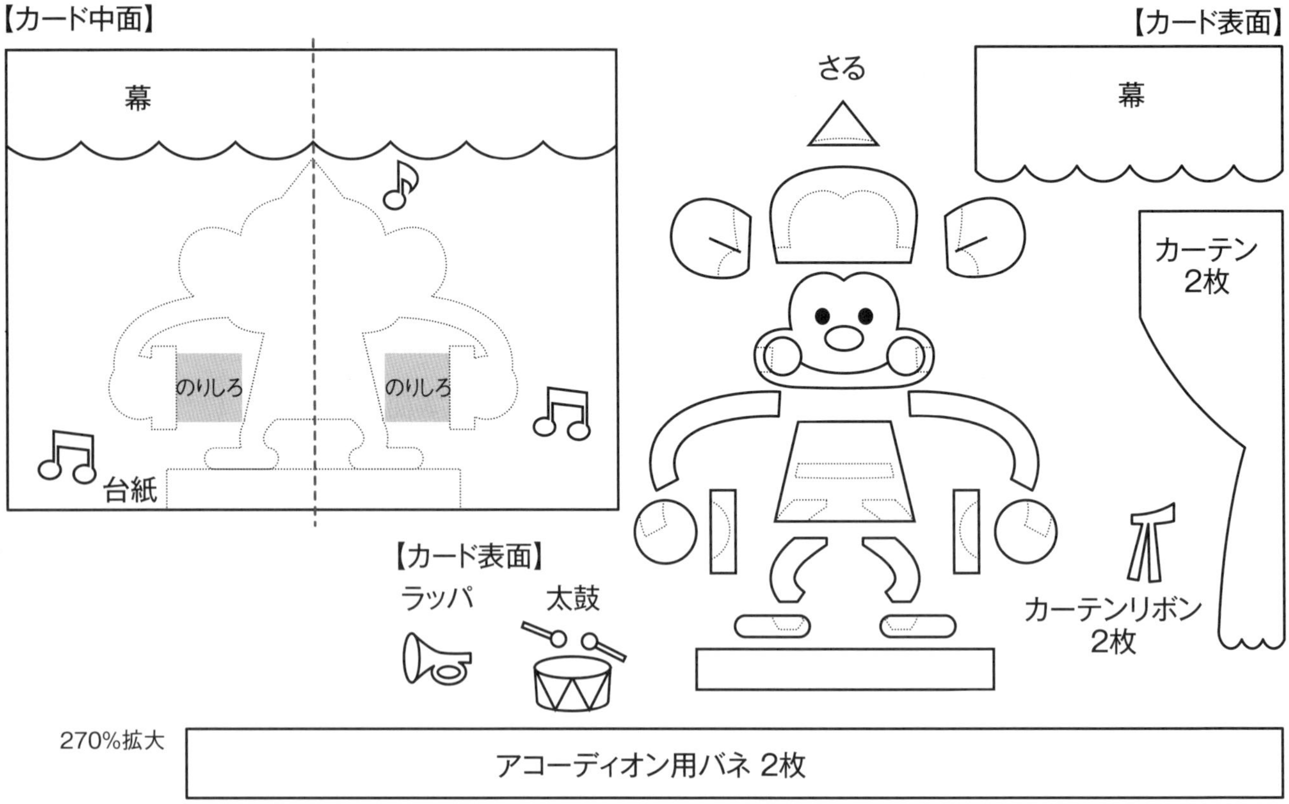
【カード中面】
幕
のりしろ
のりしろ
台紙
【カード表面】
さる
【カード表面】
幕
カーテン
2枚
カーテンリボン
2枚
【カード表面】
ラッパ
太鼓
270%拡大
アコーディオン用バネ 2枚

P.53 ピアノを奏でるうさぎさん

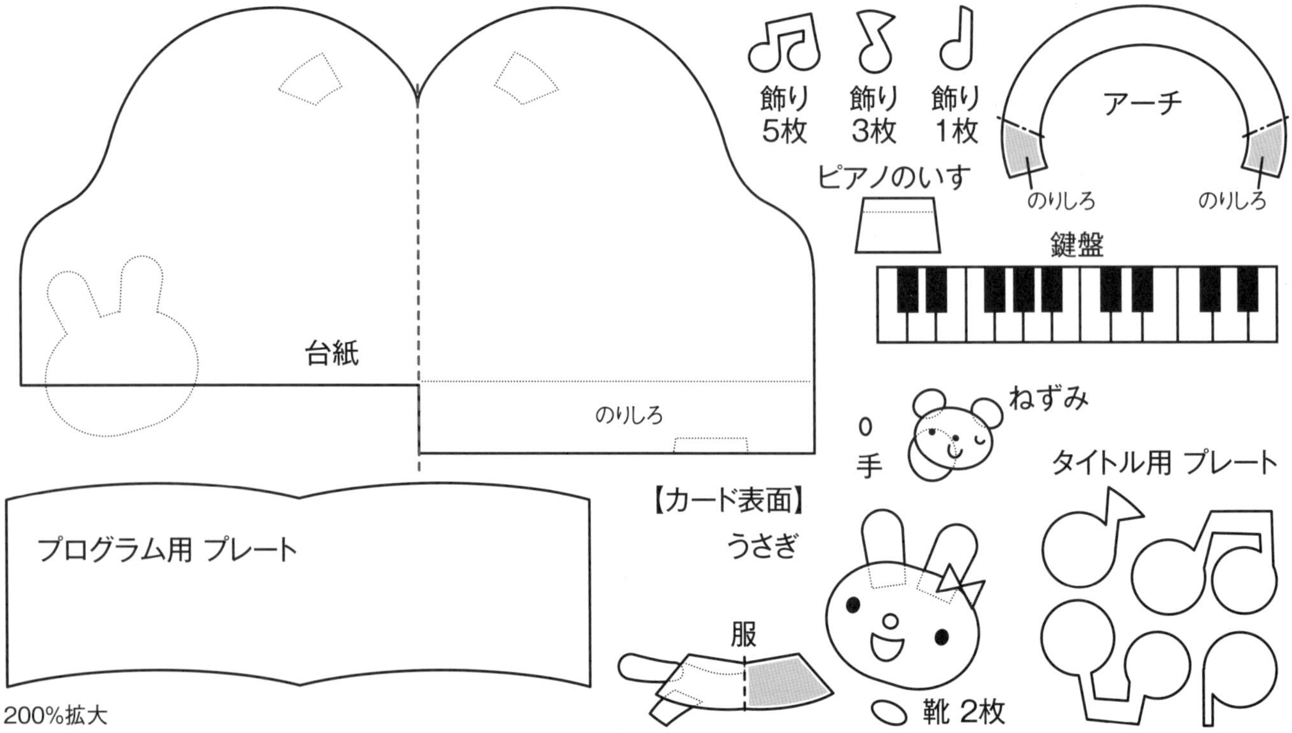
飾り
5枚
飾り
3枚
飾り
1枚
アーチ
のりしろ
のりしろ
ピアノのいす
鍵盤
台紙
のりしろ
ねずみ
手
タイトル用 プレート
プログラム用 プレート
【カード表面】
うさぎ
服
靴 2枚
200%拡大

P.54 飛び出す絵の具！

【カード中面】

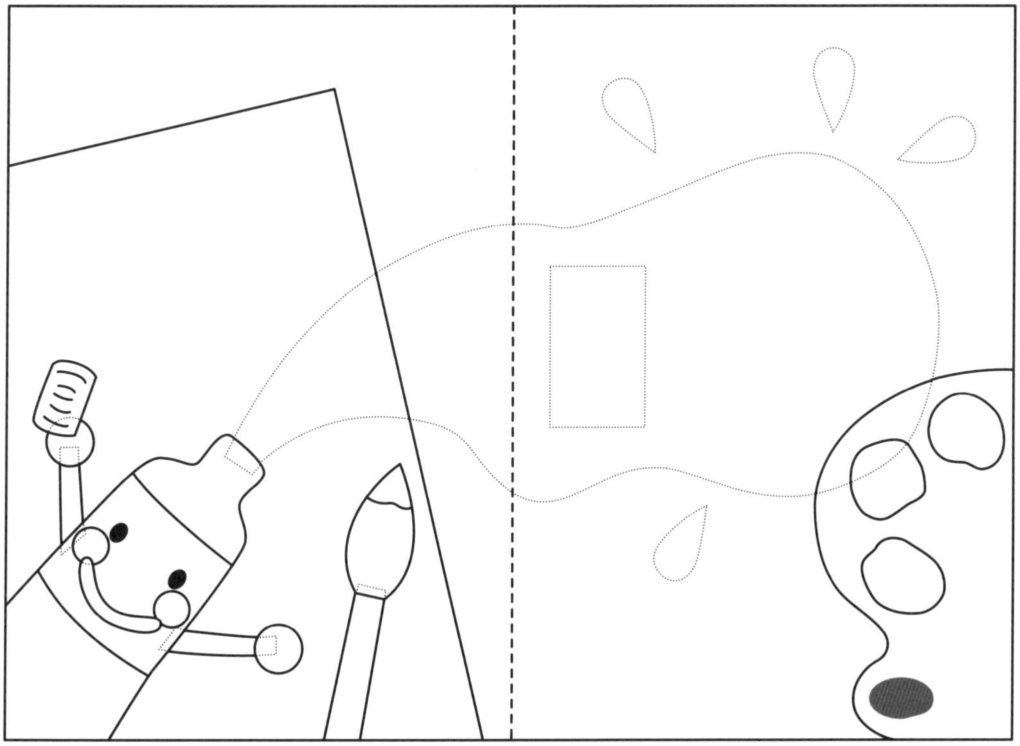

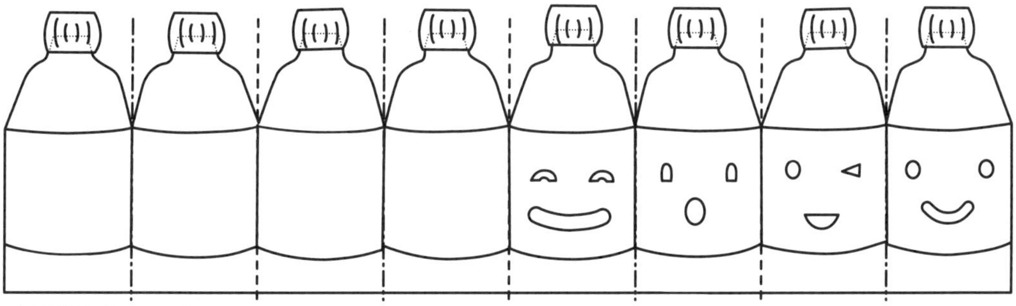

表面用チューブ※一番左のチューブを型紙にして、8枚になるようにじゃばら折りにして切り抜く

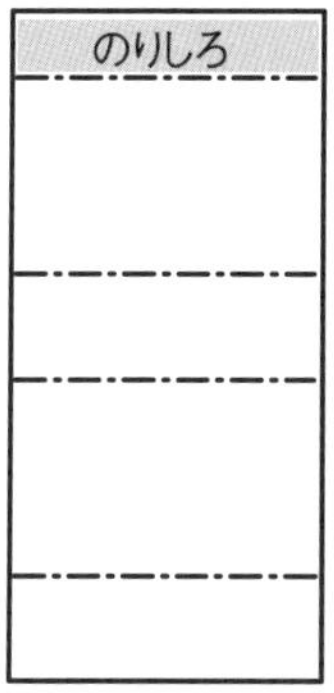
のりしろ

立体用パーツ

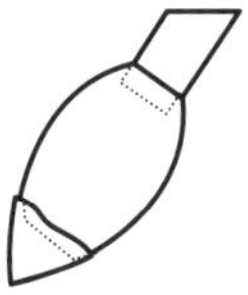

メッセージ用
プレート

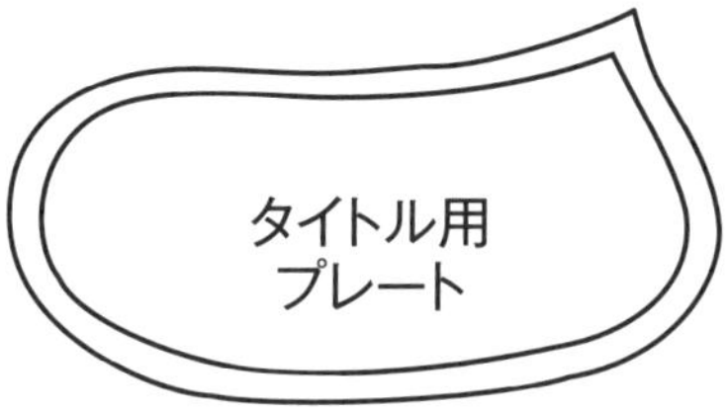
タイトル用
プレート

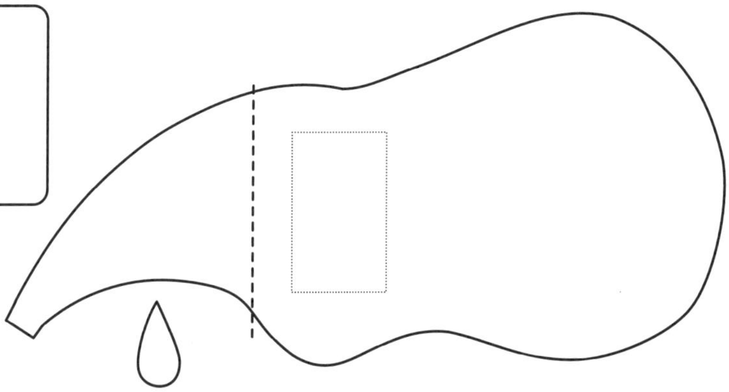

水滴 4枚

180%拡大

P.55 美術館へ行こう

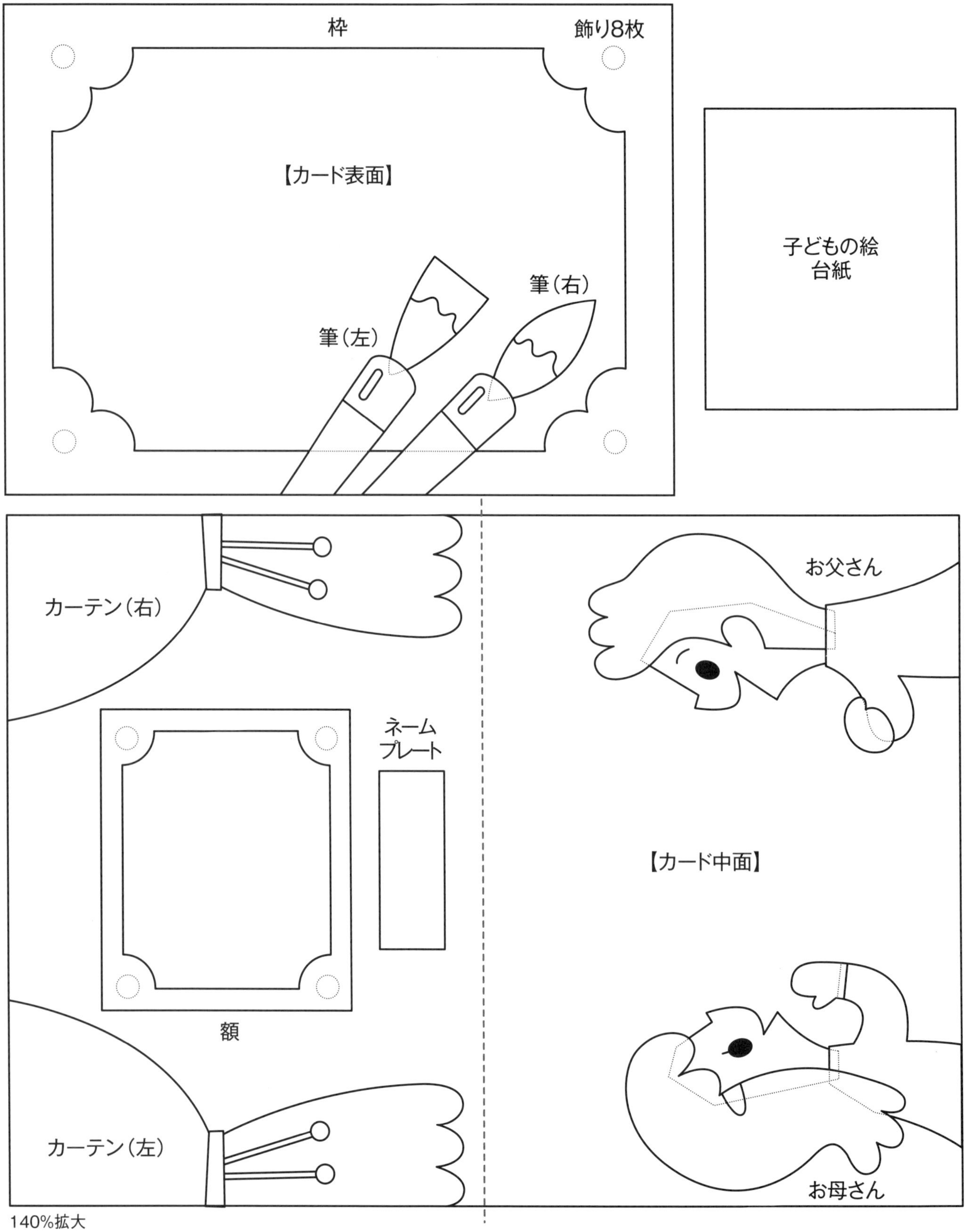
枠
飾り8枚
【カード表面】
筆（右）
筆（左）
子どもの絵
台紙
お父さん
カーテン（右）
ネーム
プレート
【カード中面】
額
カーテン（左）
お母さん

140%拡大

P.56 虫カゴから聞こえる秋

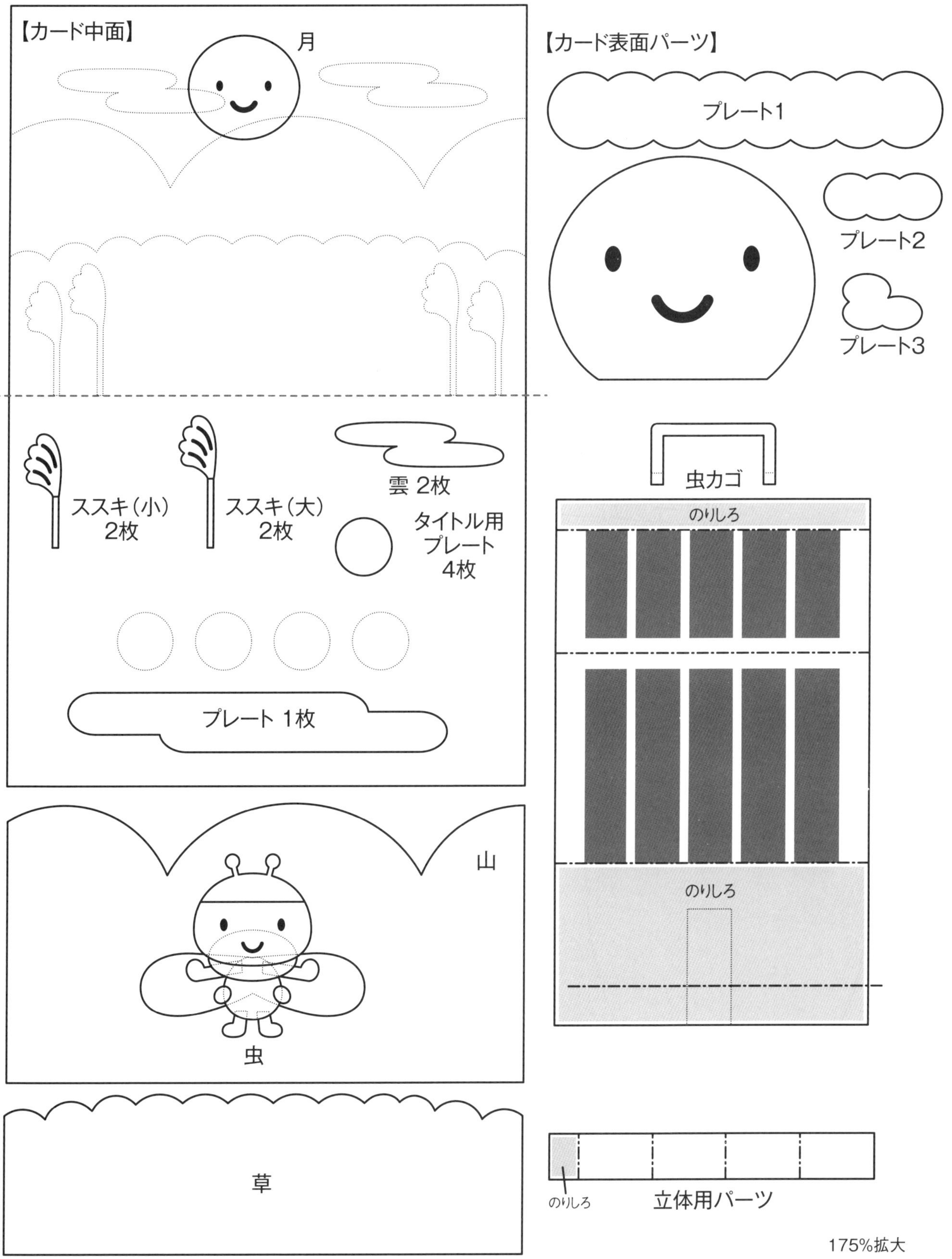

【カード中面】
月
ススキ（小）
2枚
ススキ（大）
2枚
雲 2枚
タイトル用
プレート
4枚
プレート 1枚
山
虫
草
【カード表面パーツ】
プレート1
プレート2
プレート3
虫カゴ
のりしろ
のりしろ
のりしろ
立体用パーツ

175%拡大

P.57 カボチャの招待状

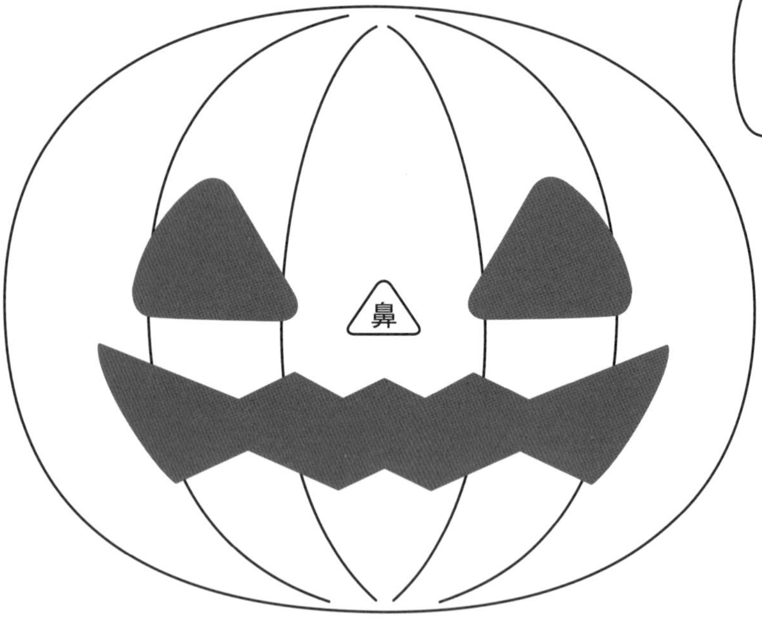
鼻

【カード表面】

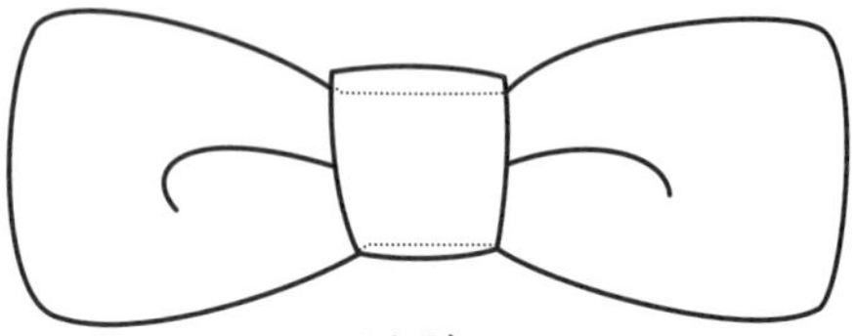

リボン

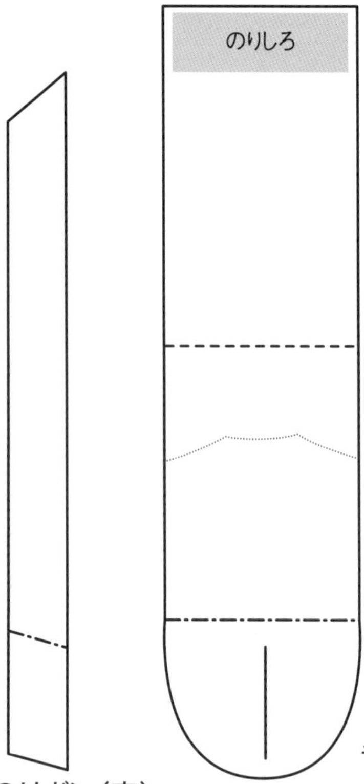
のりしろ
舌

帽子のリボン（表）

星（大）2枚
星（小）5枚

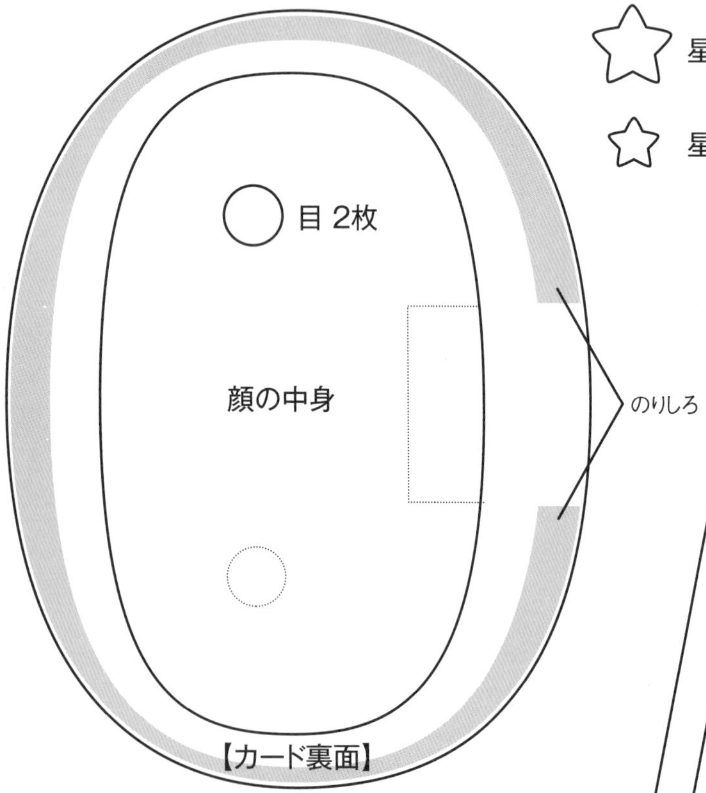
目 2枚
顔の中身
のりしろ

【カード裏面】

おしらせ

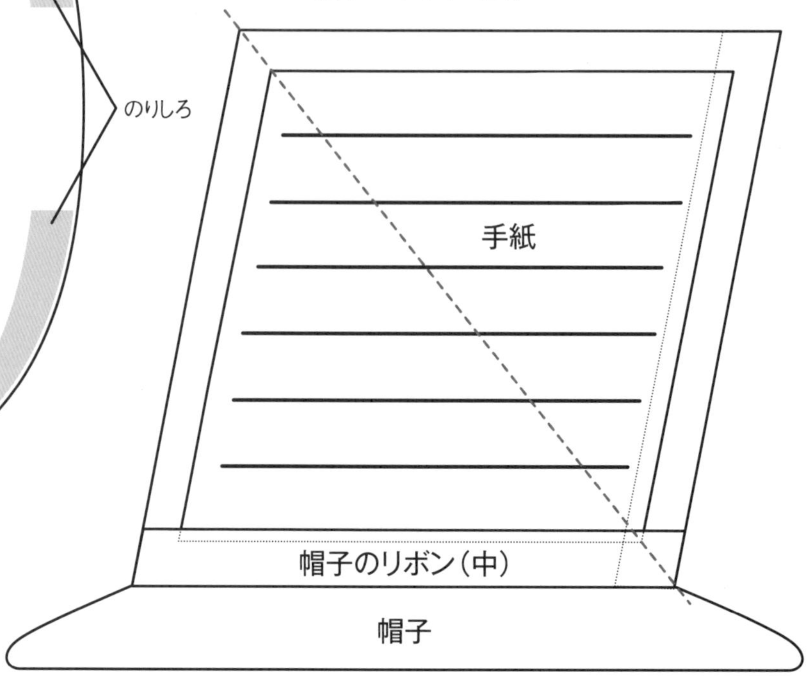
手紙
帽子のリボン（中）
帽子

125%拡大

P.57 おばけのパーティー

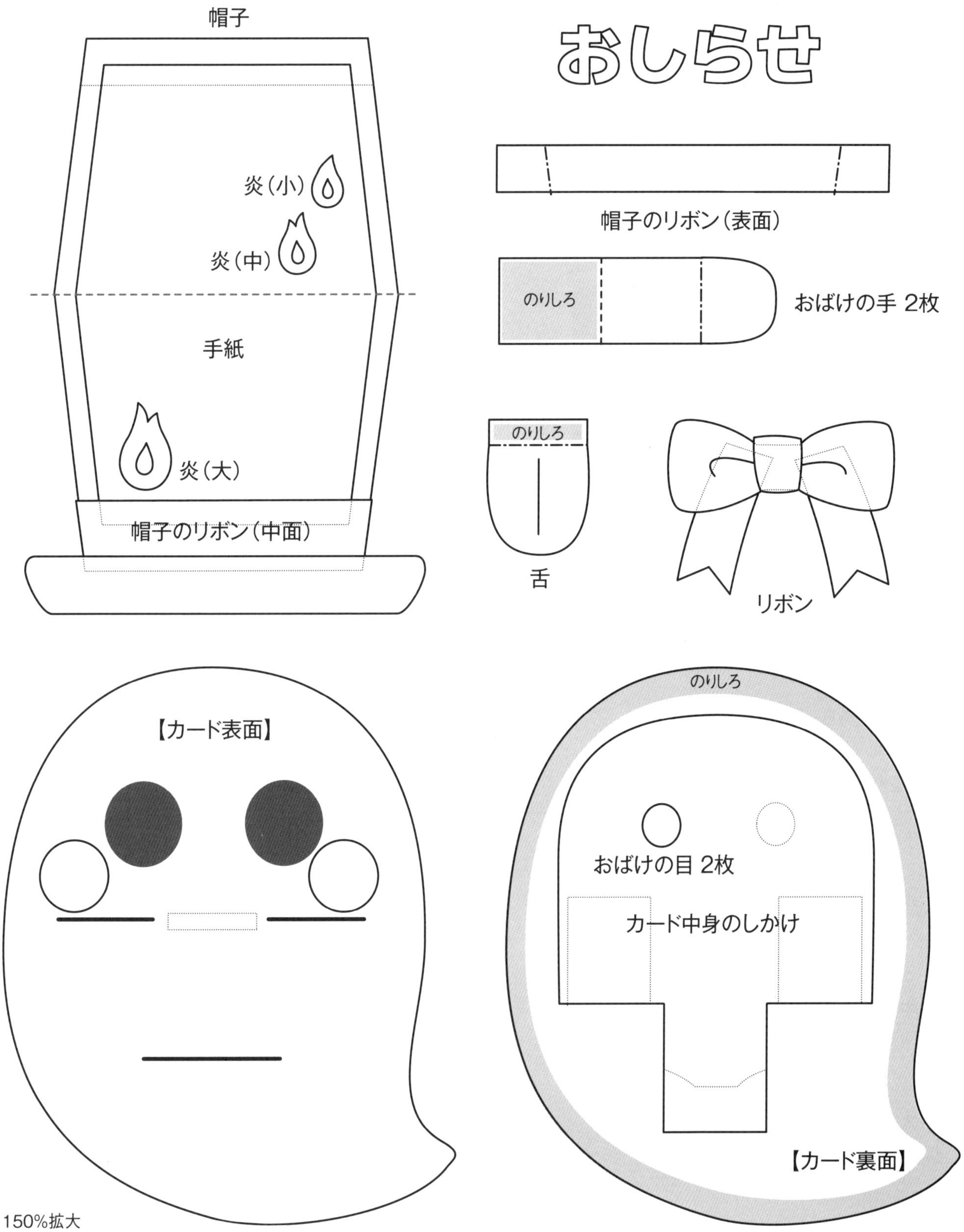
帽子
おしらせ
炎（小）
炎（中）
手紙
炎（大）
帽子のリボン（中面）
帽子のリボン（表面）
のりしろ
おばけの手 2枚
のりしろ
舌
リボン
【カード表面】
のりしろ
おばけの目 2枚
カード中身のしかけ
【カード裏面】

150%拡大

P.58

飛び出すクリスマスケーキ

【カード中面】

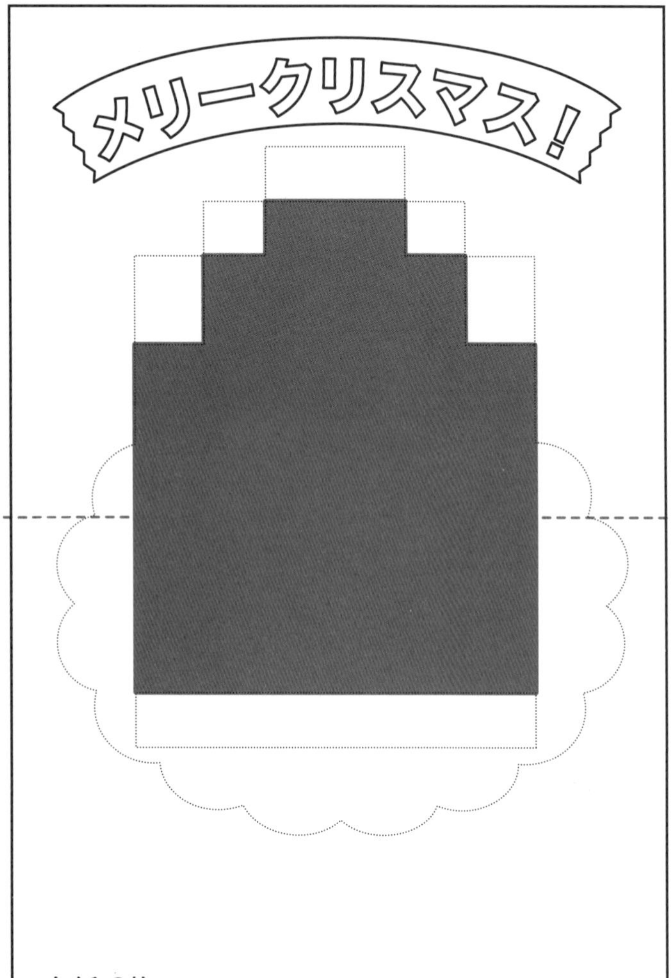

台紙 2枚 ※型抜きは1枚のみ

【カード表面】

表面飾り

名前用プレート

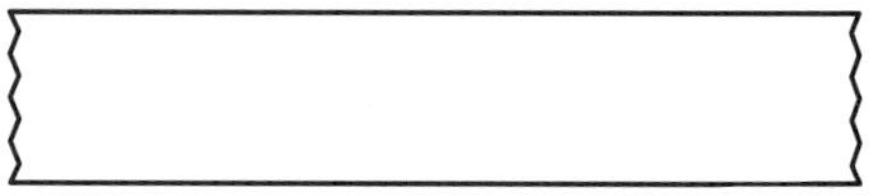

ケーキ

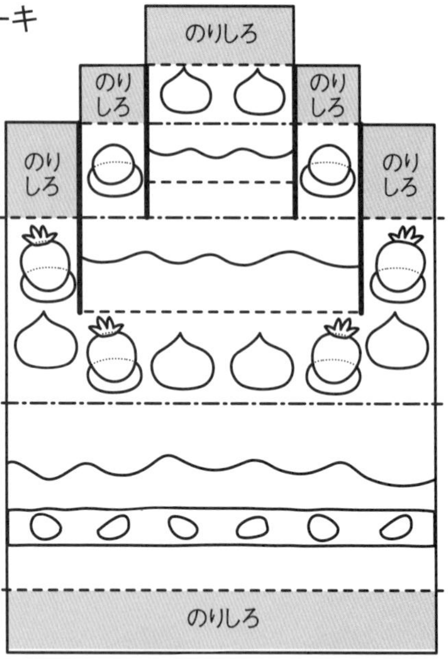

小ろうそく 2枚

中ろうそく

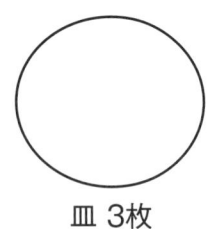

大ろうそく 2枚

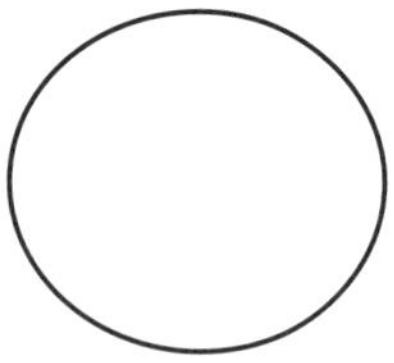

皿 3枚

フォーク 3枚

レースペーパー

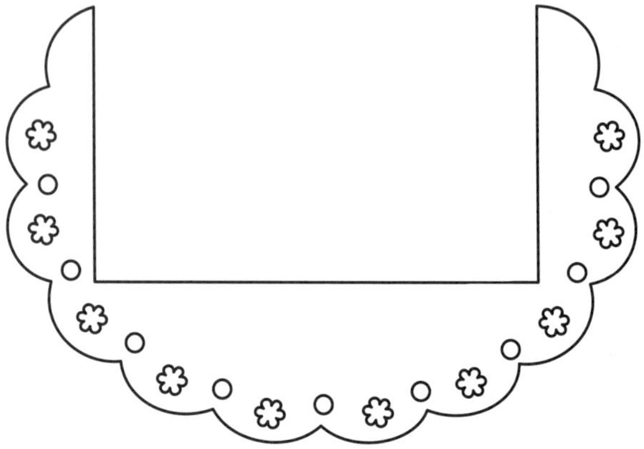

200%拡大

P.59 プレゼントツリー

ツリーの飾り（星）9枚
ツリーの飾り（丸）12枚
靴下（小）
サンタクロース
プレゼント
包装紙の柄
8枚
靴下（大）
メリー
クリスマス
ツリー本体
雪だるま

115%拡大

P.60 箱の中身は何だろう？

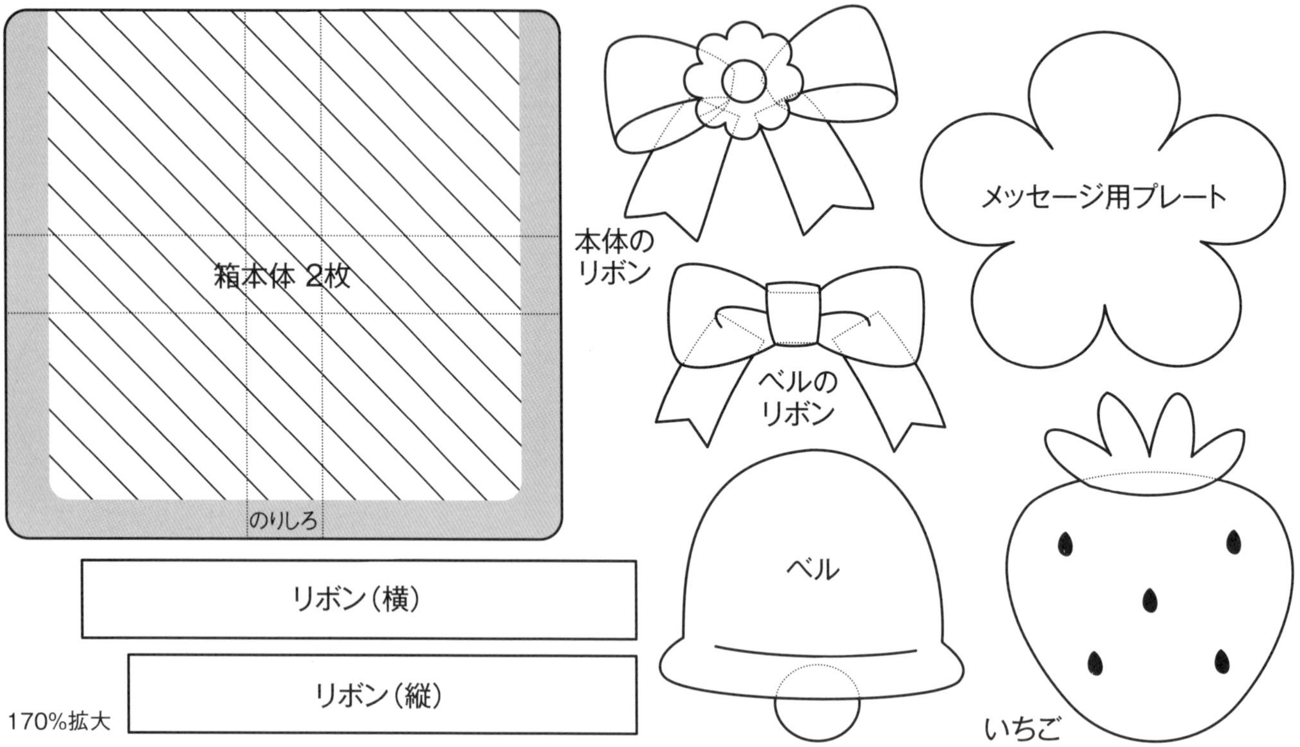

本体の
リボン
メッセージ用プレート
箱本体 2枚
ベルの
リボン
のりしろ
ベル
リボン（横）
リボン（縦）
いちご

170%拡大

P.60 靴下からプレゼント

【カード表面】

170%拡大

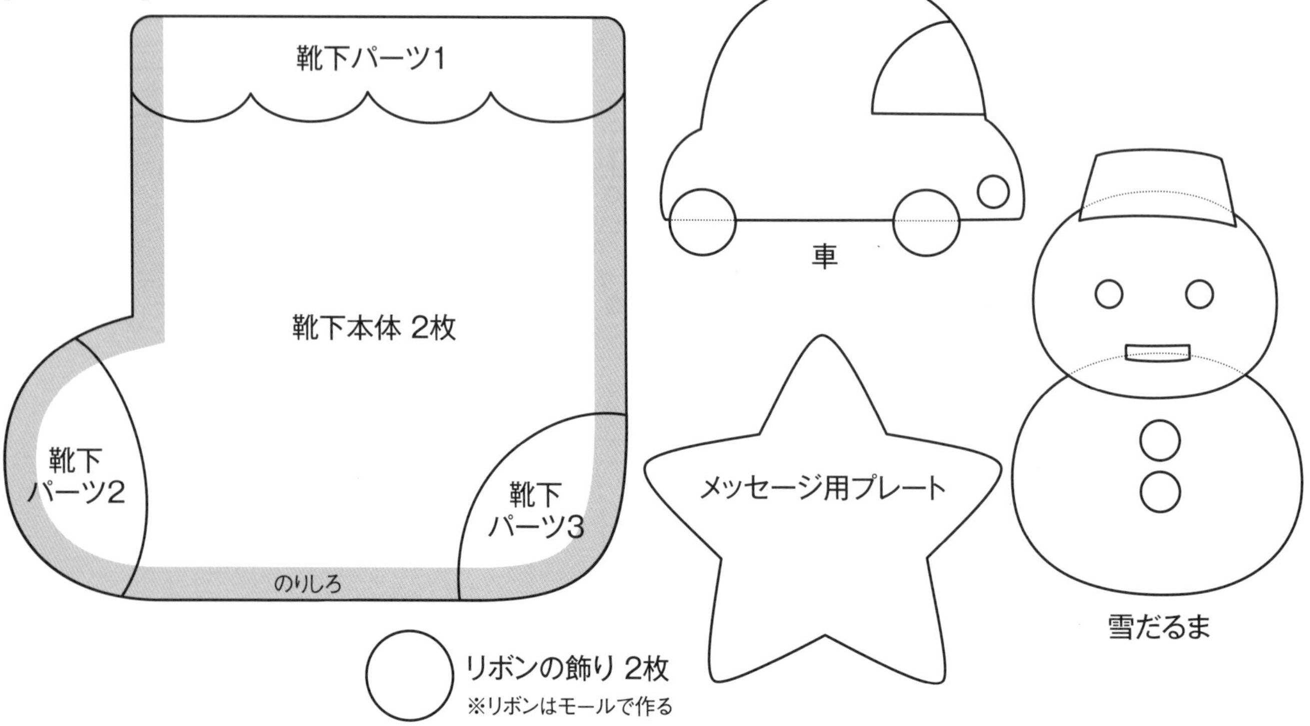

靴下パーツ1
車
靴下本体 2枚
靴下
パーツ2
メッセージ用プレート
靴下
パーツ3
のりしろ
雪だるま
リボンの飾り 2枚
※リボンはモールで作る

サンタさんがやってくる

130%拡大

サンタクロース

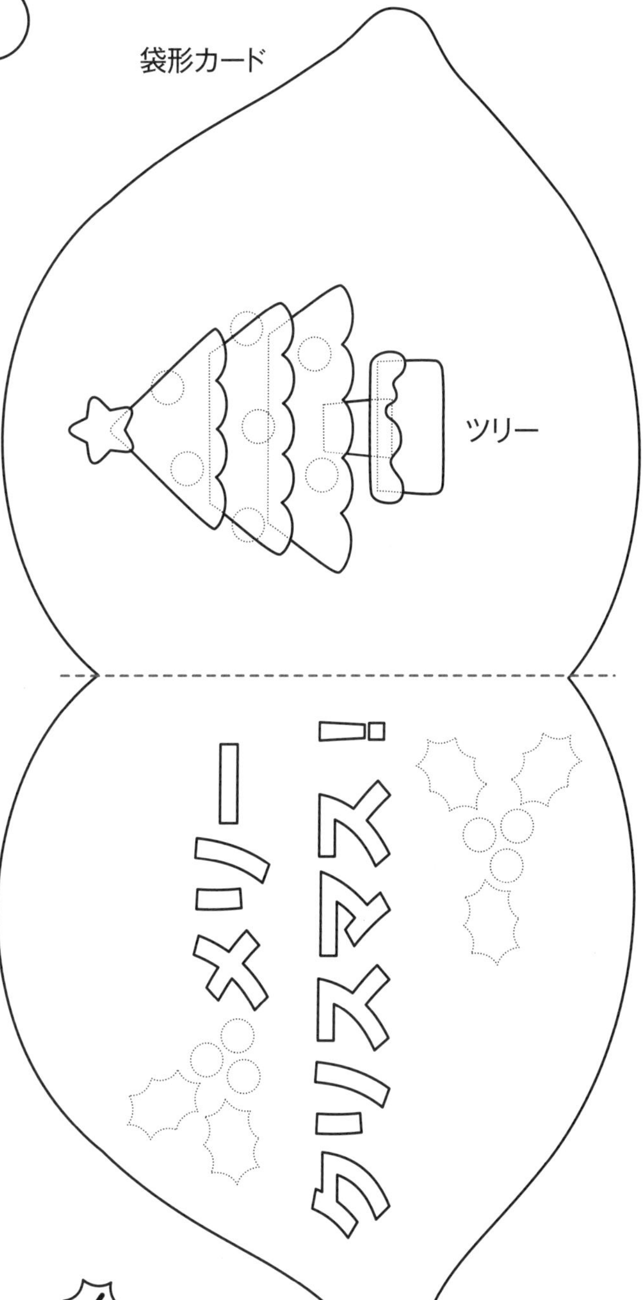

表紙用飾り

ヒイラギ 5枚

○飾り用パーツ（丸）13枚

P.61 クルッと回るリース

【カード表面】

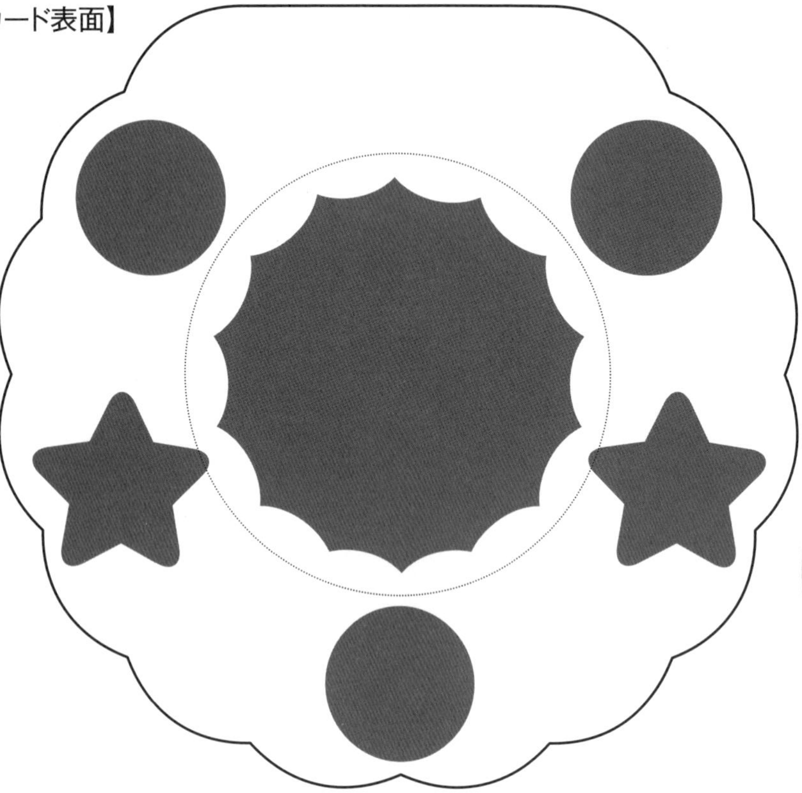

メリー
クリスマス

表面センター裏はり用

【カード中面】

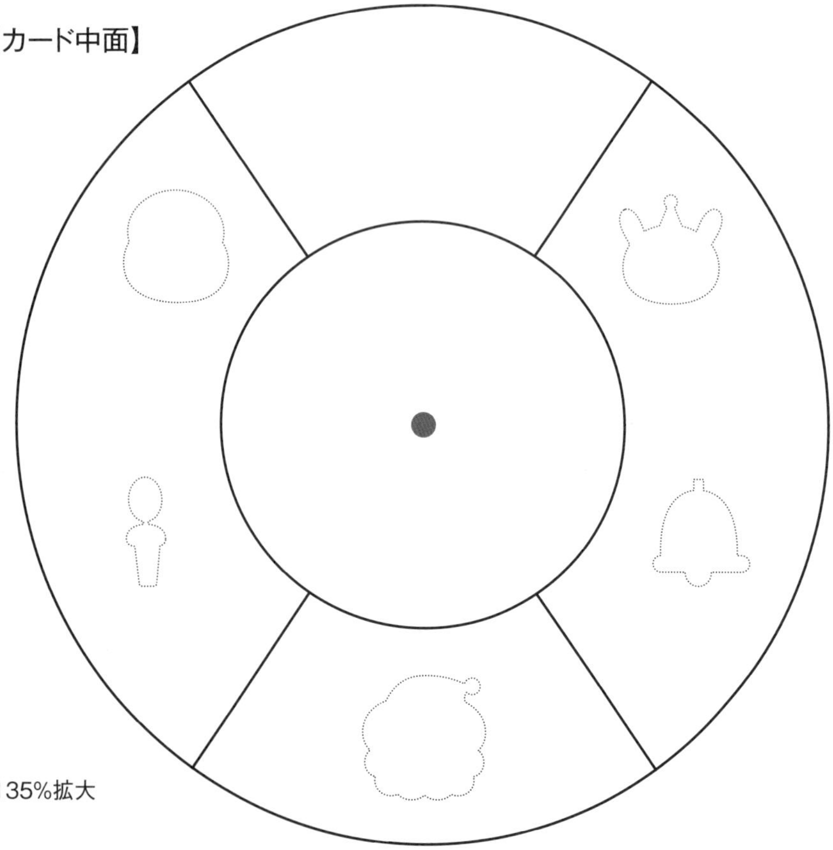

天使
うさぎ
ベル
ろうそく
サンタ

135%拡大

P.62 年賀状

すべての型紙が145%拡大でハガキサイズになります。

お正月何して遊ぶ?

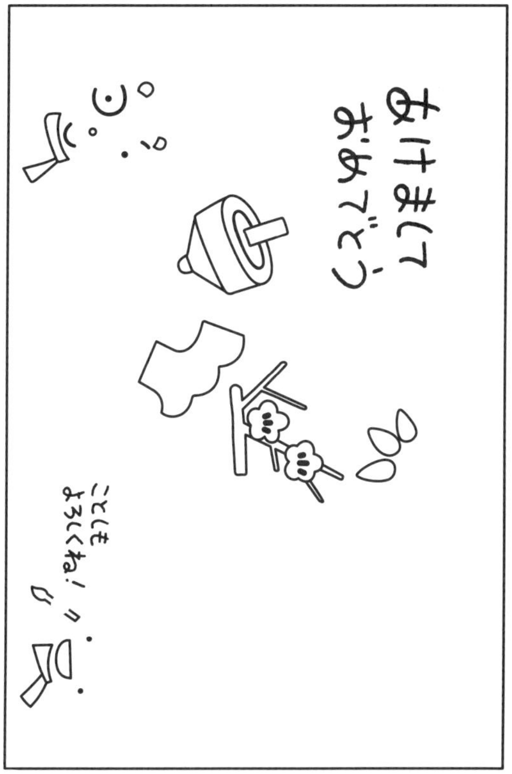
あけまして
おめでとう
ことしも
よろしくね!

左の面でステンシルをして、右の面で線などを描いて下さい。

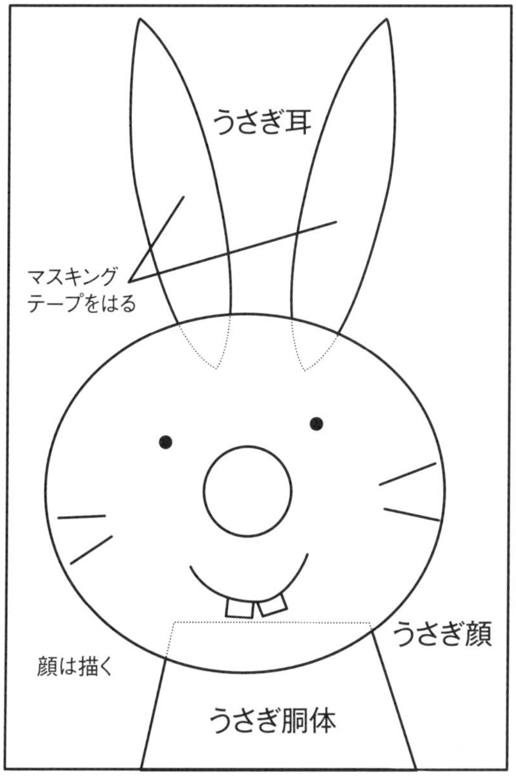
うさぎ耳
マスキングテープをはる
うさぎ顔
顔は描く
うさぎ胴体

カラフルなうさぎさん

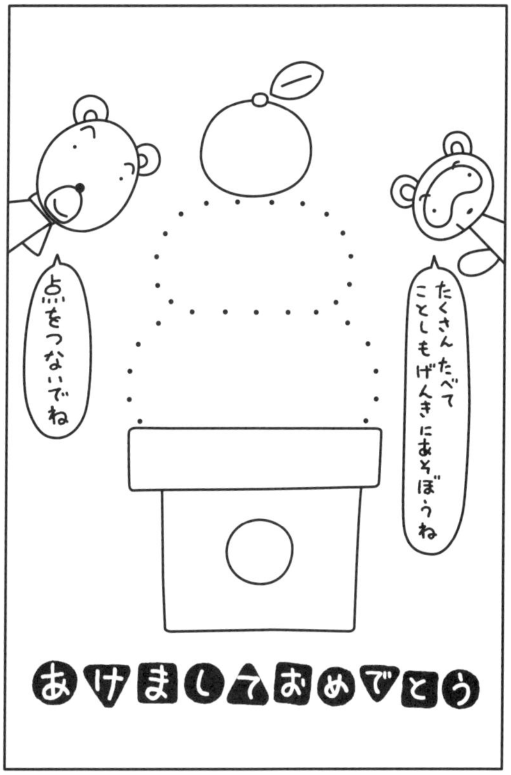
点をつないでね
たくさんたべて ことしも げんきに あそぼうね
あけましておめでとう

お供え点つなぎ

P.63 年賀状

すべての型紙が130%拡大でハガキサイズになります。

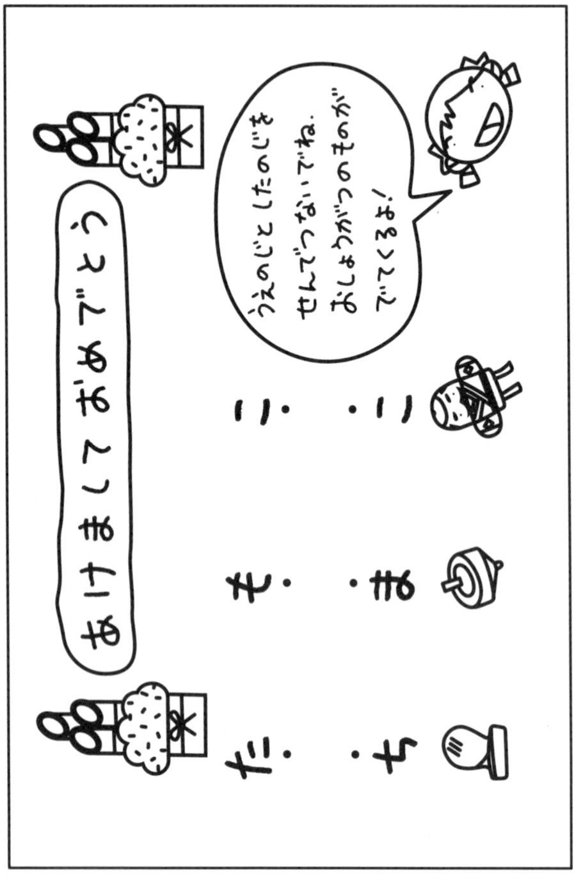

お正月言葉あそび

ゆかいなあみだくじ

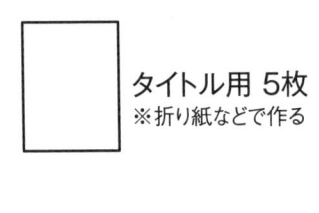

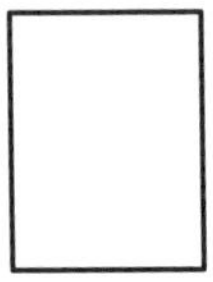

タイトル用 5枚
※折り紙などで作る

ねずみ

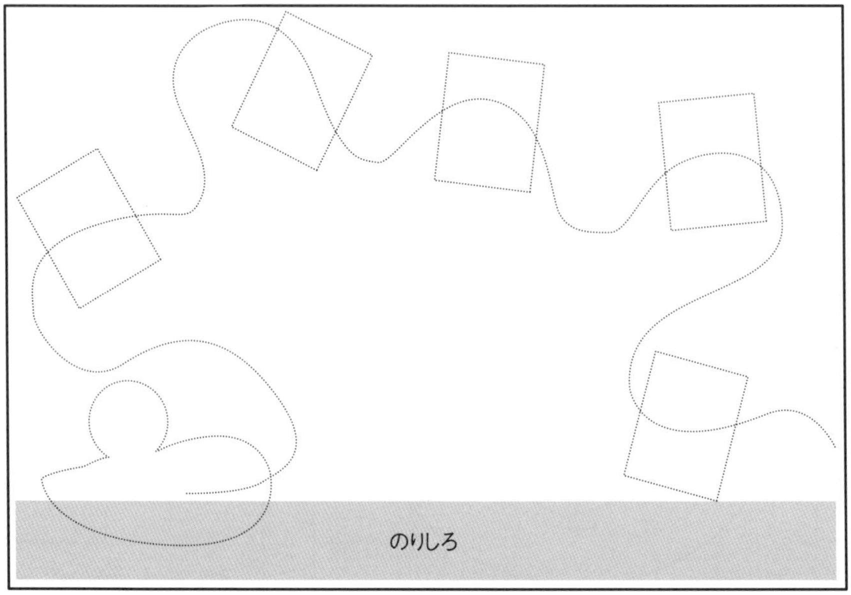

飾り紙（マスキングテープなど）

しっぽの長いねずみ

十二支の年賀状

すべての型紙が200%拡大でハガキサイズになります。

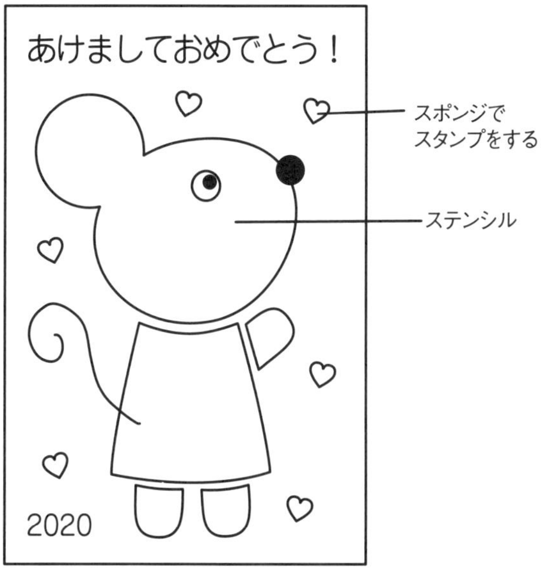
あけましておめでとう！
スポンジでスタンプをする
ステンシル
2020

ねずみ

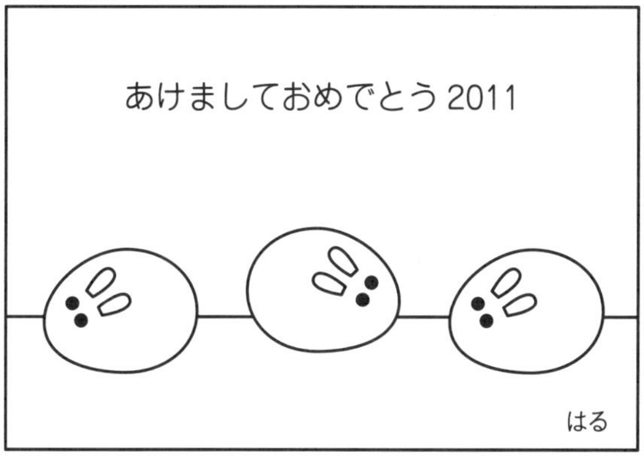
あけましておめでとう 2011
はる

うさぎ

うさぎの体と耳ははる

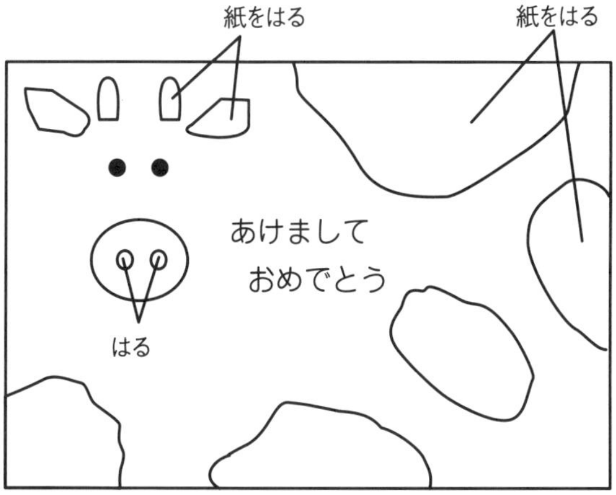
紙をはる
紙をはる
あけまして
おめでとう
はる

うし

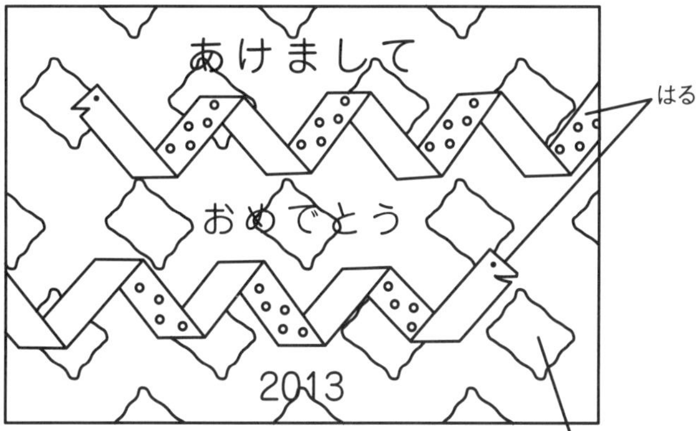
あけまして
おめでとう
2013
はる

へび　へびの体は細長く切った紙を折って作る
模様は描く

地の模様はスポンジでスタンプをする

あけまして
おめでとう！

とら

模様はひもでスタンプをする

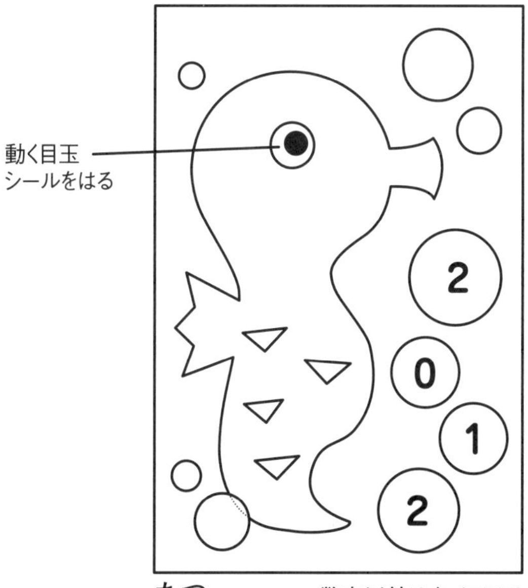
動く目玉シールをはる
2
0
1
2

たつ

数字以外はすべてはる

P.65 十二支の年賀状

すべての型紙が200%拡大でハガキサイズになります。

あけまして
おめでとう

うま　うまの目以外はすべてはる

あけまして
おめでとう！
2017

とり　すべてはる

あけまして
おめでとう

ひつじ　ひつじの体の形にスポンジを切ってスタンプをする

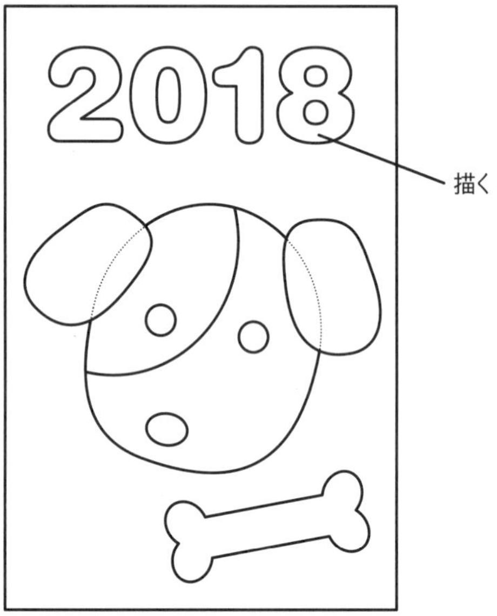
2018
描く

いぬ　厚紙をはって犬の顔を作り、スタンプをする
骨も厚紙で作り、スタンプをする

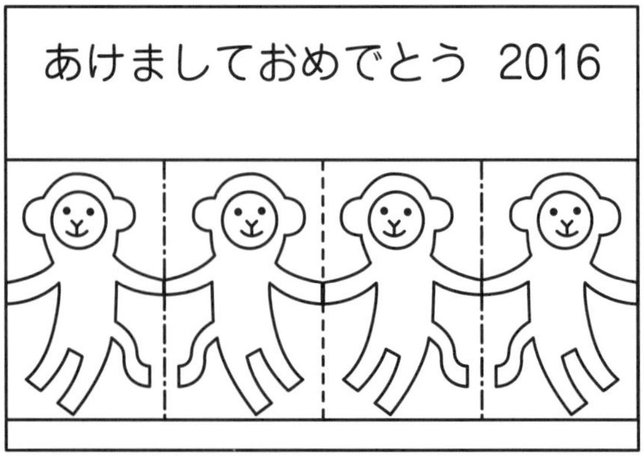
あけましておめでとう 2016

さる　さるは、茶色の画用紙を折り、一番左のサルを型紙にして、4枚になるようにじゃばら折りにして切り抜く

あけましておめでとう！
はる

いのしし　いのししの体は、ステンシルをする

P.64-65

さまざまな技法の年賀状の作り方

ステンシル

型紙を切り抜く
ハガキの上に型紙を
置いて、ステンシルをする
あけましておめでとう！
描く
描く
2020

スタンプ

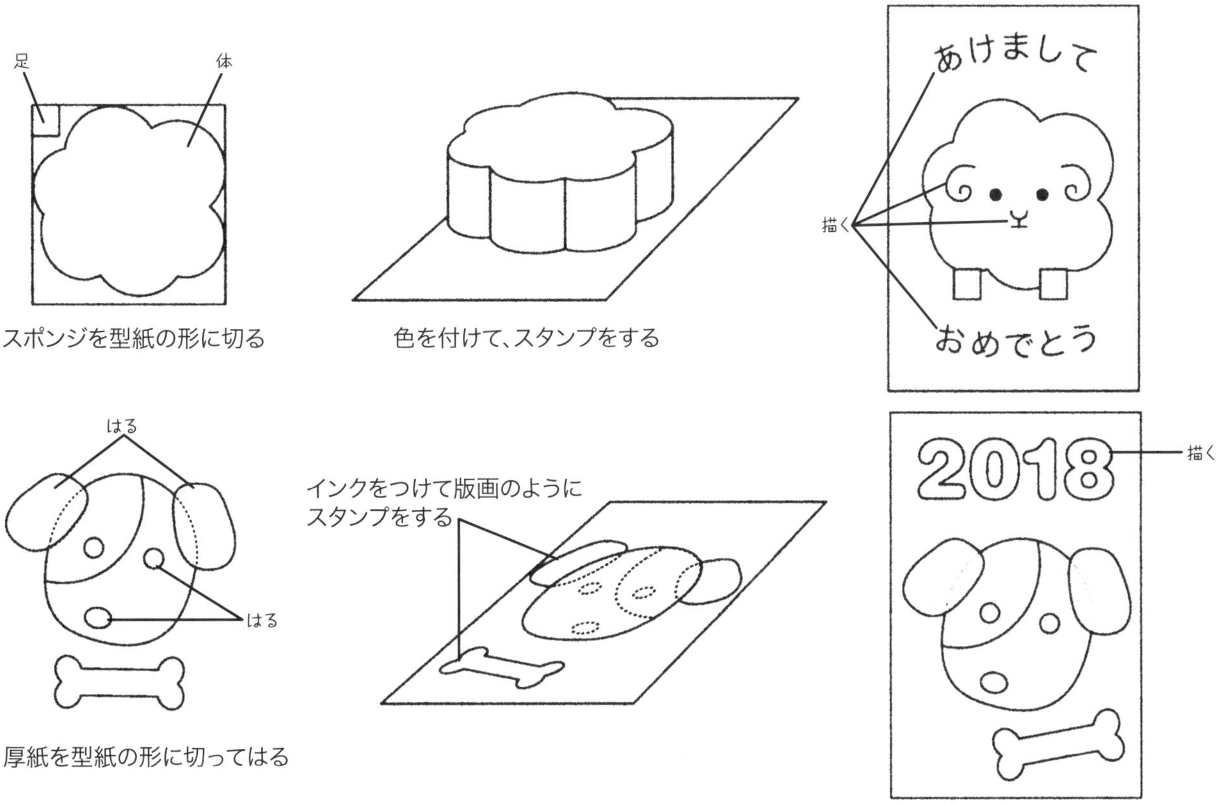

足
体
スポンジを型紙の形に切る
色を付けて、スタンプをする
あけまして
描く
おめでとう
はる
はる
厚紙を型紙の形に切ってはる
インクをつけて版画のように
スタンプをする
2018
描く

切り紙

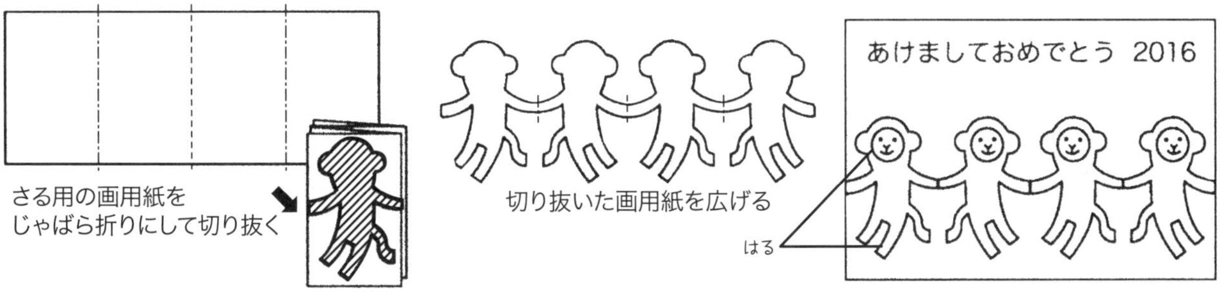

さる用の画用紙を
じゃばら折りにして切り抜く
切り抜いた画用紙を広げる
あけましておめでとう 2016
はる

P.66 思い出を飾る写真立てカード

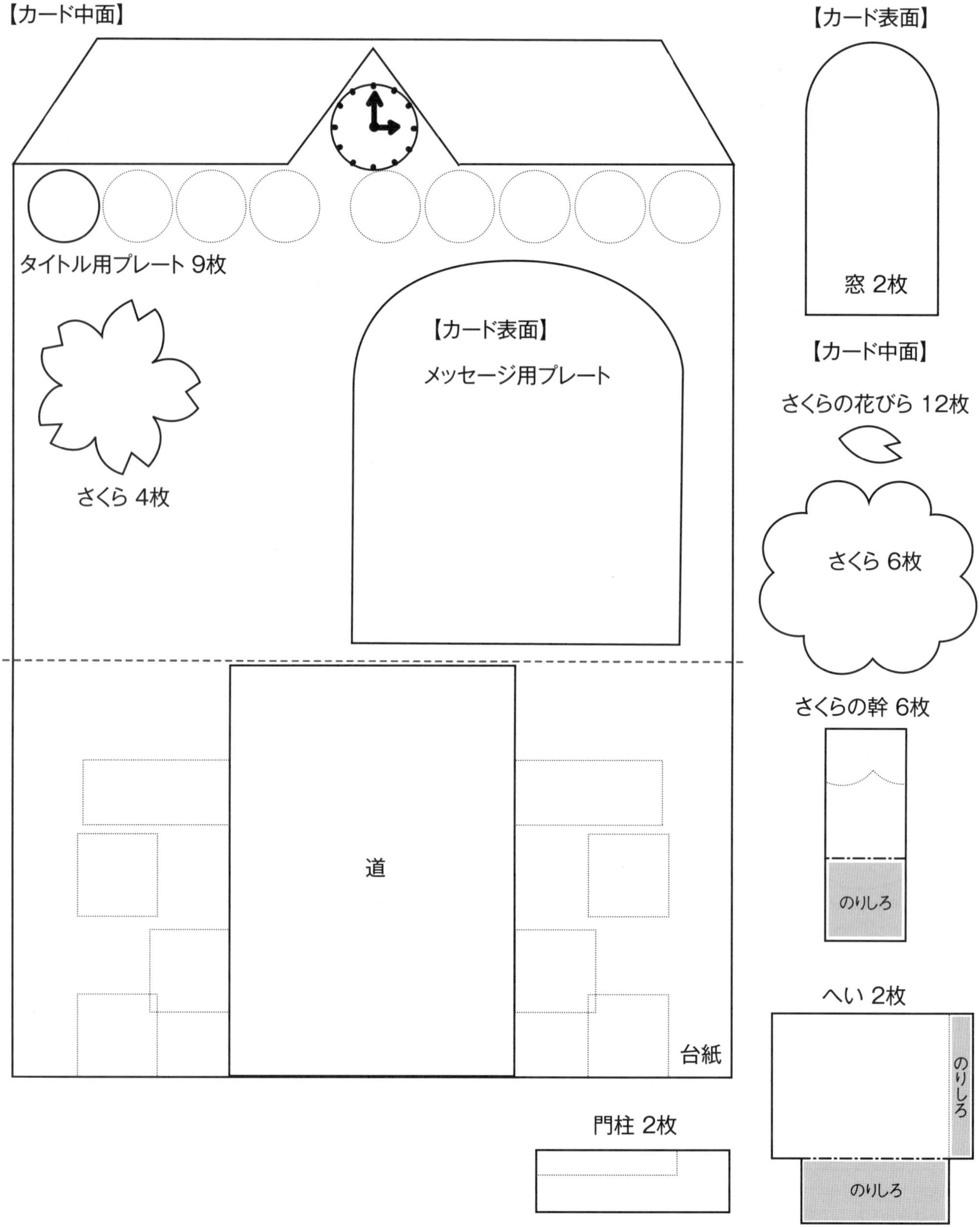
【カード中面】
タイトル用プレート 9枚
さくら 4枚
【カード表面】
メッセージ用プレート
道
台紙
【カード表面】
窓 2枚
【カード中面】
さくらの花びら 12枚
さくら 6枚
さくらの幹 6枚
のりしろ
へい 2枚
のりしろ
のりしろ
門柱 2枚

140%拡大

P.67 園のカバン

【カード中面】

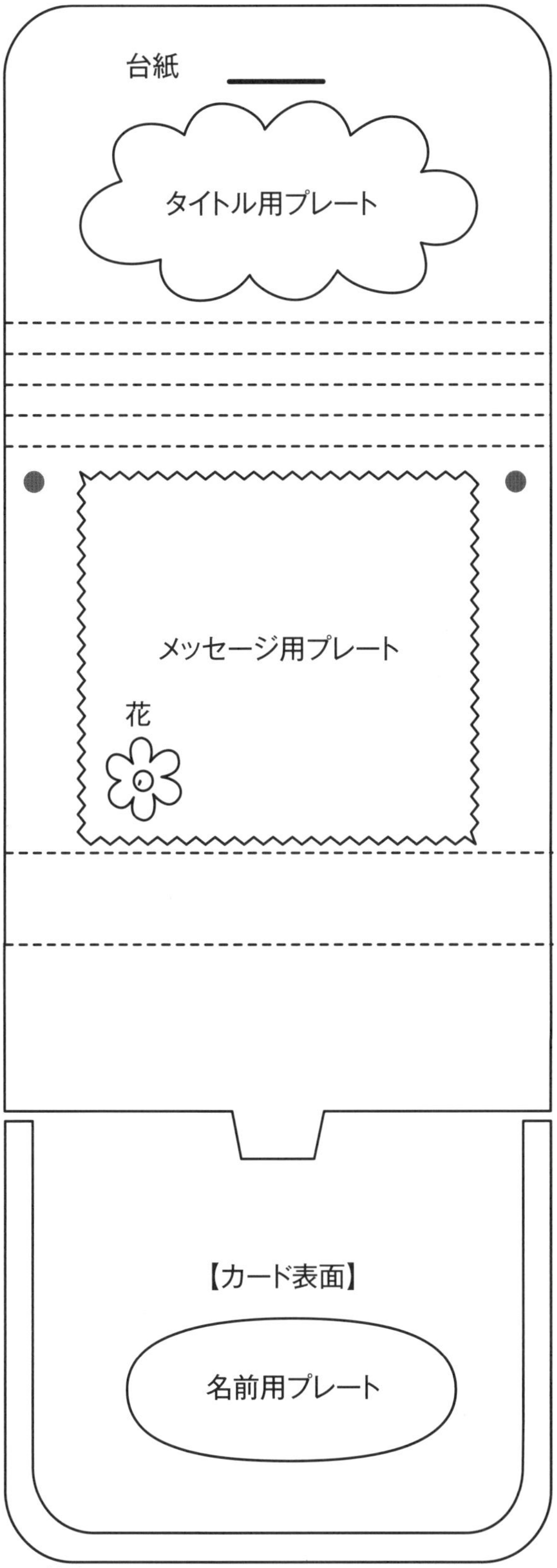
台紙
タイトル用プレート
メッセージ用プレート
花
【カード表面】
名前用プレート

200%拡大

P.67 ハートのカバン

【カード中面】

台紙
メッセージ用プレート
名前用プレート
【カード表面】

200%拡大

P.68 桜の花の舞うころに

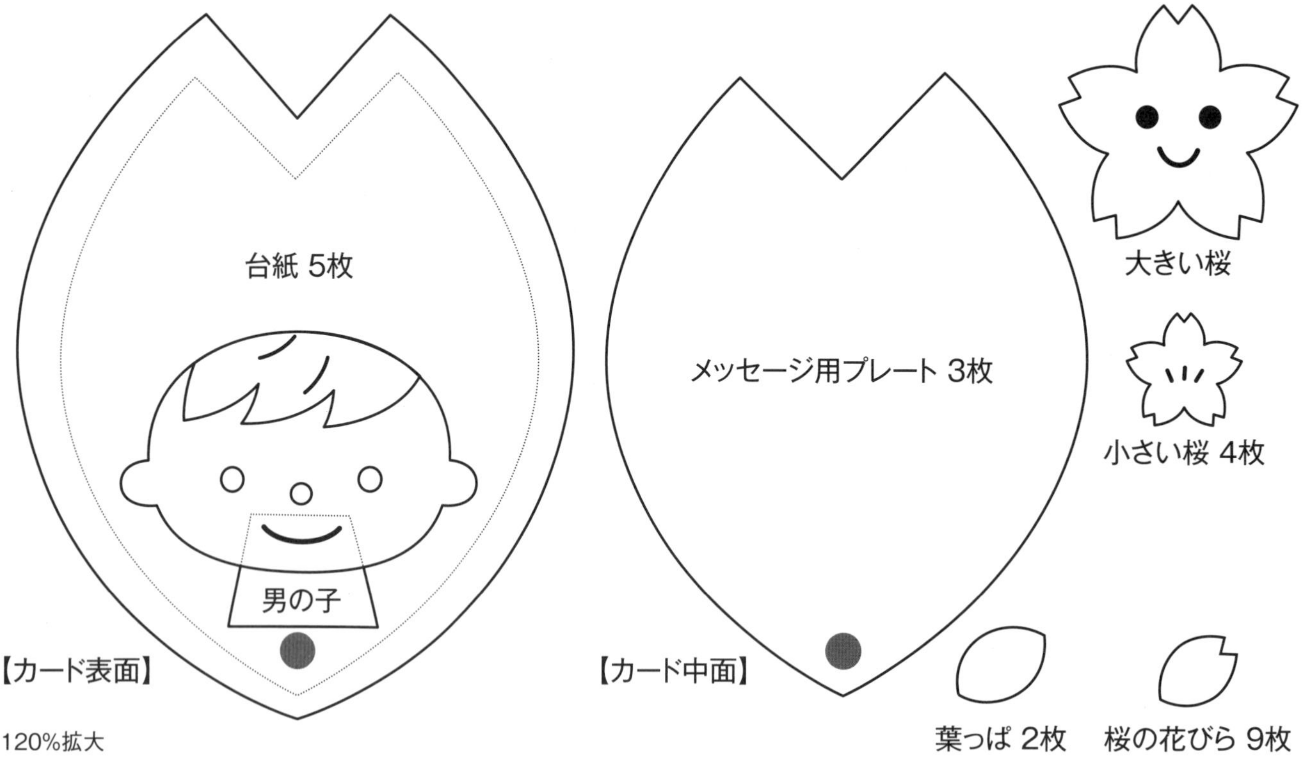
台紙 5枚
男の子
【カード表面】
メッセージ用プレート 3枚
【カード中面】
大きい桜
小さい桜 4枚
葉っぱ 2枚
桜の花びら 9枚

120%拡大

P.68 幸せがそばにある四つ葉のカード

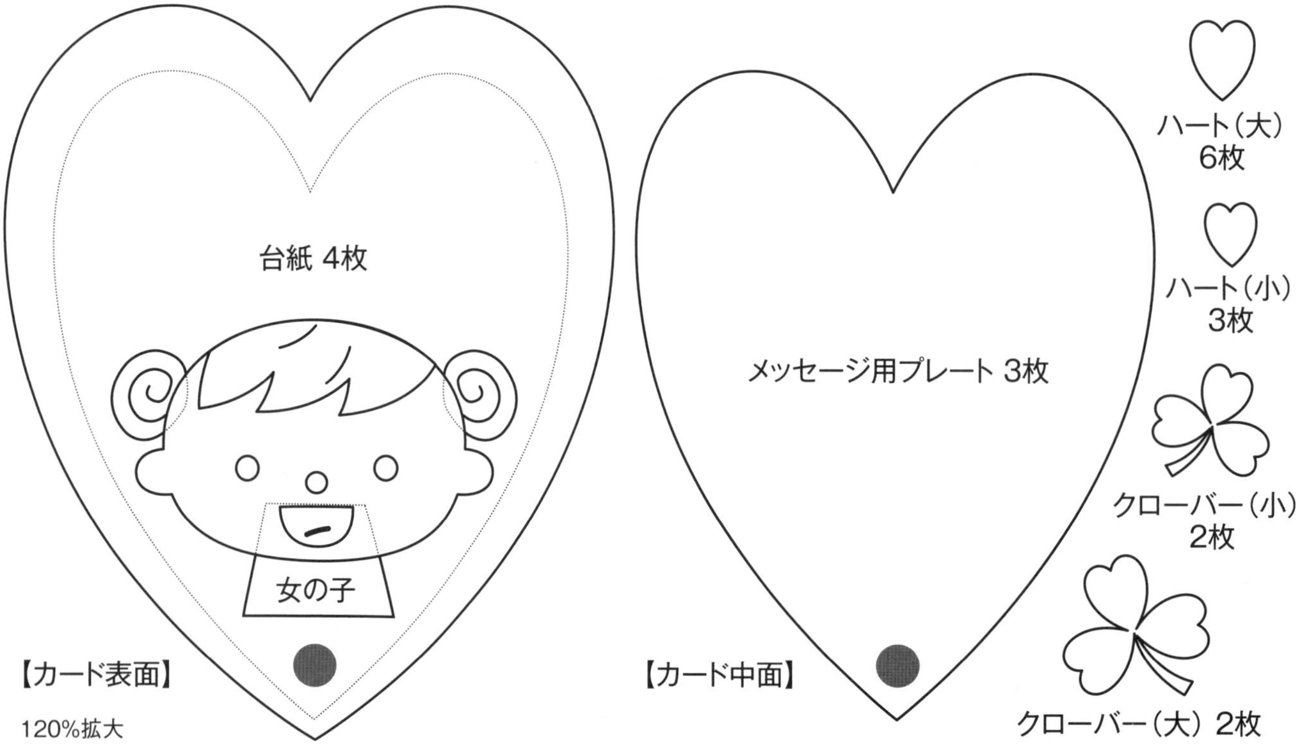
台紙 4枚
女の子
【カード表面】
メッセージ用プレート 3枚
【カード中面】
ハート（大）
6枚
ハート（小）
3枚
クローバー（小）
2枚
クローバー（大） 2枚

120%拡大

P.69 おめでとうの王冠

【カード表面】

タイトル用プレート

【カード中面】

大きい花 2枚

王冠トップ 2枚

小さい花 2枚

メッセージ用プレート 2枚

190%拡大

【カード中面】

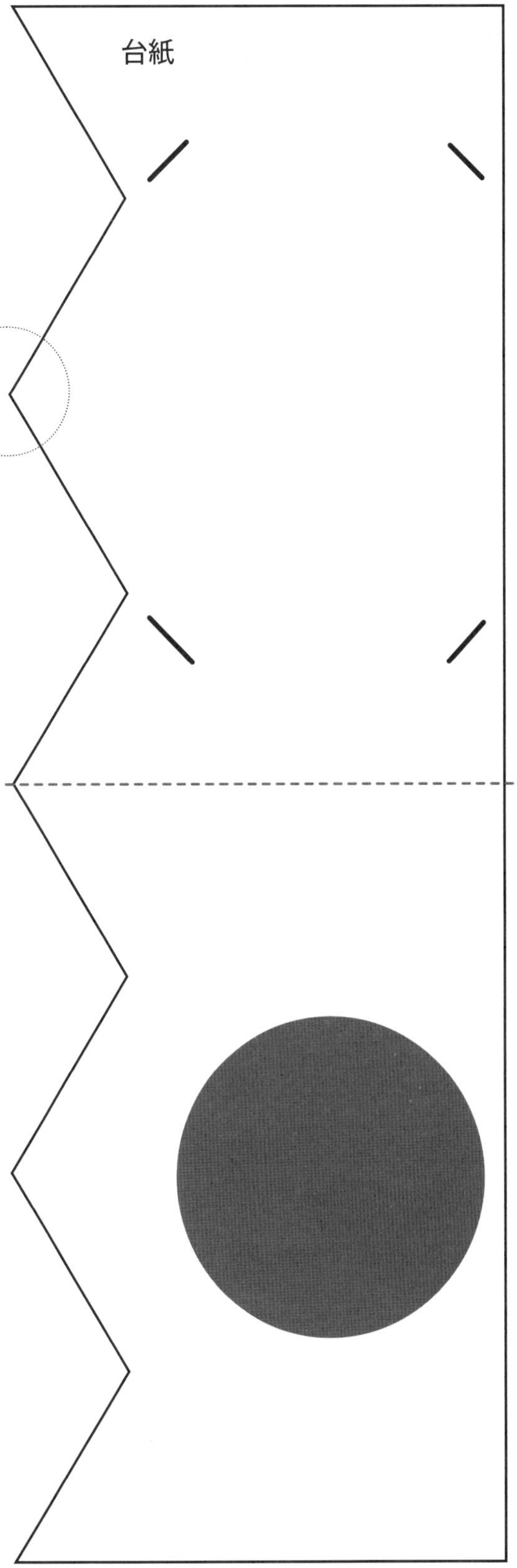

P.70 かばさんのゆかいなはみがき

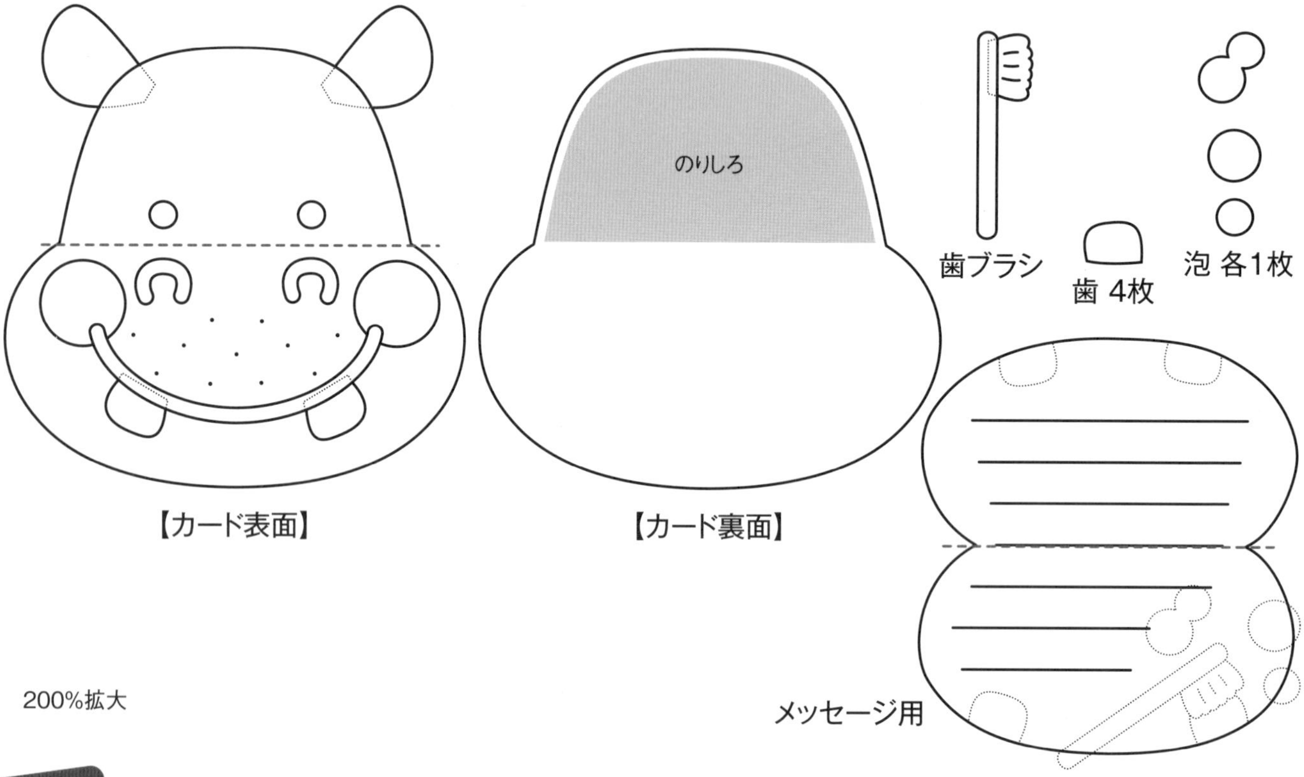
のりしろ
歯ブラシ
歯 4枚
泡 各1枚
【カード表面】
【カード裏面】
メッセージ用

200%拡大

P.70 うしさんのガラガラうがい

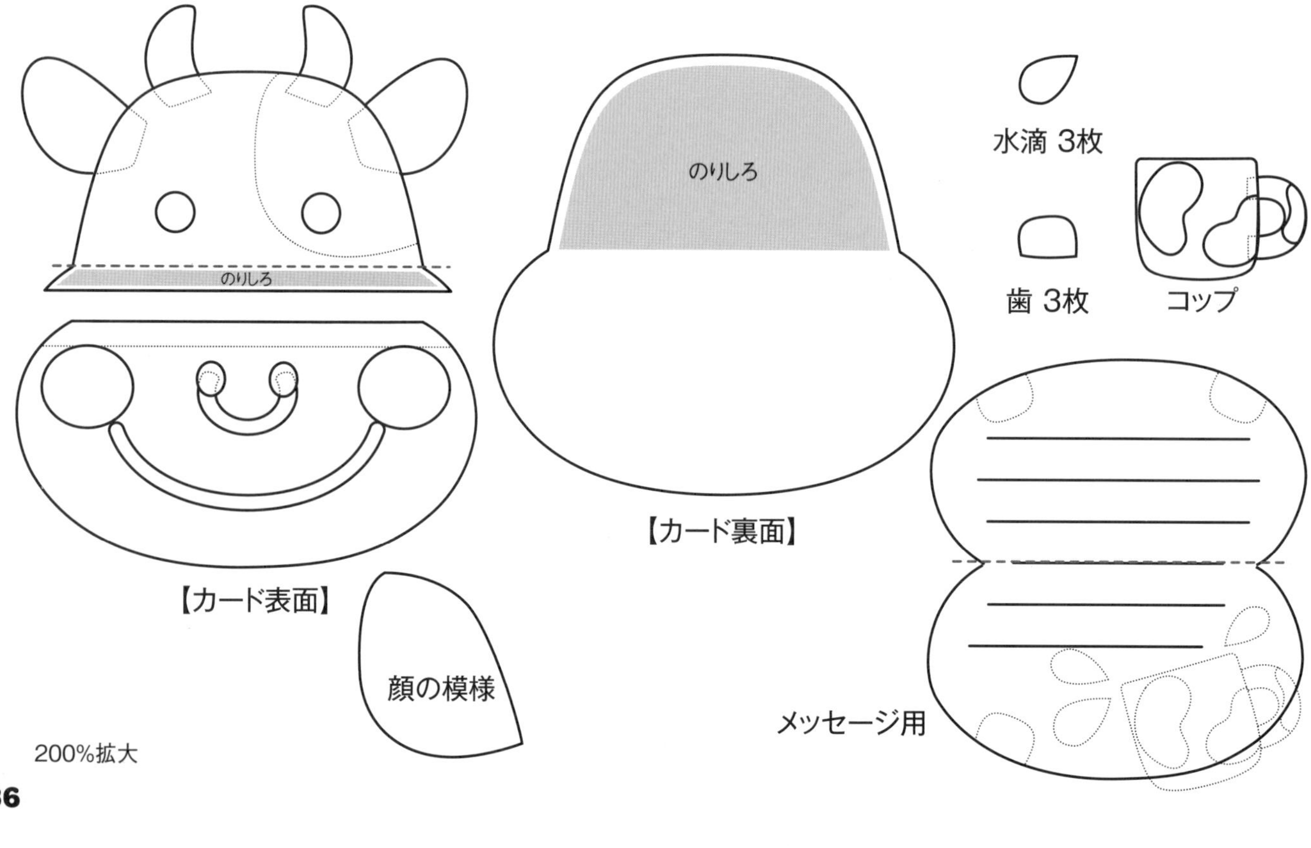
のりしろ
のりしろ
水滴 3枚
歯 3枚
コップ
【カード裏面】
【カード表面】
顔の模様
メッセージ用

200%拡大

P.71 洋梨 de メッセージ

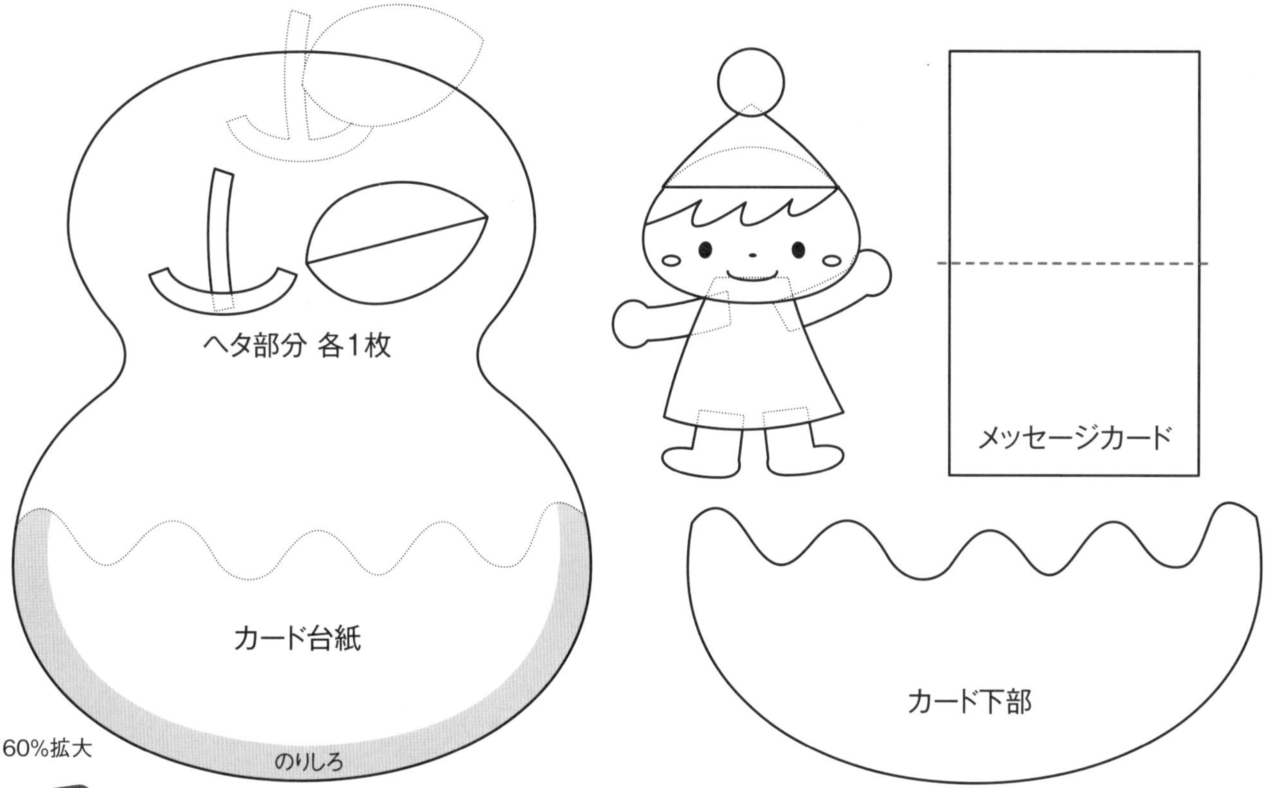
ヘタ部分 各1枚
メッセージカード
カード台紙
カード下部
のりしろ

160%拡大

P.71 大きなティーカップ

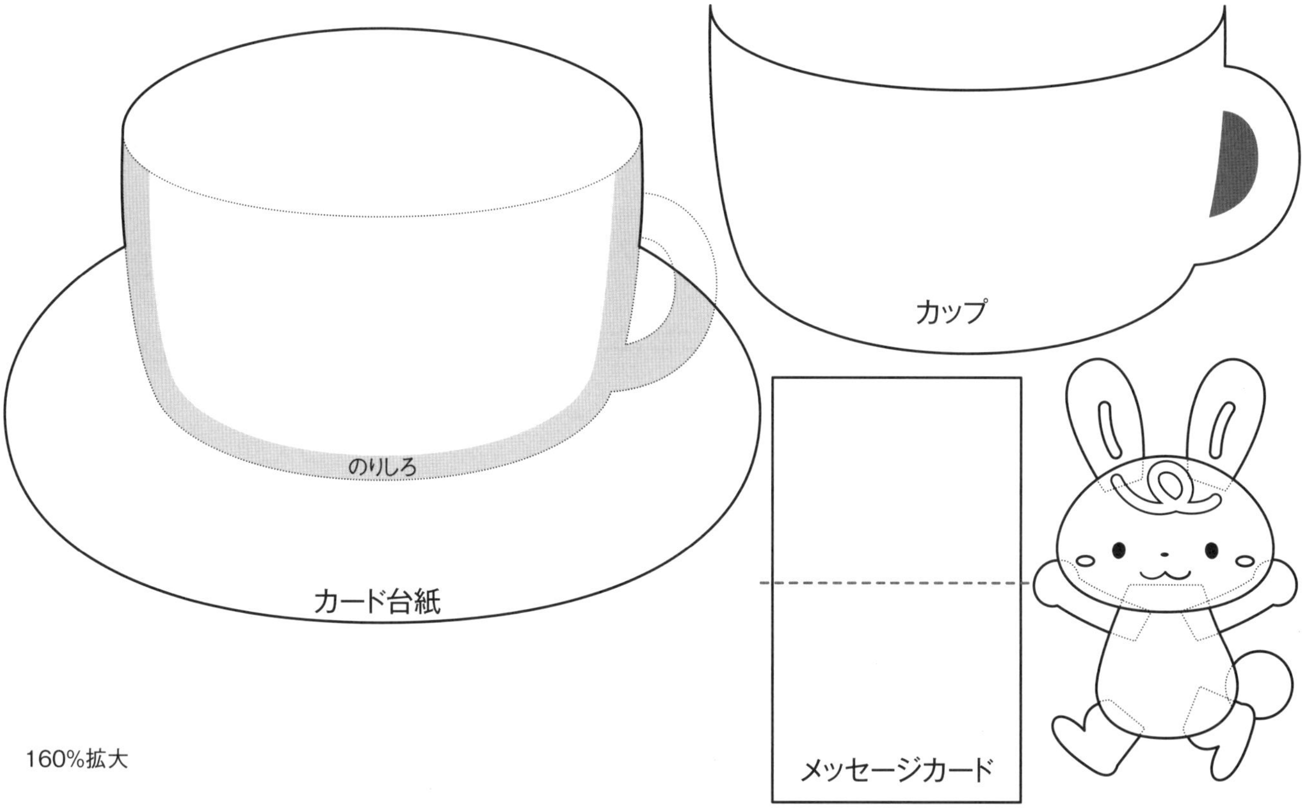
カップ
のりしろ
カード台紙
メッセージカード

160%拡大

P.71 むしさんの赤いリンゴ・かわいい雪だるま

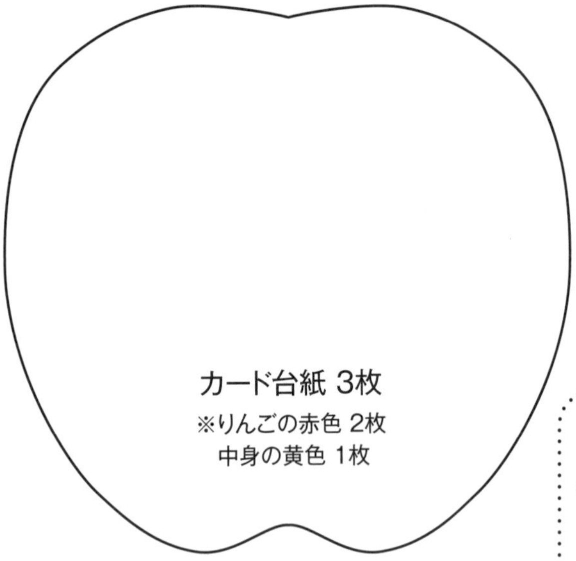

カード台紙 3枚
※りんごの赤色 2枚
中身の黄色 1枚

150%拡大

パーツ台紙 1枚

木パーツ 各1枚

あおむし 1枚

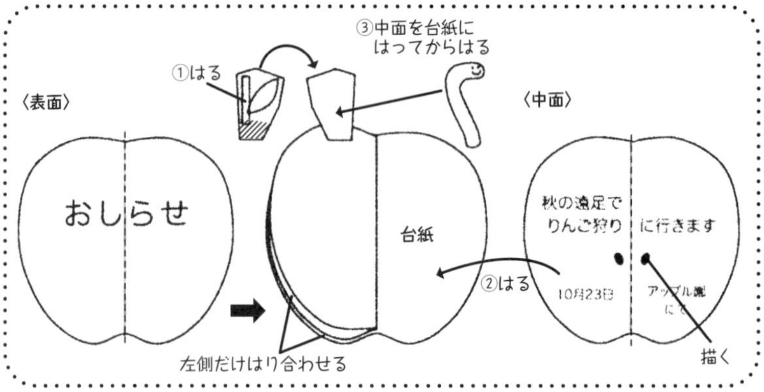

〈表面〉
おしらせ
①はる
③中面を台紙にはってからはる
台紙
②はる
〈中面〉
秋の遠足でりんご狩り
に行きます
10月23日
描く
左側だけはり合わせる

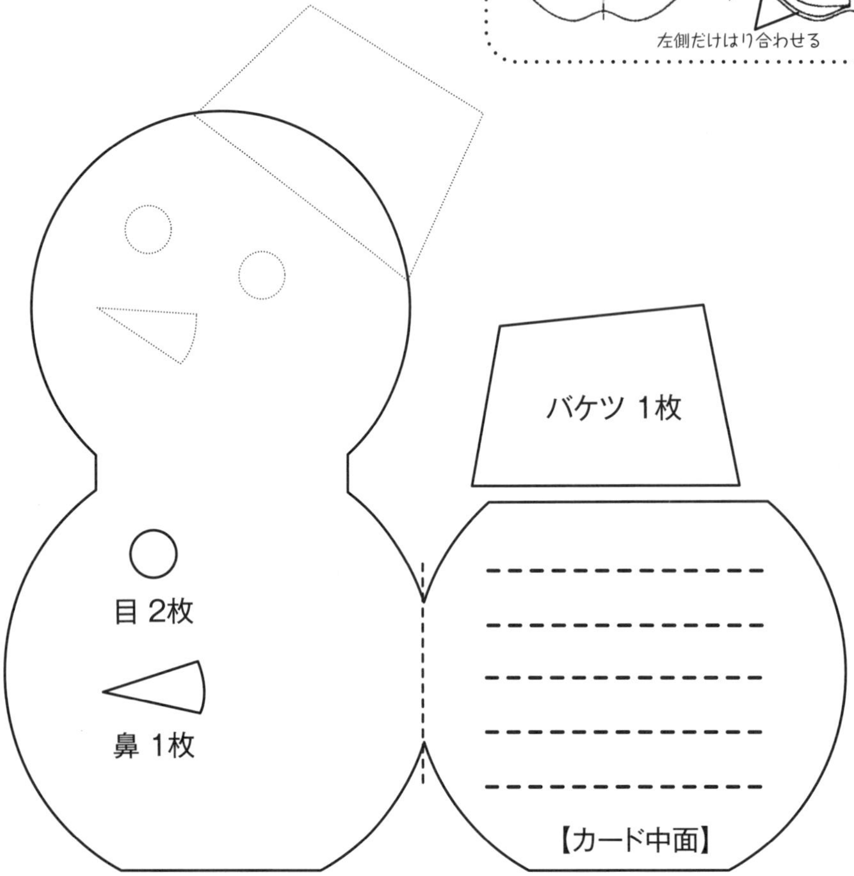

目 2枚
鼻 1枚
バケツ 1枚
【カード中面】

【カード表面】

手 2枚

星 3枚

150%拡大

P.72 ライオンメッセージ

130%拡大

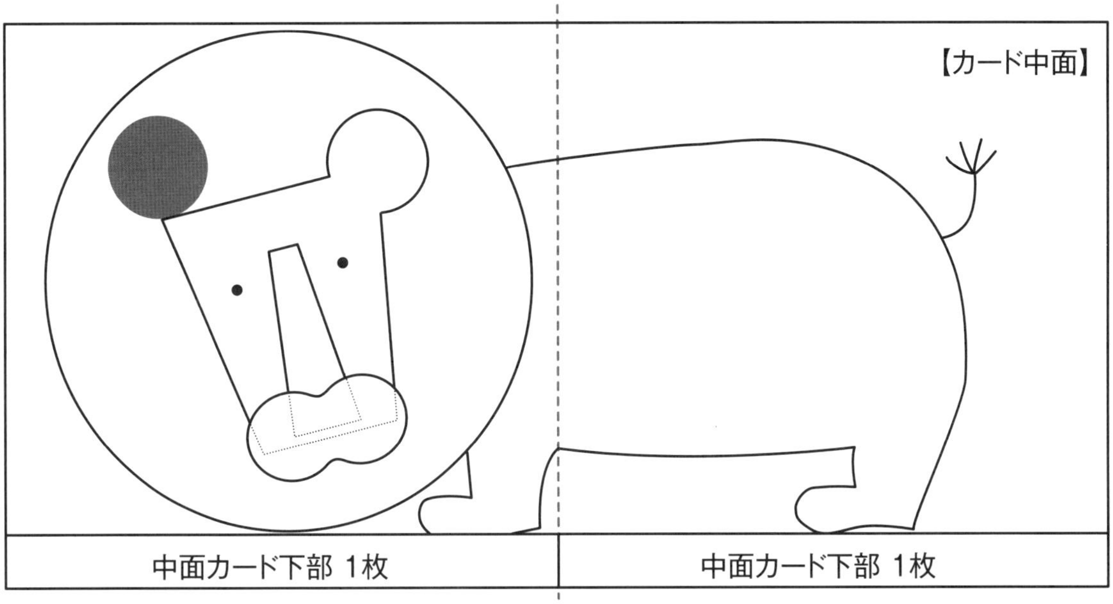

【カード中面】
中面カード下部 1枚
中面カード下部 1枚

【カード表面】

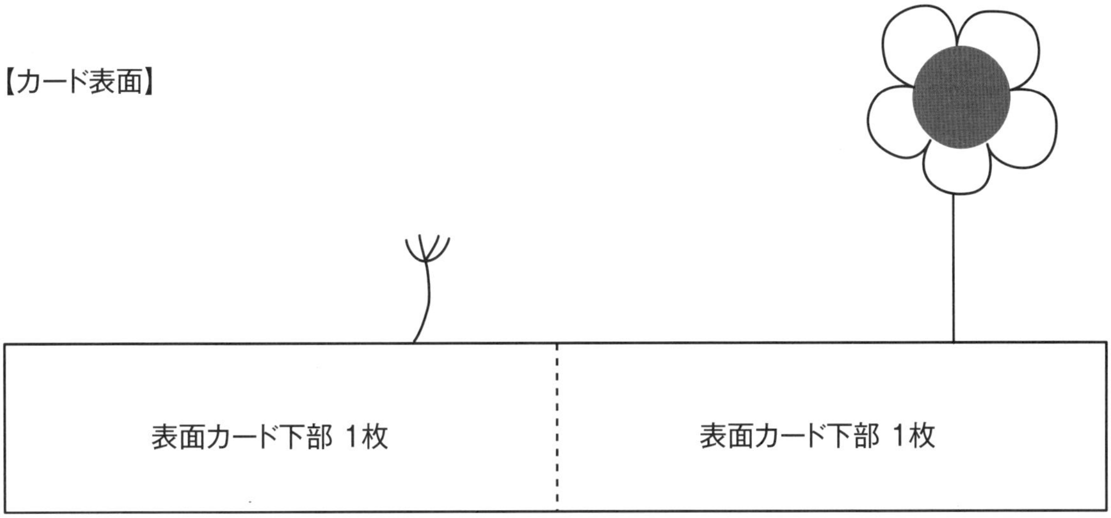

表面カード下部 1枚
表面カード下部 1枚

【材料】画用紙、包装紙

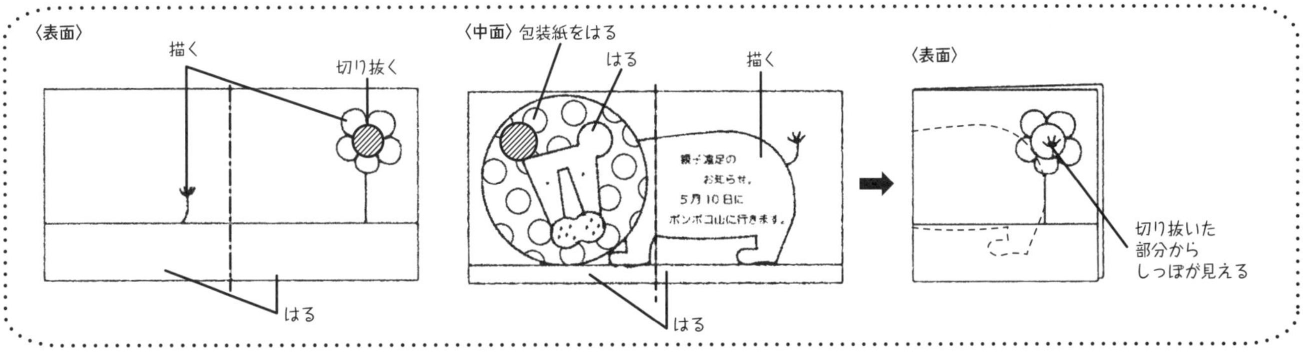

〈表面〉
描く
切り抜く
はる
〈中面〉包装紙をはる
はる
描く
親子遠足の
お知らせ。
5月10日に
ポンポコ山に行きます。
はる
〈表面〉
切り抜いた
部分から
しっぽが見える

P.72 ぶたさんの大きな鼻

【カード表面】

カード台紙

170%拡大

【カード中面】

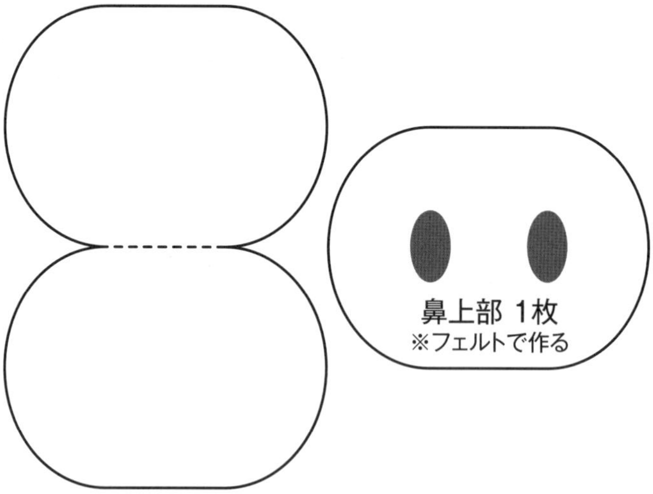
鼻上部 1枚
※フェルトで作る

P.72 お手伝いねこさん

200%拡大

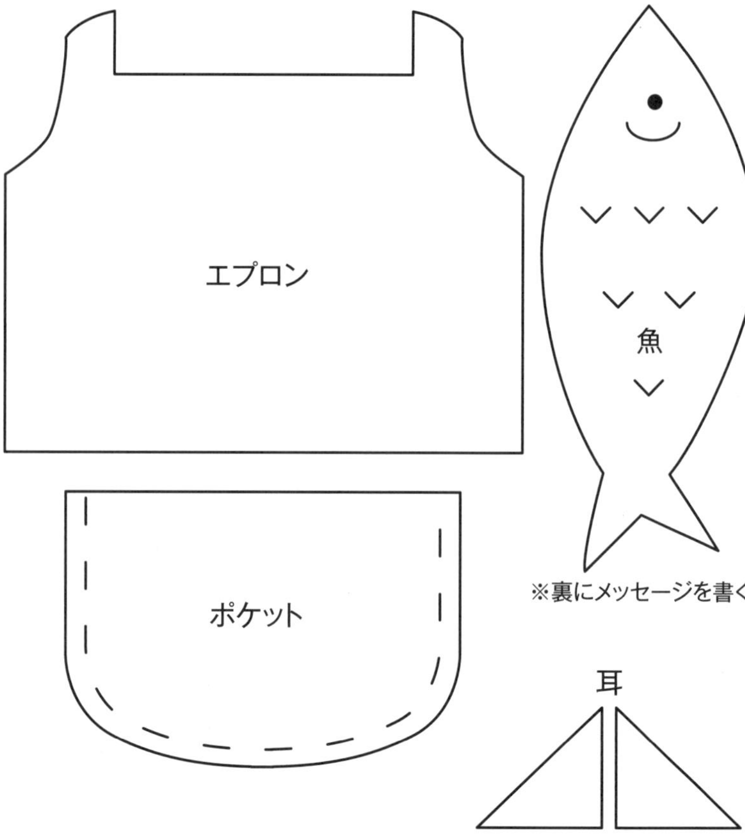
エプロン
ポケット
魚
※裏にメッセージを書く
耳

大空の鳥たち

【カード表面】

110%拡大

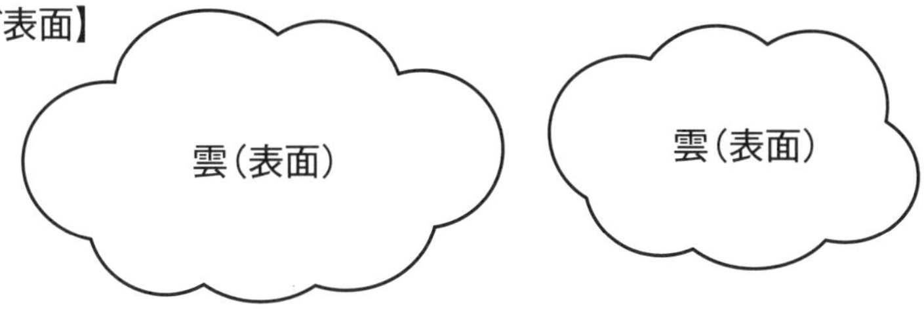
雲(表面)
雲(表面)

【カード中面】

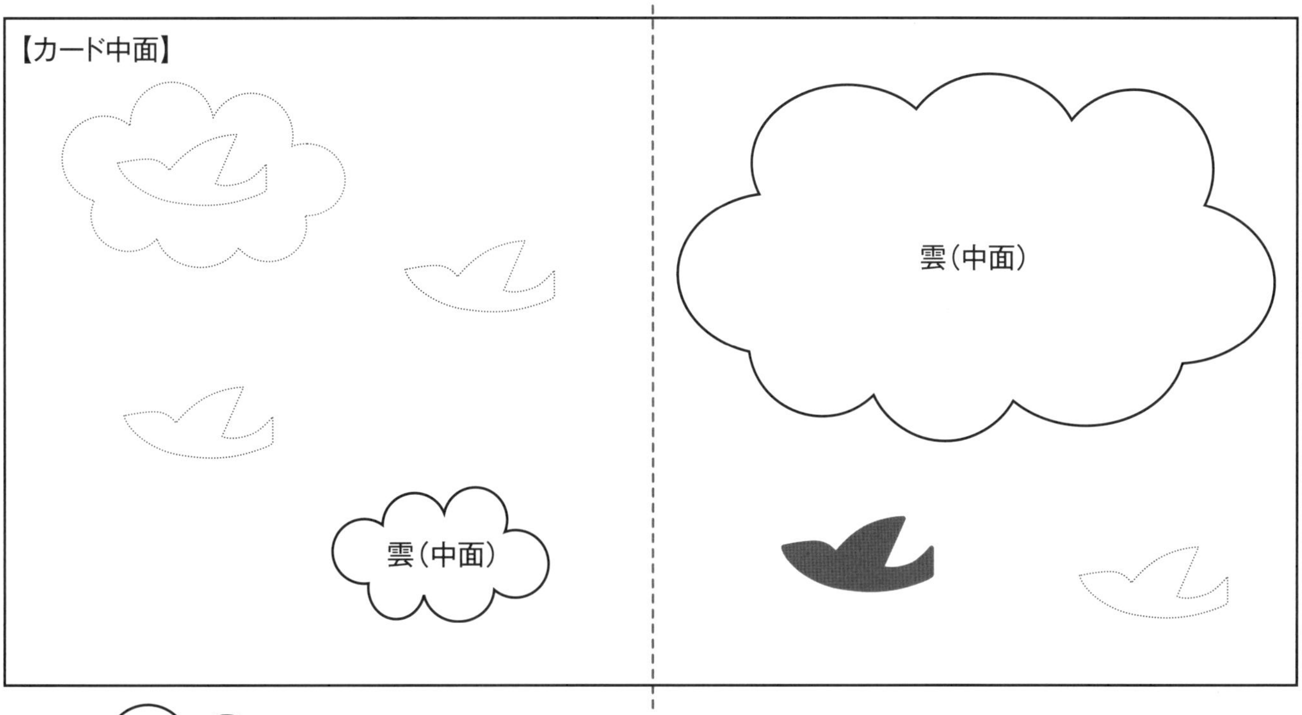
雲(中面)
雲(中面)

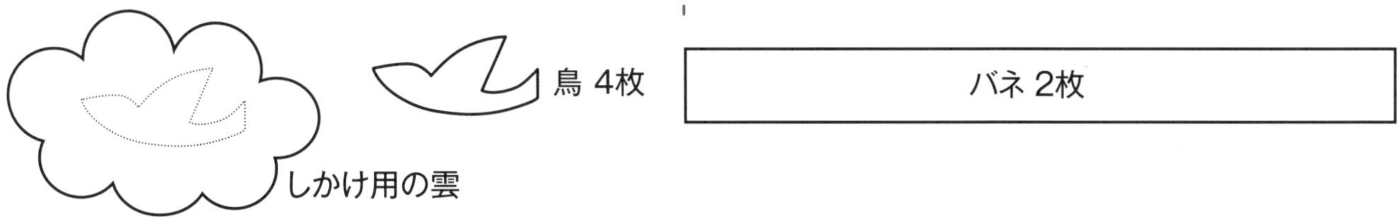
鳥 4枚
バネ 2枚
しかけ用の雲

【材料】画用紙

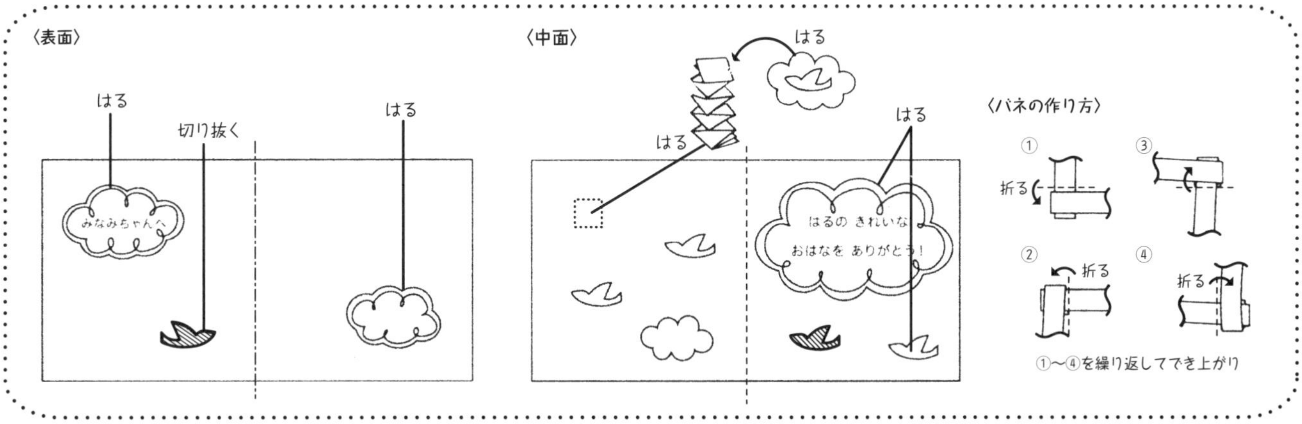
〈表面〉
はる
切り抜く
はる
みなみちゃんへ
〈中面〉
はる
はる
はる
はるの きれいな
おはなを ありがとう!
〈バネの作り方〉
①
折る
②
折る
③
④
折る
①〜④を繰り返してでき上がり

P.73 カエルさんの幸せ

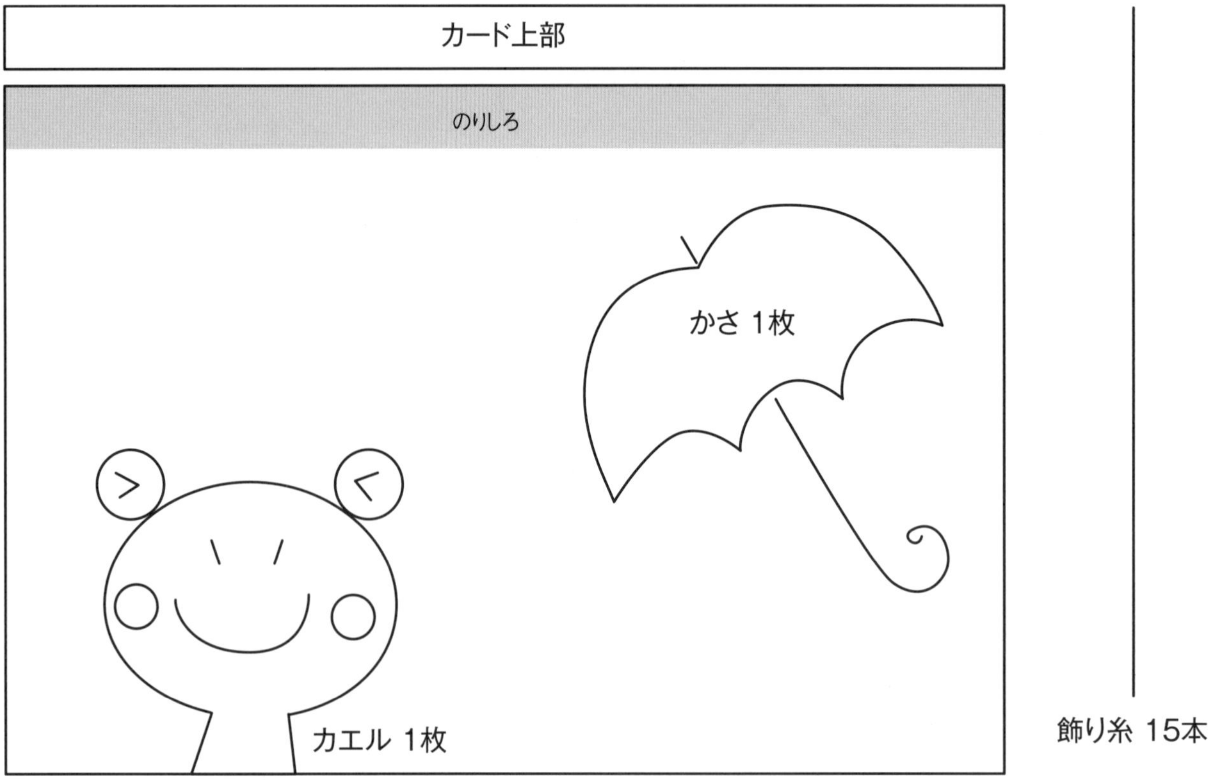
カード上部
のりしろ
かさ 1枚
カエル 1枚
飾り糸 15本

110%拡大

P.73 のんびりかたつむり

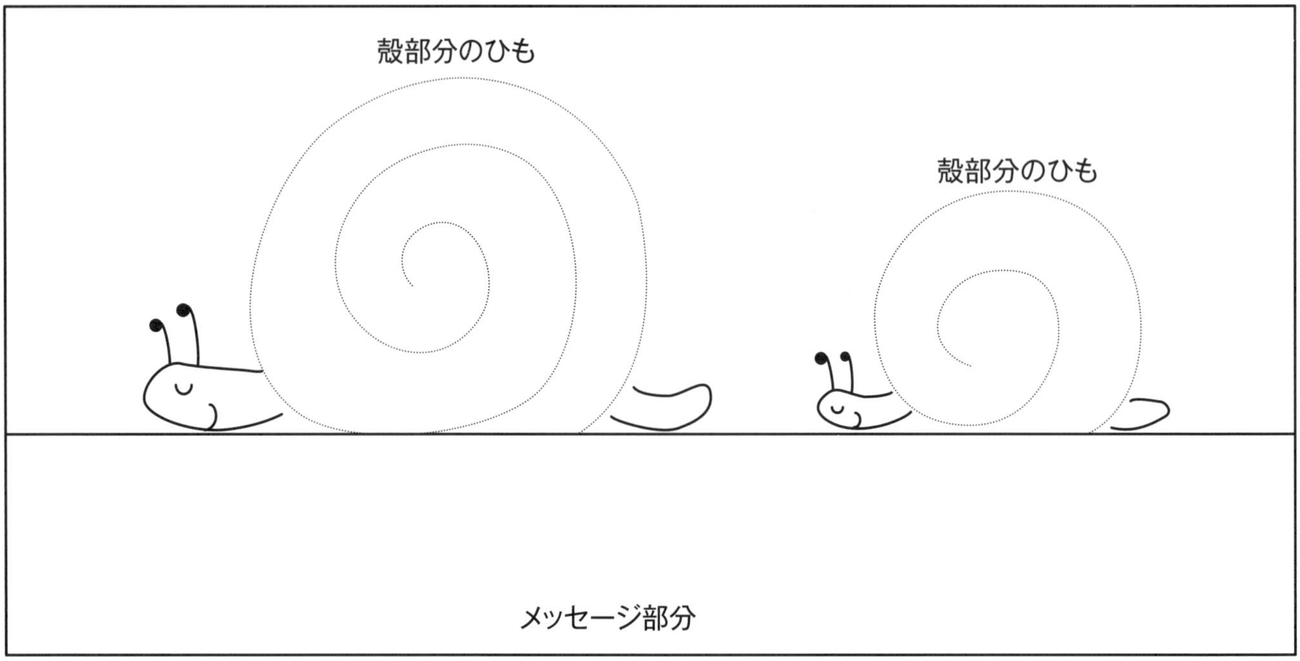
殻部分のひも
殻部分のひも
メッセージ部分

105%拡大

P.73 くまさんのおうち

【カード表面】

205%拡大

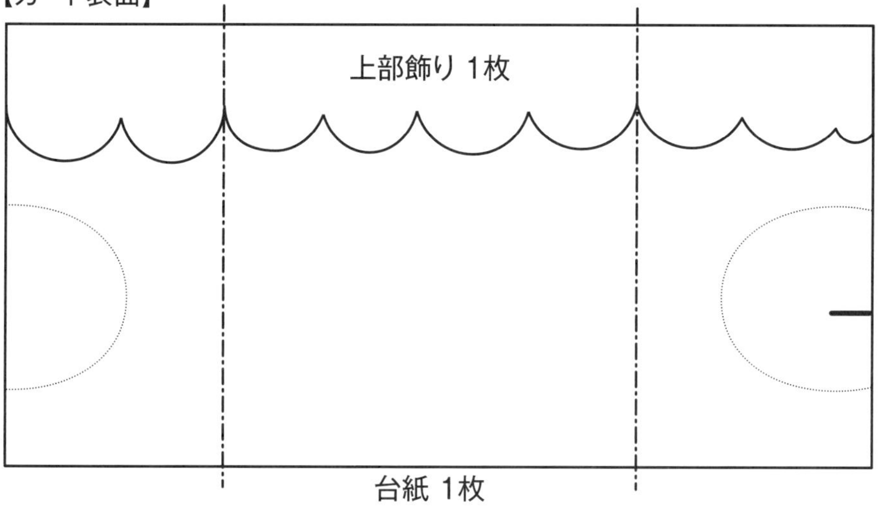
上部飾り 1枚
台紙 1枚

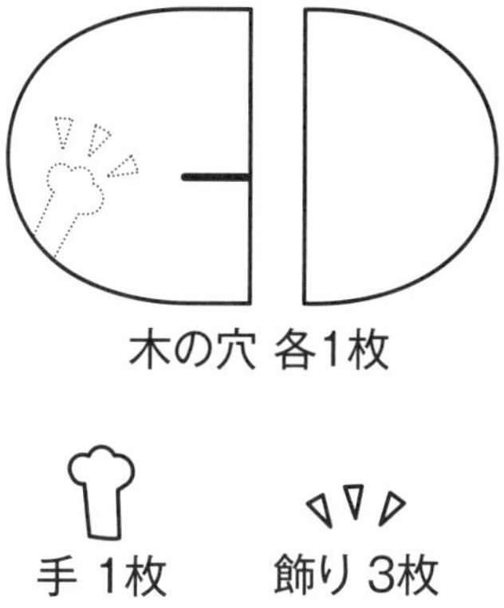
木の穴 各1枚
手 1枚
飾り 3枚

【カード中面】

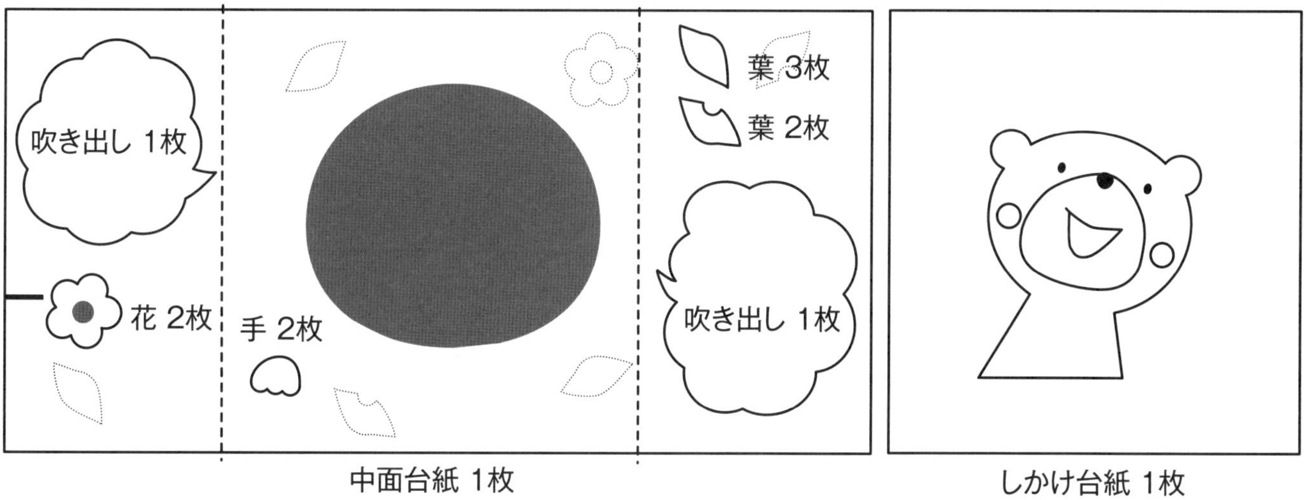
吹き出し 1枚
花 2枚
手 2枚
葉 3枚
葉 2枚
吹き出し 1枚
中面台紙 1枚
しかけ台紙 1枚

【材料】片ダンボール、クラフト紙、画用紙

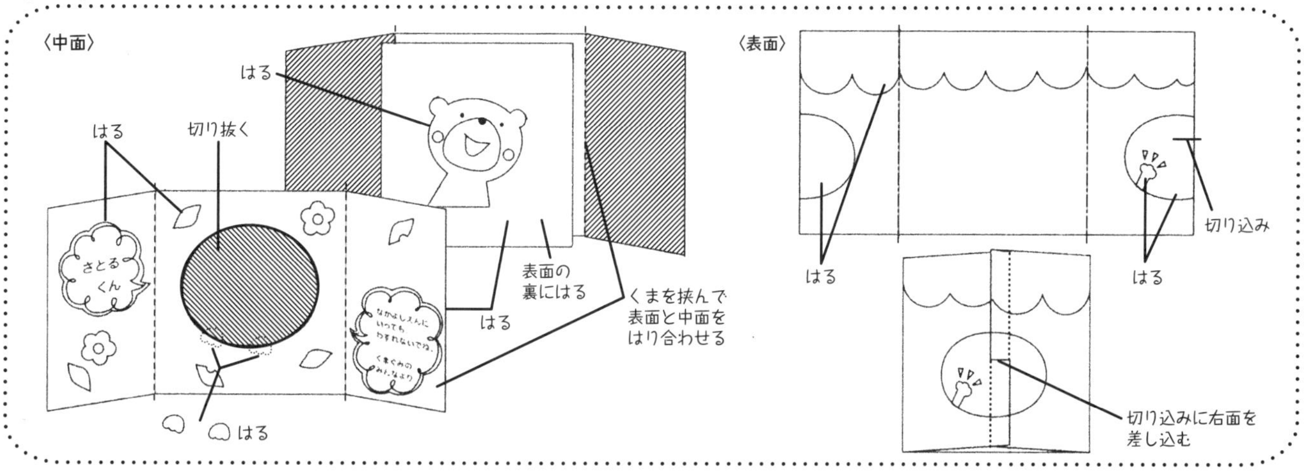
〈中面〉
はる
はる
切り抜く
さとるくん
なかよしえんに
いっても
わすれないでね。
くまぐみの
みんなより
はる
表面の裏にはる
はる
くまを挟んで表面と中面をはり合わせる
はる
〈表面〉
切り込み
はる
はる
切り込みに右面を差し込む

カード製作

いとう・なつこ
くわざわゆうこ
すぎやままさこ
鈴木孝美
＊すまいるママ＊
藤江真紀子
町田里美
ミヤモトエミ
むらかみひとみ
結城嘉徳
ユカリンゴ

カード企画

フレーズ
WILL

STAFF

写真撮影
向村春樹（WILL）

本文デザイン
木村陽子（フレーズ）

アートディレクション
大薮胤美（フレーズ）

編集協力
井上　幸・滝沢奈美（WILL）

作り方イラスト
吉川由紀・浅野知子・
大島三菜子・工藤亜沙子（WILL）

型紙製作
小林真美・鶴田利香子（WILL）

企画編集
岡本　舞・安藤憲志

校正
堀田浩之

お誕生日＆行事のカード

2011年2月　初版発行
2021年7月　第9版発行

編著者　ひかりのくに編集部
発行人　岡本　功
発行所　ひかりのくに株式会社
〒543-0001
大阪市天王寺区上本町3-2-14
郵便振替 00920-2-118855　TEL06-6768-1155

〒175-0082
東京都板橋区高島平6-1-1
郵便振替 00150-0-30666　TEL03-3979-3112
ホームページアドレス
https://www.hikarinokuni.co.jp
印刷所　大日本印刷株式会社

ISBN 978-4-564-60780-6
NDC 376　144P　26×21cm